:: 中華文化促進會主持編纂

:: 國家"十一五"重點圖書出版規劃項目

:: 中國社會科學院哲學社會科學創新工程學術出版資助項目

出品人 王石 段先念

今注本二十四史

隋書

唐 魏徵等 撰

馬俊民 張玉興 主持校注

中國社會科學出版社

四

志〔三〕

隋書　卷一五

志第十

音樂下

　　開皇九年平陳，獲宋、齊舊樂，詔於太常置清商署，[1] 以管之。求陳太樂令蔡子元、于普明等，復居其職。由是牛弘奏曰：

　　臣聞周有六代之樂，至《韶》《武》而已。秦始皇改周舞曰《五行》，漢高帝改《韶舞》曰《文始》，以示不相襲也。又造《武德》，自表其功，故高帝廟奏《武德》《文始》《五行》之舞。又作《昭容》《禮容》，增演其意。《昭容》生於《武德》，蓋猶古之《韶》也。《禮容》生於《文始》，矯秦之《五行》也。文帝又作《四時》之舞，故孝景帝立，追述先功，采《武德舞》作《昭德舞》，被之管弦，薦於太宗之廟。孝宣采《昭德舞》爲《盛德舞》，更造新歌，薦於武帝之廟。據此而言，遞相因襲，縱有改作，並宗於《韶》。至明帝時，東平獻王采《文德舞》爲《大武》之舞，薦于光武之廟。

　　[1]清商署：管理清商樂的官署，隸屬太常之下。太常爲掌管
禮樂的最高機構，秦時置奉常，漢景帝六年（前151）改名太常，
漢以來稱太常寺。最高官職爲太常卿。清商署始於曹操的銅雀臺，
置清商令。

　　漢末大亂，樂章淪缺，魏武平荆州，獲杜夔，以爲
軍謀祭酒，使創雅樂。時散騎侍郎鄧静善詠雅歌，樂師
尹胡能習宗祀之曲，舞師馮肅曉知先代諸舞。[1]總練研
精，復於古樂，自夔始也。文帝黄初，改《昭容》之樂
爲《昭業樂》，《武德》之舞爲《武頌舞》，《文始》之
舞爲《大韶舞》，《五行》之舞爲《大武舞》。明帝初，
公卿奏上太祖武皇帝樂曰《武始》之舞，高祖文帝樂曰
《咸熙》之舞。又製樂舞，名曰《章斌》之舞，有事於
天地宗廟，及臨朝大饗，並用之。

　　[1]鄧静：人名。史無傳，具體事迹不詳。　尹胡：人名。史
無傳，具體事迹不詳。　馮肅曉：人名。史無傳，具體事迹不詳。

　　晋武帝泰始二年，遣傅玄等造行禮及上壽食舉歌
詩。[1]張華表曰：[2]“按漢、魏所用，雖詩章辭異，興廢
隨時，至其韻逗曲折，並繫於舊，一皆因襲，不敢有所
改也。”九年，荀勗典樂，[3]使郭夏、宋識造《正德》
《大豫》之舞。[4]改魏《昭武舞》曰《宣武舞》，羽籥舞
曰《宣文舞》。江左之初，典章堙紊，賀循爲太常卿，

始有登歌之樂。大寧末，阮孚等又增益之。[5]咸和間，鳩集遺逸，鄴没胡後，樂人頗復南度，東晉因之，以具鍾律。太元間，破苻永固，又獲樂工楊蜀等，[6]閑練舊樂，於是金石。始備尋其設懸音調，並與江左是同。

[1]傅玄：人名。字休奕，晉人。善文，解音律。傳見《晉書》卷四七。

[2]張華：人名。字茂生，范陽（今河北固安縣）人。西晉文學家。傳見《晉書》卷三六。

[3]荀勗：人名。字公曾，晉潁川（今河南許昌市）人。律學家、目錄學家。傳見《晉書》卷三九。

[4]宋識：人名。史無傳。

[5]阮孚：人名。字遥集，晉人。元帝朝爲黄門常侍。《晉書》卷四九有附傳。

[6]楊蜀：人名。史無傳。

慕容垂破慕容永於長子，盡獲苻氏舊樂。垂息爲魏所敗，其鍾律令李佛等，將太樂細伎，奔慕容德於鄴。德遷都廣固，子超嗣立，其母先没姚興，超以太樂伎一百二十人詣興贖母。

及宋武帝入關，悉收南度。永初元年，改《正德舞》曰《前舞》，《大武舞》曰《後舞》。文帝元嘉九年，太樂令鍾宗之，更調金石。[1]至十四年，典書令奚縱，[2]復改定之。又有《凱容》《宣業》之舞，齊代因而用之。蕭子顯《齊書·志》曰：[3]“宋孝建初，朝議以《凱容舞》爲《韶舞》，《宣業舞》爲《武德舞》。據《韶》爲言，《宣業》即是古之《大武》，非《武德》也。"故《志》有《前舞》《凱容》歌辭，《後舞》《凱容》歌辭者矣。至于梁初，猶用《凱容》《宣業》之舞，後改爲《大壯》《大觀》焉。今人猶喚《大觀》爲《前舞》，故知樂名雖隨代而改，聲韻曲折，理應常同。

[1]鍾宗之：人名。史無傳，《宋書·樂志》所記與此同。

[2]奚縱：人名。史無傳，《宋書·樂志》所記與此同。

[3]蕭子顯：字景陽，南朝梁南蘭陵郡（今江蘇常州市西北）人，南齊高帝蕭道成之孫。傳見《梁書》卷三五。

前克荆州，得梁家雅曲，今平蔣州，又得陳氏正樂。史傳相承，以爲合古。且觀其曲體，用聲有次，請修緝之，以備雅樂。其後魏洛陽之曲，據魏史云"太武平赫連昌所得"，更無明證。後周所用者，皆是新造，雜有邊裔之聲。戎音亂華，皆不可用。請悉停之。

制曰："制禮作樂，聖人之事也，功成化洽，方可議之。今宇内初平，正化未洽。遽有變革，我則未暇。"晉王廣又表請，帝乃許之。

牛弘遂因鄭譯之舊，又請依古五聲六律，旋相爲宮。[1]雅樂每宮但一調，唯迎氣奏五調，謂之五音。緩樂用七調，[2]祭祀施用。各依聲律尊卑爲次。高祖猶憶妥言，注弘奏下，不許作旋宮之樂，但作黃鍾一宮而已。於是牛弘及秘書丞姚察、通直散騎常侍許善心、儀同三司劉臻、通直郎虞世基等，[3]更共詳議曰：

後周之時，以四聲降神，雖采《周禮》，而年代深遠，其法久絶，不可依用。謹案《司樂》：[4]“凡樂，圜鍾爲宮，黃鍾爲角，太簇爲徵，姑洗爲羽，舞《雲門》以祭天。函鍾爲宮，太簇爲角，姑洗爲徵，南吕爲羽，舞《咸池》以祭地。黃鍾爲宮，大吕爲角，太簇爲徵，圜鍾爲羽，舞韶以祀宗廟。”馬融曰：“圜鍾，應鍾也。”賈逵、鄭玄曰：“圜鍾，夾鍾也。”鄭玄又云：“此樂無商聲，祭尚柔剛，故不用也。”干寶云：[5]“不言商，商爲臣。王者自謂，故置其實而去其名，若曰，有天地人物，無德以主之，謙以自牧也。”先儒解釋，既莫知適從。然此四聲，非直無商，又律管乖次，以其爲樂，無克諧之理。今古事異，不可得而行也。

[1]五聲六律，旋相爲宮：此種理論早見於《禮記·禮運》：“五聲六律十二管旋相爲宮。”五聲，音階名，宮、商、角、徵、羽。六律，即六律、六吕之簡。旋相爲宮，是在十二律的每一律上皆可建立不同音高的音階或調式。即今之轉調或變换調式。宮，有兩重意義，一爲音階名，一作調高解，或稱宮調。

[2]縵樂：指不作爲祭祀的音樂，古稱爲雜樂。《周禮·春官·磬師》有：“教縵樂、燕樂之鐘磬。”《鄭注》：“謂雜聲之和樂者也。”

[3]姚察：人名。字伯審。傳見《陳書》卷二七、《南史》卷六九。　許善心：人名。傳見本書卷五八。　劉臻：人名。傳見本書卷七六、《北史》卷八三。生平亦可見《劉大臻墓誌》（見劉文《陝西新見隋朝墓誌》一四，三秦出版社 2018 年版）。　虞世基：人名。傳見本書卷六七。

[4]《司樂》：此段録自《周禮·春官·大司樂》並鄭玄注。

[5]干寶：人名。字令升，晋新蔡（今河南新蔡縣）人。曾以

著作郎領修國史，著《晉紀》。又輯古今神祇靈異、民間傳説爲《搜神記》。傳見《晉書》卷八二。

　　按《東觀書·馬防傳》，[1]太子丞鮑鄴等上作樂事，[2]下防。防奏言："建初二年七月鄴上言，天子食飲，必順于四時五味，而有食舉之樂。所以順天地，養神明，求福應也。今官雅樂獨有黃鍾，而食舉樂但有太簇，皆不應月律，恐傷氣類。可作十二月均，各應其月氣。公卿朝會，得聞月律，乃能感天，和氣宜應。詔下太常評焉。太常上言，作樂器直錢百四十六萬，奏寢。今明詔復下，臣防以爲可須上天之明時，因歲首之嘉月，發太簇之律，奏雅頌之音，以迎和氣。"其條貫甚具，遂獨施行。起於十月，爲迎氣之樂矣。又《順帝紀》云："陽嘉二年冬十月庚午，以春秋爲辟雍，隸太學，隨月律。十月作應鍾，三月作姑洗。元和以來，音戾不調，修復黃鍾，作樂器，如舊典。"據此而言，漢樂宮懸有黃鍾均，食舉太簇均，止有二均，不旋相爲宮，亦以明矣。計從元和至陽嘉二年，纔五十歲，用而復止。驗黃帝聽鳳以制律呂，[3]《尚書》曰"予欲聞六律五聲"，《周禮》有"分樂而祭"。此聖人制作，以合天地陰陽之和，自然之理，乃云音戾不調，斯言誣之甚也。

[1]馬防：人名。東漢人。《後漢書》卷二四有附傳。

[2]鮑鄴：人名。史無傳。

[3]黃帝聽鳳以制律呂：《吕氏春秋·古樂篇》有："昔黃帝令

伶倫作爲律。伶倫自大夏之西，乃至阮隃之陰，取竹嶰谿之谷，以
生空竅厚鈞者，斷兩節間，其長三寸九分，而吹之，以爲黃鐘之
宮，吹曰舍少。次制十二筒，以之阮隃之下，聽鳳凰之鳴，以別十
二律。其雄鳴爲六，雌鳴亦六，以比黃鐘之宮適合。黃鐘之宮皆可
以生之，故曰：'黃鐘之宮，律呂之本。'"

今梁、陳雅曲，並用宮聲。按《禮》："五聲十二
律，還相爲宮。"盧植云：[1]"十二月三管流轉用事，當
用事者爲宮。宮，君也。"鄭玄曰："五聲宮、商、角、
徵、羽。其陽管爲律，陰管爲呂。布十二辰，更相爲
宮，始自黃鍾，終於南呂，凡六十也。"皇侃疏："還相
爲宮者，十一月以黃鍾爲宮，十二月以大呂爲宮，正月
以太簇爲宮。餘月放此。凡十二管，各備五聲，合六十
聲。五聲成一調，故十二調。"此即釋鄭義之明文，無
用商、角、徵、羽爲別調之法矣。《樂稽耀嘉》曰：[2]
"東方春，其聲角，樂當宮於夾鍾。餘方各以其中律爲
宮。"若有商、角之理，不得云宮於夾鍾也。又云："五
音非宮不調，五味非甘不和。"又《動聲儀》："宮唱而
商和，是謂善本，太平之樂也。"《周禮》："奏黃鍾，歌
大呂，以祀天神。"鄭玄"以黃鍾之鍾，大呂之聲爲
均"。均，調也。故崔靈恩云：[3]"六樂十二調，亦不獨
論商、角、徵、羽也。"又云："凡六樂者，皆文之以五
聲，播之以八音。"故知每曲皆須五聲八音錯綜而能成
也。《禦寇子》云："師文鼓琴，命宮而總四聲，則慶雲
浮，景風翔。"唯《韓詩》云："聞其宮聲，使人溫厚而
寬大。聞其商聲，使人方廉而好義。"及古有清角、清

徵之流。此則當聲爲曲。今以五引爲五聲，迎氣所用者是也。餘曲悉用宮聲，不勞商、角、徵、羽。何以得知？荀勗論三調爲均首者，得正聲之名，明知雅樂悉在宮調。已外徵、羽、角，自爲謠俗之音耳。且西涼、龜兹雜伎等，曲數既多，故得隸於衆調，調集各別曲，至如雅樂少，須以宮爲本，歷十二均而作，不可分配餘調，更成雜亂也。

其奏大抵如此。帝並從之。故隋代雅樂，唯奏黃鍾一宮，郊廟饗用一調，迎氣用五調。舊工更盡，其餘聲律，皆不復通。或有能爲蕤賓之宮者，享祀之際肆之，竟無覺者。

[1]盧植：人名。字子幹，東漢涿（今北京市房山區南）人。傳見《後漢書》卷六四。

[2]《樂稽耀嘉》：樂緯之一種。書已佚，《古微書》有輯本，中有樂緯三種。

[3]崔靈恩：人名。南朝梁清河東武城（今河北清河縣東北）人。傳見《梁書》卷四八、《南史》卷七一。

弘又修皇后房內之樂，據毛萇、侯苞、孫毓故事，[1]皆有鍾聲，而王肅之意，乃言不可。又陳統云：[2]"婦人無外事，而陰教尚柔，柔以静爲體，不宜用於鍾。"弘等採肅、統以焉取正焉。高祖龍潛時，[3]頗好音樂，常倚琵琶，作歌二首，名曰《地厚》《天高》，託言夫妻之義。因即取之爲房內曲。命婦人并登歌上壽並用之。職在宮內，女人教習之。

　　[1]毛萇：人名。漢趙人，世稱小毛公。傳見《漢書》卷八八。　侯苞：人名。史無傳。　孫毓：人名。見下陳統注。

　　[2]陳統：人名。字元方，官徐州從事。修詩與孫毓、王肅相難。事見《經典釋文》序録。

　　[3]龍潛：帝王未即位時稱龍潛。

　　初後周故事，懸鍾磬法，七正七倍，合爲十四。蓋準變宮、變徵，凡爲七聲，有正有倍，而爲十四也。長孫紹遠引《國語》泠州鳩云“武王伐殷，歲在鶉火。”[1]自鶉及駟，七位故也。既以七同其數，而以律和其聲，於是有七律。又引《尚書大傳》“謂之七始”，其注云：“謂黄鍾、林鍾、太簇、南吕、姑洗、應鍾、蕤賓也。”歌聲不應此者，皆去之。然據一均言也。宮、商、角、徵、羽爲正，變宮、變徵爲和，加倍而有十四焉。又梁武帝加以濁倍，三七二十一而同爲架，雖取繁會，聲不合古。又後魏時，公孫崇設鍾磬正倍，[2]參懸之。弘等並以爲非，而據《周官·小胥職》“懸鍾磬，半之爲堵，全之爲肆”。鄭玄曰：“鍾磬編懸之，二八十六而在一虡。鍾一堵，磬一堵，謂之肆。”又引《樂緯》“宮爲君，商爲臣，君臣皆尊，各置一副，故加十四而懸十六”。又據漢成帝時，犍爲水濱，[3]得石磬十六枚，此皆懸八之義也。懸鍾磬法，每虡準之，懸八用七，不取近周之法懸七也。

　　[1]長孫紹遠：人名。字師，北周人。魏孝武西遷，紹遠奔赴，

累遷殿中尚書，拜大司樂。傳見《周書》卷二六。　泠州鳩：周景王時的樂官，亦作伶州鳩，泠或伶是官職稱謂。魯昭公二十年（前522）周景王因將鑄無射鐘曾問律於州鳩，《國語·周語》有："王將鑄無射，問律於伶州鳩……王曰：'何謂七律？'對曰：'昔武王伐殷，歲在鶉火……自鶉及駟，七列也，南北之揆，七同也……以七同其數，以律和其聲，於是乎有七律。'"　歲：歲星，行星，今稱木星。古代用歲星紀年，是將黃赤道帶劃分爲十二份，稱十二次，鶉火爲十二次之一，歲星運行一次爲一地球年。武王伐殷，據今天文學家計算爲公元前 1057 年，時歲星運行在鶉火。　鶉火：星座名，今稱獅子座。

［2］公孫崇：人名。史無傳。

［3］犍爲：郡名。漢置，故治在今四川宜賓縣。

　　又參用《儀禮》及《尚書大傳》，爲宮懸陳布之法。北方北向，應鍾起西，磬次之，黃鍾次之，鍾次之，大吕次之，皆東陳。一建鼓在其東，東鼓。東方西向，太簇起北，磬次之，夾鍾次之，鍾次之，姑洗次之，皆南陳。一建鼓在其南，東鼓。南方北向，中吕起東，鍾次之，蕤賓次之，磬次之，林鍾次之，皆西陳。一建鼓在其西，西鼓。西方東向，夷則起南，鍾次之，南吕次之，磬次之，無射次之，皆北陳。一建鼓在其北，西鼓。其大射，則撤北面而加鉦鼓。祭天用雷鼓、雷鼗，祭地用靈鼓、靈鼗，宗廟用路鼓、路鼗。各兩設在懸内。

　　又準《儀禮》，宮懸四面設鎛鍾十二虡，各依辰位。又甲、丙、庚、壬位，各設鍾一虡，乙、丁、辛、癸位，各陳磬一虡。共爲二十虡。其宗廟殿庭郊丘社並同。樹建鼓于四隅，以象二十四氣。依月爲均，四箱同作，蓋取毛傳《詩》云"四懸皆同"之義。古者鎛鍾據《儀禮》擊爲節檢，而無合曲之義。又大射有二鎛，皆亂擊焉，乃無成曲之理。依後周以十二鎛相生擊之，聲韻克諧。每鎛鍾、建鼓各一人。每鍾、磬簨簴各一人，歌二人，執節一人，琴、瑟、箏、筑各一人。每鍾虡，竽、笙、簫、笛、塤、篪各一人。懸内枂、敔各一人，枂在東，敔在西。二舞各八佾。樂人皆平巾幘、絳褠衣。樂器並采《周官》，參之梁代，擇用其尤善者。其簨簴皆金五博山，飾以崇牙，樹羽旒蘇。其樂器應漆者，天地之神皆朱漆，宗廟及殿庭則五色漆畫。晋、宋故事，箱別各有枂、敔，既同時憂之，今則不用。

又《周官·大司樂》："奏黃鍾，歌大呂，舞《雲門》，以祀天神。奏太簇，歌應鍾，舞《咸池》，以祭地祇。奏姑洗，歌南呂，舞《大韶》，以祀四望。奏蕤賓，歌函鍾，舞《大夏》，以祭山川。奏夷則，歌小呂，舞《大護》，以享先妣。奏無射，歌夾鍾，舞大武，以享先祖。"此乃周制，立二王三恪，通己爲六代之樂。至四時祭祀，則分而用之。以六樂配十二調，一代之樂，則用二調矣。隋去六代之樂，又無四望、先妣之祭，今既與古祭法有別，乃以神祇位次分樂配焉。奏黃鍾，歌大呂，以祀圓丘。黃鍾所以宣六氣也，耀魄天神，最爲尊極，故奏黃鍾以祀之。奏太簇，歌應鍾，以祭方澤。太簇所以贊陽出滯，崑崙厚載之重，故奏太簇以祀之。奏姑洗，歌南呂，以祀五郊、神州。姑洗所以滌潔百物，五郊神州，天地之次，故奏姑洗以祀之。奏蕤賓，歌函鍾，以祭宗廟。蕤賓所以安静神人，祖宗有國之本，故奏蕤賓以祀之。奏夷則，歌小吕，以祭社稷、先農。夷則所以詠歌九穀，貴在秋成，故奏夷則以祀之。奏無射，歌夾鍾，以祭巡狩方嶽。無射所以示人軌物，觀風望秋，故奏無射以祀之。同用文武二舞。其圓丘降神六變，方澤降神八變，宗廟禘祫降神九變，皆用《昭夏》。其餘祭享皆一變。又《周禮》，王出，奏《王夏》，尸出，奏《肆夏》。叔孫通法，迎神奏《嘉至》。今亦隨事立名。皇帝入出，皆奏《皇夏》。群官入出，皆奏《肆夏》。食舉上壽，奏《需夏》。迎、送神，奏《昭夏》。薦獻郊廟，奏《誠夏》。宴饗殿上，奏登歌。并文舞武舞，合爲八曲。古有宫、商、角、徵、羽五引，梁以三朝元會奏之。今改爲五音，其聲悉依宫商，不使差越。唯迎氣於五郊，降神奏之，《月令》所謂"孟春其音角"是也。通前爲十三曲。并内宫所奏《天高》《地厚》二曲，於房中奏之，合十五曲。

其登歌法，準《禮‧郊特牲》"歌者在上，匏竹在下"。《大戴》云："清廟之歌，懸一磬而尚拊搏。"又在漢代，獨登歌者，不以絲竹亂人聲。近代以來，有登歌五人，別升於上，絲竹一部，進處階前。此蓋《尚書》"戛擊鳴球，搏拊琴瑟以詠，祖考來格"之義也。梁武《樂論》以爲登歌者頌祖宗功業，檢《禮記》乃非元日所奏。若三朝大慶，百辟俱陳，升工籍殿，以詠祖考，君臣相對，便須涕洟。以此説非通，還以嘉慶用之。後周登歌，備鍾、磬、琴、瑟，階上設笙、管。今遂因之。合於《儀禮》荷瑟升歌，及笙入，立於階下，間歌合樂，是燕飲之事矣。登歌法，十有四人，鍾東磬西，工各一人，琴、瑟、箏、筑各一人，并歌者三人，執節七人，並坐階上。笙、竽、簫、笛、塤、篪各一人，並立階下。悉進賢冠，絳公服。斟酌古今，參而用之。祀神宴會通行之。若有大祀臨軒，陳於階壇之上。若册拜王公，設宮懸，不用登歌。釋奠則唯用登歌，而不設懸。

古者人君食，皆用當月之調，以取時律之聲。使不失五常之性，調暢四體，令得時氣之和。故鮑鄴上言，天子食飲，必順四時，有食舉樂，所以順天地，養神明，可作十二月均，感天和氣。此則殿庭月調之義也。祭祀既已分樂，臨軒朝會，並用當月之律。正月懸太簇之均，乃至十二月懸大呂之均，欲感君人情性，允協陰陽之序也。

又文舞六十四人，並黑介幘，冠進賢冠，絳紗連裳，內單，皁襈、領、褾、裾，革帶，烏皮履。十六人執翟。十六人執帗。十六人執旄。十六人執羽，左手皆執籥。二人執纛，引前，在舞人數外，衣冠同舞人。武舞六十四人，並服武弁，朱褠衣，革帶，烏皮履。左執朱干，右執大戚，依朱干玉戚之文。二人執旌，居前，二人執鼗，二人執鐸。金錞二，四人輿，二人作。二人執鐃次之。二人執相，在左，二人執雅，在右，各工一人作。自旌以下夾引，並在舞人數外，衣冠同舞人。

《周官》所謂"以金錞和鼓，金鐲節鼓，金鐃止鼓，金鐸通鼓"也。又依《樂記》象德擬功，初來就位，總干而山立，思君道之難也。發揚蹈厲，威而不殘也。舞亂皆坐，四海咸安也。武，始而受命，再成而定山東，三成而平蜀道，四成而北狄是通，五成而江南是拓，六成復綴，以闡太平。高祖曰："不須象功德，直象事可也。"然竟用之。近代舞出入皆作樂，謂之階步，咸用《肆夏》。今亦依定，即《周官》所謂樂出入奏鍾鼓也。又魏、晋故事，有《矛俞》《弩俞》及朱儒導引。今據《尚書》直云干羽，《禮》文稱羽籥干戚。今文舞執羽籥，武舞執干戚，其《矛俞》《弩俞》等，蓋漢高祖自漢中歸，巴、俞之兵，執仗而舞也。既非正典，悉罷不用。

十四年三月，樂定。秘書監、奇章縣公牛弘，秘書丞、北絳郡公姚察，通直散騎常侍、虞部侍郎許善心，兼内史舍人虞世基，儀同三司、東宮學士饒陽伯劉臻等奏曰："臣聞蕢桴土鼓，[1]由來斯尚，雷出地奮，著自《易經》。邃古帝王，經邦馭物，揖讓而臨天下者，禮樂之謂也。秦焚經典，樂書亡缺，爰至漢興，始加鳩採，祖述增廣，緝成朝憲。魏、晋相承，更加論討，沿革之宜，備於故實。永嘉之後，九服崩離，燕、石、苻、姚，遞據華土。此其戎乎，何必伊川之上，吾其左衽，無復微管之功。前言往式，於斯而盡。金陵建社，朝士南奔，帝則皇規，粲然更備，與内原隔絶，三百年於兹矣。伏惟明聖膺期，會昌在運。今南征所獲梁、陳樂人，及晋、宋旗章，宛然俱至。曩代所不服者，今悉服之，前朝所未得者，今悉得之。化洽功成，於是乎在。臣等伏奉明詔，詳定雅樂，博訪知音，旁求儒彥，研校是非，定其去就，取爲一代正樂，具在本司。"於是并撰歌辭三十首，詔並令施用，見行者皆停之。其人間音樂，流僻日久，棄其舊體者，並加禁約，務存其本。

[1]蕢枹土鼓：蕢枹，以草編扎的鼓搥。蕢，草。枹，鼓槌。土鼓，陶鼓。《禮記·明堂位》有："土鼓、蕢枹、葦籥伊耆氏之樂也。"

先是高祖遣內史侍郎李元操、直內史省盧思道等，[1]列清廟歌辭十二曲。令齊樂人曹妙達，於太樂教習，以代周歌。其初迎神七言，象《元基曲》，獻奠登歌六言，象《傾盃曲》，送神禮畢五言，象《行天曲》。至是弘等但改其聲，合於鍾律，而辭經敕定，不敢易之。至仁壽元年，煬帝初爲皇太子，從饗于太廟，聞而非之。乃上言曰："清廟歌辭，文多浮麗，不足以述宣功德，請更議定。"於是制詔吏部尚書、奇章公弘，開府儀同三司、領太子洗馬柳顧言，[2]秘書丞、攝太常少卿許善心，內史舍人虞世基，禮部侍郎蔡徵等，[3]更詳故實，創製雅樂歌辭。其祠圓丘，皇帝入，至版位定，奏《昭夏》之樂，以降天神。升壇，奏《皇夏》之樂。受玉帛，登歌，奏《昭夏》之樂。皇帝降南陛，詣罍洗，洗爵訖，升壇，並奏《皇夏》。初升壇，俎入，奏《昭夏》之樂。皇帝初獻，奏《誠夏》之樂。皇帝既獻，作文舞之舞。皇帝飲福酒，作《需夏》之樂。皇帝反爵於坫，還本位，奏《皇夏》之樂。武舞出，作《肆夏》之樂。送神作《昭夏》之樂。就燎位，還大次，並奏《皇夏》。

[1]李元操：人名。史無傳。　盧思道：人名。傳見本書卷五七，《北史》卷三〇有附傳。

[2]柳顧言：人名。史無傳。

[3]蔡徵：人名。字希祥，陳太建中爲太子中舍，後主器其才，任戶部尚書。陳亡仕隋，以給事郎終。傳見《陳書》卷二九，《南史》卷六八有附傳。

圜丘：

降神，奏《昭夏》辭：

肅祭典，協良辰。具嘉薦，俟皇臻。禮方成，樂已變。感靈心，迴天眷。闢華闕，下乾宮。乘精氣，御祥風。望爟火，通田燭。膺介圭，受瑄玉。神之臨，慶陰陰。煙衢洞，宸路深。善既福，德斯輔。流鴻祚，遍區宇。

皇帝升壇，奏《皇夏》辭：

於穆我君，昭明有融。道濟區域，功格玄穹。百神警衛，萬國承風。仁深德厚，信洽義豐。明發思政，勤憂在躬。鴻基惟永，福祚長隆。

登歌辭：

德深禮大，道高饗穆。就陽斯恭，陟配惟肅。血膋升氣，冕裘標服。誠感清玄，信陳史祝。祇承靈貺，載膺多福。

皇帝初獻，奏《誠夏》辭：

肇禋崇祀，大報尊靈。因高盡敬，掃地推誠。六宗隨兆，五緯陪營。雲和發韻，孤竹揚清。我粢既潔，我酌惟明。元神是鑒，百禄來成。

皇帝既獻，奏《文舞》辭：

皇矣上帝，受命自天。睿圖作極，文教遐宣。四方監觀，萬品陶甄。有苗斯格，無得稱焉。天地之經，和樂具舉。休徵咸萃，要荒式序。正位履端，秋霜春雨。

皇帝飲福酒，奏《需夏》辭：

禮以恭事，薦以饗時。載清玄酒，備潔薌萁。迴旒分爵，思媚軒墀。惠均撒俎，祥降受釐。十倫以具，百福斯滋。克昌厥德，永祚鴻基。

武舞辭：

御曆膺期，乘乾表則。成功戡亂，順時經國。兵暢五材，武弘七德。憬彼遐裔，化行充塞。三道備舉，二儀交泰。情發自中，義均莫大。祀敬恭肅，鍾鼓繁會。萬國斯歡，兆人斯賴。享茲介福，康哉元首。惠我無疆，天長地久。

送神奏《昭夏》辭：

享序洽，祀禮施。神之駕，嚴將馳。奔精驅，長離耀。牲煙達，潔誠照。騰日馭，鼓電鞭。辭下土，升上玄。瞻寥廓，杳無際。澹群心，留餘惠。

皇帝就燎，還大次，並奏《皇夏》，辭同上。

五郊歌辭五首：迎送神、登歌，與圜丘同。

青帝歌辭，奏角音：

震宮初動，木德惟仁。龍精戒旦，鳥曆司春。陽光煦物，温風先導。巖處載驚，膏田已冒。犧牲豐潔，金石和聲。懷柔備禮，明德惟馨。

赤帝歌辭，奏徵音：

長嬴開序，炎上爲德。執禮司萌，持衡御國。重離得位，芒種在時。含櫻薦實，木槿垂蕤。慶賞既行，高明可處。順時立祭，事昭福舉。

黃帝歌辭，奏宮音：

爰稼作土，順位稱坤。孕金成德，履艮爲尊。黃本内色，宮實聲始。萬物資生，四時咸紀。靈壇汛掃，盛樂高張。威儀孔備，福履無疆。

白帝歌辭，奏商音：

西成肇節，盛德在秋。三農稍已，九穀行收。金氣肅殺，商威飂戾。嚴風鼓莖，繁霜殞蔕。厲兵詰暴，敕法慎刑。神明降嘏，國步惟寧。

黑帝歌辭，奏羽音：

玄英啓候，冥陵初起。虹藏於天，雉化於水。嚴關重閉，星迴日窮。黃鍾動律，廣莫生風。玄樽示本，天產惟質。恩覃外區，福流景室。

感帝奏《誠夏》辭：迎送神、登歌，與圜丘同。

禘祖垂典，郊天有章。以春之孟，於國之陽。繭栗惟誠，陶匏斯尚。人神接禮，明幽交暢。火靈降祚，火曆載隆。蒸哉帝道，赫矣皇風。

雩祭奏《誠夏》辭：迎送神、登歌，與圜丘同。

朱明啓候，時載陽。肅若舊典，延五方。嘉薦以陳，盛樂奏。氣序和平，資靈祐。公田既雨，私亦濡。人殷俗富，政化敷。

蜡祭奏《誠夏》辭：迎送神、登歌，與圜丘同。

四方有祀，八蜡酬功。收藏既畢，榛葛送終。使之必報，祭之斯索。三時告勞，一日爲澤。神祇必來，鱗羽咸致。惟義之盡，惟仁之至。年成物阜，罷役息人。皇恩已洽，靈慶無垠。

朝日、夕月歌詩二首：迎送神、登歌，與圜丘同。

朝日奏《誠夏》辭：

扶木上朝暾，嵫山沉暮景。寒來游暑促，暑至馳輝永。時和合璧耀，俗泰重輪明。執圭盡昭事，服冕罄虔誠。

夕月奏《誠夏》辭：

澄輝燭地域，流耀鏡天儀。曆草隨弦長，珠胎逐望虧。成形表蟾兔，竊藥資王母。西郊禮既成，幽壇福惟厚。

方丘歌辭四首：唯此四者異，餘並同圜丘。

迎神奏《昭夏》辭：

柔功暢，陰德昭。陳瘞典，盛玄郊。籩羃清，臀幽馥。皇情虔，具僚肅。笙頌合，鼓鼗會。出桂旗，屯孔蓋。敬如在，肅有承。神胥樂，慶福膺。

奠玉帛登歌：

道惟生育，器乃包藏。報功稱範，殷薦有常。六瑚已饋，五齊流香。貴誠尚質，敬洽義彰。神祚惟永，帝業增昌。

皇地祇歌辭，奏《誠夏》辭：

原載垂德，崑丘主神。陰壇吉禮，北至良辰。鑒水呈潔，牲栗表純。樽壺夕視，幣玉朝陳。群望咸秩，精靈畢臻。祚流於國，祉被於人。

送神歌辭，奏《昭夏》辭：

奠既徹，獻已周。竦靈駕，逝遠游。洞四極，匝九縣。慶方流，祉恒遍。埋玉氣，掩牲芬。晰神理，顯國文。

神州奏《誠夏》辭：迎送神、登歌，與方丘同。

四海之內，一和之壤。地曰神州，物賴生長。咸池既降，泰折斯饗。牲牷尚黑，珪玉實兩。九宇載寧，神功克廣。

社稷歌辭四首：迎送神、登歌，與方丘同。

春祈社，奏《誠夏》辭：

厚地開靈，方壇崇祀。達以風露，樹之松梓。勾萌既申，芟柞伊始。恭祈粢盛，載膺休祉。

春祈稷，奏《誠夏》辭：

粒食興教，播厥有先。尊神致潔，報本惟虔。瞻榆束耒，望杏開田。方憑戩福，佇詠豐年。

秋報社，奏《誠夏》辭：

北墉申禮，單出表誠。豐犧入薦，華樂在庭。原隰既平，泉流又清。如雲已望，高廩斯盈。

秋報稷，奏《誠夏》辭：

人天務急，農亦勤止。或耘或薅，惟藟惟芑。涼風戒時，歲云秋矣。物成則報，功施必祀。

先農，奏《誠夏》辭：迎送神，與方丘同。

農祥晨晰，土膏初起。春原俶載，青壇致祀。斂蹕長阡，迴旌外壝。房俎飾薦，山罍沈滓。親事朱弦，躬持黛耜。恭神務稽，受釐降祉。

先聖先師，奏《誠夏》辭：

經國立訓，學重教先。《三墳》肇册，《五典》留篇。開鑿理著，陶鑄功宣。東膠西序，春誦夏弦。芳塵載仰，祀典無騫。

太廟歌辭：

迎神歌辭：

務本興教，尊神體國。霜露感心，享祀陳則。官聯式序，奔走在庭。几筵結慕，祼獻惟誠。嘉樂載合，神其降止。永言保之，錫以繁祉。

登歌辭：

孝熙嚴祖，師象敬宗。惟皇肅事，有來雝雝。雕梁霞複，繡橑雲重。觀德自感，奉璋伊恭。彝斝盡飾，羽綴有容。升歌發藻，景福來從。

俎入歌辭：郊丘、社、廟同。

祭本用初，祀由功舉。駿奔咸會，供神有序。明酌盈樽，豐犧實俎。幽金既薦，纈錯維旅。享由明德，香非稷黍。載流嘉慶，克固鴻緒。

皇高祖太原府君神室歌辭：

締基發祥，肇源興慶。迺仁迺哲，克明克令。庸宣國圖，善流人詠。開我皇業，七百同盛。

皇曾祖康王神室歌辭：

皇條俊茂，帝系靈長。豐功疊軌，厚利重光。福由善積，代以德彰。嚴恭盡禮，永錫無疆。

皇祖獻王神室歌辭：

盛才必達，丕基增舊。涉魏同符，遷邠等構。弘風邁德，義高道富。神鑒孔昭，王猷克懋。

皇考太祖武元皇帝神室歌辭：

深仁冥著，至道潛敷。皇矣太祖，耀名天衢。翦商隆祚，奄宅隋區。有命既集，誕開靈符。

飲福酒歌辭：郊丘、社、廟同。

神道正直，祀事有融。肅雝備禮，莊敬在躬。羞燔已具，奠酢將終。降祥惟永，受福無窮。

送神歌辭：

饗禮具，利事成。佇旒冕，肅簪纓。金奏終，玉俎撒。盡孝敬，窮嚴潔。人祇分，哀樂半。降景福，憑幽贊。

元會：

皇帝出入殿庭，奏《皇夏》辭：郊丘、社、廟同。

深哉皇度，粹矣天儀。司陛整蹕，式道先馳。八屯霧擁，七萃雲披。退揚進揖，步矩行規。勾陳乍轉，華蓋徐移。羽旗照耀，珪組陸離。居高念下，處安思危。照臨有度，紀律無虧。

皇太子出入，奏《肆夏》辭：

惟熙帝載，式固王猷。體乾建本，是曰孟侯。馳道美漢，寢門稱周。德心既廣，道業惟優。傅保斯導，賢才與游。瑜玉發響，畫輪停輈。皇基方峻，匕罍恒休。

食舉歌辭八首：

燔黍設教，禮之始。五味相資，火爲紀。平心和德，在甘旨。牢羞既陳，鍾石俟。以斯而御，揚盛軌。

養身必敬，禮食昭。時和歲阜，庶物饒。鹽梅既濟，鼎鉉調。特以膚腊，加膗膮。威儀濟濟，懋皇朝。

饔人進羞，樂侑作。川潛之膾，雲飛臛。甘酸有宜，芬勺藥。金敦玉豆，盛交錯。御鼓既聲，安以樂。

玉食惟后，膳必珍。芳菰既潔，重秬新。是能安體，又調神。荊包畢至，海貢陳。用之有節，德無垠。

嘉羞入饋，猶化謐。沃土名滋，帝臺實。陽華之菜，雕陵栗。鼎俎芬芳，豆籩溢。通幽致遠，車書一。

道高物備，食多方。山膚既善，水豢良。桓蒲在位，簨業張。加籩折俎，爛成行。恩風下濟，道化光。

禮以安國，仁爲政。具物必陳，饗牢盛。置罘斤斧，順時令。懷生熙熙，皆得性。於茲宴喜，流嘉慶。

皇道四達，禮樂成。臨朝日舉，表時平。甘芳既飫，醑以清。揚休玉卮，正性情。隆我帝載，永明明。

上壽歌辭：

俗已乂，時又良。朝玉帛，會衣裳。基同北辰久，壽共南山長。黎元鼓腹樂未央。

宴群臣登歌辭：

皇明馭歷，仁深海縣。載擇良辰，式陳高宴。顒顒卿士，昂昂侯甸。車旗煜燿，衣纓蔥蒨。樂正展懸，司宮飾殿。三揖稱禮，九賓爲傳。圓鼎臨碑，方壺在面。

鹿鳴成曲，嘉魚入薦。筐筥相輝，獻酬交遍。飲和飽德，恩風長扇。

文舞歌辭：

天眷有屬，后德惟明。君臨萬宇，昭事百靈。濯以江、漢，樹之風聲。罄地必歸，窮天皆至。六戎仰朔，八蠻請吏。煙雲獻彩，龜龍表異。緝和禮樂，燮理陰陽。功由舞見，德以歌彰。兩儀同大，日月齊光。

武舞歌辭：

惟皇御宇，惟帝乘乾。五材並用，七德兼宣。平暴夷險，拯溺救燔。九域載安，兆庶斯賴。續地之厚，補天之大。聲隆有截，化覃無外。鼓鍾既奮，干戚攸陳。功高德重，政諡化淳。鴻休永播，久而彌新。

大射登歌辭：

道諡金科照，時乂玉條明。優賢饗禮洽，選德射儀成。鑾旗鬱雲動，寶軑儼天行。巾車整三乏，司裘飾五正。鳴球響高殿，華鍾震廣庭。烏號傳昔美，淇、衛著前名。揖讓皆時傑，升降盡朝英。附枝觀體定，杯水睹心平。豐觚既來去，燔炙復從橫。欣看禮樂盛，喜遇黃河清。

凱樂歌辭三首：

述帝德：

於穆我后，睿哲欽明。膺天之命，載育群生。開元創曆，邁德垂聲。朝宗萬宇，祇事百靈。煥乎皇道，昭哉帝則。惠政滂流，仁風四塞。淮海未賓，江湖背德。運籌必勝，濯征斯克。八荒霧卷，四表雲褰。雄圖盛略，邁後光前。寰區已泰，福祚方延。長歌凱樂，天子萬年。

述諸軍用命：

帝德遠覃，天維宏布。功高雲天，聲隆《韶》《護》。惟彼海隅，未從王度。皇赫斯怒，元戎啓路。桓桓猛將，赳赳英謨。攻如燎髮，戰似摧枯。救茲塗炭，克彼妖逋。塵清兩越，氣静三吳。鯨鯢已夷，封疆載闢。班馬蕭蕭，歸旌弈弈。雲臺表效，司勳紀績。業並山、河，道固金石。

述天下太平：

阪泉軒德，丹浦堯勳。始實以武，終乃以文。嘉樂聖主，大哉爲君。出師命將，廓定重氛。書軌既并，干戈是戢。弘風設教，政成人立。禮樂聿興，衣裳載緝。風雲自美，嘉祥爰集。皇皇聖政，穆穆神猷。牢籠虞、夏，度越姬、劉。日月比曜，天地同休。永清四海，長帝九州。

皇后房内歌辭：

至順垂典，正内弘風。母儀萬國，訓範六宮。求賢啓化，進善宣功。家邦載序，道業斯融。

大業元年，煬帝又詔修高廟樂，曰：“古先哲王，經國成務，莫不因人心而制禮，則天明而作樂。昔漢氏諸廟別所，樂亦不同，至於光武之後，始立共堂之制。魏文承運，初營廟寢，太祖一室，獨爲別宮。自兹之後，兵車交爭，制作規模，日不暇給。伏惟高祖文皇帝，功侔造物，道濟生靈，享薦宜殊，樂舞須別。今若月祭時饗，既與諸祖共庭，至於舞功，獨於一室，交違禮意，未合人情。其詳議以聞。"有司未及陳奏，帝又以禮樂之事，總付秘書監柳顧言、少府副監何稠、著作郎諸葛穎、秘書郎袁慶隆等，[1]增多開皇樂器，大益樂員，郊廟樂懸，並令新製。顧言等後親，帝復難於改作，其議竟寝。諸郊廟歌辭，亦並依舊制，唯新造高祖廟歌九首。今亡。又遣秘書省學士，定殿前樂工歌十四首，終大業世，每舉用焉。帝又詔博訪知鍾律歌管者，皆追之。時有曹士立、裴文通、唐羅漢、常寶金等，[2]雖知操弄，雅鄭莫分，[3]然總付太常，詳令刪定。議修一百四曲，其五曲在宮調，黃鍾也；一曲應調，大吕也；二十五曲商調，太簇也；一十四曲角調，姑洗也；一十三曲變徵調，蕤賓也；八曲徵調，林鍾也；二十五曲羽調，南吕也；一十三曲變宮調，應鍾也。其曲大抵以詩爲本，參以古調，漸欲播之弦歌，被之金石。仍屬戎車，不遑刊正，禮樂之事，竟無成功焉。

[1]何稠：人名。傳見本書卷六八、《北史》卷九〇。　諸葛穎：人名。傳見本書卷七六、《北史》卷八三。　袁慶隆：人名。史無傳。

[2]曹士立、裴文通、唐羅漢、常寶金：皆人名。具體事迹不詳。

[3]雅：雅樂，祭祀或典禮音樂。　鄭：鄭衛之音，春秋時鄭、衛二國之樂多淫聲，世謂淫靡之樂曰鄭衛之音。《禮記·樂記》有："鄭衛之音，亂世之音也，比於慢矣。"

　　自漢至梁、陳樂工，其大數不相踰越。及周并齊，隋并陳，各得其樂工，多爲編户。至六年，帝乃大括魏、齊、周、陳樂人子弟，悉配太常，並於關中爲坊置之，其數益多前代。顧言等又奏，仙都宮内，四時祭享，還用太廟之樂，歌功論德，別製其辭。七廟同院，樂依舊式。又造饗宴殿庭宫懸樂器，布陳簨簴，大抵同前，而於四隅各加二建鼓、三案。又設十二鎛，鎛別鍾磬二架，各依辰位爲調，合三十六架。至於音律節奏，皆依雅曲，意在演令繁會，自梁武帝之始也，開皇時，廢不用，至是又復焉。高祖時，宫懸樂器，唯有一部，殿庭饗宴用之。平陳所獲，又有二部，宗廟郊丘分用之。至是並於樂府藏而不用。更造三部：五郊二十架，工一百四十三人。廟庭二十架，工一百五十人。饗宴二十架，工一百七人。舞郎各二等，並一百三十二人。

　　顧言又增房内樂，益其鍾磬，奏議曰：“房内樂者，主爲王后弦歌諷誦而事君子，故以房室爲名。燕禮鄉飲酒禮，亦取而用也。故云：‘用之鄉人焉，用之邦國焉。’文王之風，由近及遠，鄉樂以感人，須存雅正。既不設鍾鼓，義無四懸，何以取正於婦道也。《磬師職》云：‘燕樂之鍾磬。’鄭玄曰：‘燕樂，房内樂也，所謂陰聲，金石備矣。’以此而論，房内之樂，非獨弦歌，必有鍾磬也。《内宰職》云‘正后服位，詔其禮樂之儀’，[1]鄭玄云：‘薦撤之禮，當與樂相應。’薦撤之言，雖施祭祀，其入出賓客，理亦宜同。請以歌鍾歌磬，各設二虡，土革絲竹並副之，并升歌下管，總名房内之樂。女奴肄習，朝燕用之。”制曰：“可。”於是內宮懸二十虡。其鎛鍾十二，皆以大磬充。去建鼓，餘飾並與殿庭同。

[1]內宰：官名。周禮天官之屬，掌王宮內政令，宮中官之長。《周禮・天官》有：“內宰，掌書版圖之灋（法），以治王內之政令……正后之服位，詔其禮樂之儀。”鄭玄注：“薦徹之禮，當與樂相應。位，謂房中戶內，及阼所立處。”

皇太子軒懸，去南面，設三鎛鍾於辰丑申，三建鼓亦如之。編鍾三虡，編磬三虡，共三鎛鍾爲九虡。其登歌減者二人。簨虡金三博山。樂器應漆者朱漆之。其二舞用六佾。

其雅樂鼓吹，多依開皇之故。雅樂合二十器，今列之如左：

金之屬二：一曰鎛鍾，每鍾懸一簨虡，各應律呂之音，即黃帝所命伶倫鑄十二鍾，和五音者也。二曰編鍾，小鍾也，各應律呂，大小以次，編而懸之。上下皆八，合十六鍾，懸於一簨虡。

石之屬一：曰磬，用玉若石爲之，懸如編鍾之法。

絲之屬四：一曰琴，神農制爲五弦，周文王加二弦爲七者也。二曰瑟，二十七弦，伏犧所作者也。三曰筑，十二弦。四曰箏，十三弦，所謂秦聲，蒙恬所作者也。

竹之屬三：一曰簫，十六管，長二尺，舜所造者也。二曰篪，長尺四寸，八孔，蘇公所作者也。三曰笛，凡十二孔，漢武帝時丘仲所作者也。京房備五音，有七孔，以應七聲。黃鍾之笛，長二尺八寸四分四釐有奇，其餘亦上下相次，以爲長短。

匏之屬二：一曰笙，二曰竽，並女媧之所作也。笙列管十九，於匏內施簧而吹之。竽大，三十六管。

土之屬一：曰塤，六孔，暴辛公之所作者也。

革之屬五：一曰建鼓，夏后氏加四足，謂之足鼓。殷人柱貫之，謂之楹鼓。周人懸之，謂之懸鼓。近代相承，植而貫之，謂之建鼓。蓋殷所作也。又棲翔鷺於其上，不知何代所加。或曰，鵠也，取其聲揚而遠聞。或曰，鷺，鼓精也。越王勾踐擊大鼓於雷門以厭吳。晋時移於建康，有雙鷺晲鼓而飛入雲。或曰，皆非也。《詩》云："振振鷺，鷺于飛。鼓咽咽，醉言歸。"古之君子，悲周道之衰，頌聲之輟，飾鼓以鷺，存其風流。未知孰是。靈鼓、靈鼗，並八面。雷鼓、雷鼗，六面。路鼓、路鼗，四面。鼓以桴擊，鼗貫其中而手搖之。又有節鼓，不知誰所造也。

木之屬二：一曰柷，如桶，方二尺八寸，中有椎柄，連底動之，令左右擊，以節樂。二曰敔，如伏獸，背有二十七鉏鋙，以竹長尺，橫櫟之，以止樂焉。

簨虡，所以懸鍾磬，橫曰簨，飾以鱗屬，植曰虡，飾以贏及羽屬。簨加木板於上，謂之業。殷人刻其上爲崇牙，以挂懸。周人畫繪爲筍，戴之以璧，垂五采羽於其下，樹於簨虡之角。近代又加金博山於簨上，垂流蘇，以合采羽。五代相因，同用之。

　　始開皇初定令，置《七部樂》：[1]一曰《國伎》，二曰《清商伎》，三曰《高麗伎》，四曰《天竺伎》，五曰《安國伎》，六曰《龜茲伎》，七曰《文康伎》。又雜有疏勒、扶南、康國、百濟、突厥、新羅、倭國等伎。[2]其後牛弘請存《鞞》《鐸》《巾》《拂》等四舞，與新伎並陳。因稱："四舞，按漢、魏以來，並施於宴饗。《鞞舞》，漢巴渝舞也。至章帝造《鞞舞辭》云'關東有賢女'，魏明代漢曲云'明明魏皇帝'。《鐸舞》，傅玄代魏辭云'振鐸鳴金'，成公綏賦云'《鞞》《鐸》舞庭，[3]八音並陳'是也。《拂舞》者，沈約《宋志》云：'吳舞，吳人思晉化。'其辭本云'白符鳩'是也。《巾舞》者，《公莫舞》也。伏滔云：[4]'項莊因舞，欲劍高祖，項伯紆長袖以扞其鋒，魏、晉傳爲舞焉。'檢此雖非正樂，亦前代舊聲。故梁武報沈約云'《鞞》《鐸》《巾》《拂》，古之遺風。'楊泓云：[5]'此舞本二八人，桓玄即真，[6]爲八佾。後因而不改。'齊人王僧虔已論其事。[7]平陳所得者，猶充八佾，於懸內繼二舞後作之，爲失斯大。檢四舞由來，其實已久。請並在宴會，與雜伎同設，於西涼前奏之。"帝曰："其聲音節奏及舞，悉宜依舊。惟舞人不須捉鞞拂等。"

　　[1]《七部樂》：爲宮廷燕樂之分類。燕樂亦作宴樂、讌樂，早見於周代，《周禮·春官》即有："磬師掌教擊磬擊編鐘，教縵樂、燕樂之鐘磬。"原爲宮廷宴饗所設，與雅樂相對，雅樂爲祭祀、廟堂之樂。燕樂逐漸加入民間之優秀樂種，除宴饗功能，亦爲欣賞娛愉的樂舞，如《清商伎》。外族、外國音樂也日漸流入，如龜茲

樂、天竺樂。

[2]倭：底本作"侫"。本書卷八一《倭國傳》中華本校勘記云："古從'委'和從'妥'的字，有時可以通用。如'桜'或作'楼'，'綏'或和'綏'。'侫'應是'倭'的別體。本書《煬帝紀》上作'倭'。本卷和他處作'侫'者，今一律改爲'倭'。"今從改。

[3]成公綏：人名。字子安，晋白馬（今河南滑縣）人，官中書郎，與賈充等參定法律。傳見《晋書》卷九二。

[4]伏滔：人名。字玄度，晋安丘人。傳見《晋書》卷九二。

[5]楊泓：人名。史無傳。

[6]桓玄：人名。字敬道，一名靈寶，晋龍亢（今安徽含山縣南）人。傳見《晋書》卷九九。

[7]王僧虔：人名。南齊臨沂（今山東臨沂市）人。傳見《南齊書》卷三三，《南史》二二有附傳。

及大業中，煬帝乃定《清樂》《西涼》《龜兹》《天竺》《康國》《疏勒》《安國》《高麗》《禮畢》，以爲《九部》。樂器工衣創造既成，大備於兹矣。

《清樂》其始即《清商三調》是也，並漢來舊曲。樂器形制，并歌章古辭，與魏三祖所作者，皆被於史籍。屬晋朝遷播，夷羯竊據，其音分散。苻永固平張氏，始於涼州得之。宋武平關中，因而入南，不復存於內地。及平陳後獲之。高祖聽之，善其節奏，曰："此華夏正聲也。昔因永嘉，流於江外，我受天明命，今復會同。雖賞逐時遷，而古致猶在。可以此爲本，微更損益，去其哀怨，考而補之。以新定律呂，更造樂器。"其歌曲有陽伴，舞曲有明君、并契。其樂器有鍾、磬、琴、瑟、擊琴、琵琶、箜篌、筑、筝、節鼓、笙、笛、簫、篪、塤等十五種，爲一部。工二十五人。

《西涼》者，[1] 起苻氏之末，[2] 呂光、沮渠蒙遜等，[3] 據有涼州，變龜兹聲爲之，號爲秦漢伎。魏太武既平河西得之，謂之《西涼樂》。至魏、周之際，遂謂之《國伎》。今曲項琵琶、豎頭箜篌之徒，並出自西域，非華夏舊器。《楊澤新聲》《神白馬》之類，生於胡戎。胡戎歌非漢魏遺曲，故其樂器聲調，悉與書史不同。其歌曲有《永世樂》，解曲有《萬世豐》，[4] 舞曲有《于闐佛曲》。其樂器有鍾、磬、彈筝、搊筝、臥箜篌、豎箜篌、琵琶、五絃、笙、簫、大篳篥、長笛、小篳篥、橫笛、腰鼓、齊鼓、擔鼓、銅拔、貝等十九種，[5] 爲一部。工二十七人。

[1]《西涼》：指西涼樂，乃是中原漢族音樂與龜兹等西北民族音樂的融合，故謂“變龜兹聲爲之，號爲秦漢伎”。西涼樂自隋大業中列爲九部樂，後傳至唐代均爲宮廷燕樂的重要部分。《舊唐書·音樂志》述西涼樂説：“西涼樂者，後魏平沮渠氏所得也。晋、宋末，中原喪亂，張軌據有河西，苻秦通涼州，旋復隔絶。其樂具有鐘磬，蓋涼人所傳中國舊樂，而雜以羌胡之聲也。魏世共隋咸重之。工人平巾幘，緋褶。白舞一人，方舞四人。白舞今闕。方舞四人，假髻，玉支釵，紫絲布褶，白大口袴，五彩接袖，烏皮靴。樂用鐘一架，磬一架，彈筝一，搊筝一，臥箜篌一，豎箜篌一，琵琶一，五弦琵琶一，笙一，簫一，篳篥一，小篳篥一，笛一，腰鼓一，齊鼓一，檐鼓一，銅拔一，貝一。編鐘今亡。”西涼，北朝十六國之一，在今甘肅省西北地帶。

[2]苻氏：指東晋、十六國時代前秦主苻堅。字永固，一字文

玉，小字堅頭。《晋書》卷一一三、一一四有載記。

[3]呂光：人名。字世明，後凉政權建立者。初事苻堅，堅死後自稱凉州牧，尋稱三河王，又稱天王，在位十三年。傳見《魏書》卷九五，《晋書》卷一二二有其載記。　沮渠蒙遜：人名。十六國時北凉之始祖，盧水（今甘肅鎮原縣西）匈奴人，世爲張掖諸部帥。初附後凉，以從父羅仇、麴粥二人爲呂光所殺，乃叛後凉，與從兄男成推段業爲凉州牧，謀復仇，業以蒙遜爲西安太守。未久，蒙遜殺業，遷姑臧（今甘肅武威市），自稱張掖公，又改稱凉王。南朝宋元嘉中卒，在位三十三年。《晋書》卷一二九有載記，傳見《魏書》卷九九。

[4]解曲：古代曲式用語。由"解"演化而來。解的原意爲樂章或樂段，元人郭茂倩《樂府詩集》有"凡諸調歌辭，並以一章爲一解"，又録有南朝陳釋智匠《古今樂録》說"伧歌以一句爲一解，中國以一章爲一解"。隨着多段體樂曲的發展，"解"又被賦予新的含義，既在樂章、樂段間日漸成爲間奏性的樂句，以爲樂段的補充。故王僧虔《啓》云："古曰章，今曰解，解有多少，當時先詩而後聲，詩敍事，聲成文，必使志盡於詩，音盡於曲。"日後更發展成由一個樂曲成爲另一樂曲的結尾，即"解曲"。

[5]彈箏、搊箏：彈箏，用義甲彈奏謂之彈。《梁書》卷三九《羊侃傳》有："侃性豪侈，善音律，自造《采蓮》《棹歌》兩曲，甚有新致。姬妾侍列，窮極奢靡。有彈箏人陸太喜，著鹿角爪長七寸。"搊箏，搊彈，以手指彈奏謂之搊。此二種彈奏法在音色和演奏風格上有所不同，唐人李匡乂所撰《資暇集》中有所描述："今彈琴或削竹爲甲，以助食指之聲者，亦因汧公也……次棄真用假，捨清從濁，蓋靡知其由也。至如篍篌之與秦箏，若能去假還真，其聲宛美矣。"　長笛：底本作"豎"。中華本校勘記云："據《通典》一四六改。《舊唐書・音樂志》二作'笛'，無'長'字。"今從改。

　　《龜兹》者，[1]起自吕光滅龜兹，因得其聲。吕氏亡，其樂分散，後魏平中原，復獲之。其聲後多變易。至隋有《西國龜兹》《齊朝龜兹》《土龜兹》等，凡三部。開皇中，其器大盛於閭閻。時有曹妙達、王長通、李士衡、郭金樂、安進貴等，皆妙絶弦管，新聲奇變，朝改暮易，持其音技，估衒公王之間，舉時争相慕尚。高祖病之，謂群臣曰：“聞公等皆好新變，所奏無復正聲，此不祥之大也。自家形國，化成人風，勿謂天下方然，公家家自有風俗矣。存亡善惡，莫不繫之。樂感人深，事資和雅，公等對親賓宴飲，宜奏正聲；聲不正，何可使兒女聞也！”帝雖有此敕，而竟不能救焉。煬帝不解音律，略不關懷。後大製艷篇，辭極淫綺。令樂正白明達造新聲，[2]創《萬歲樂》《藏鈎樂》《七夕相逢樂》《投壺樂》《舞席同心髻》《玉女行觴》《神仙留客》《擲磚續命》《鬥雞子》《鬥百草》《汎龍舟》《還舊宫》《長樂花》及《十二時》等曲，掩抑摧藏，哀音斷絶。帝悦之無已，謂幸臣曰：“多彈曲者，如人多讀書。讀書多則能撰書，彈曲多即能造曲。此理之然也。”因語明達云：“齊氏偏隅，曹妙達猶自封王。我今天下大同，欲貴汝，宜自修謹。”六年，高昌獻《聖明樂》曲，帝令知音者，於館所聽之，歸而肄習。及客方獻，先於前奏之，胡夷皆驚焉。其歌曲有《善善摩尼》，解曲有《婆伽兒》，舞曲有《小天》，又有《疏勒鹽》。其樂器有豎箜篌、琵琶、五弦、笙、笛、簫、篳篥、毛員鼓、都曇鼓、答臘鼓、腰鼓、羯鼓、雞婁鼓、銅拔、貝等十五種，爲一部。工二十人。

[1]《龜兹》：龜兹樂爲南北朝至隋唐間所傳龜兹故地之樂。隋唐宮廷之七部、九部、十部樂中專設龜兹伎或龜兹樂部。本志記當時龜兹樂之起始流傳甚詳。至唐代，龜兹樂尤爲宮廷燕樂所重，故《舊唐書·音樂志》説："自周、隋以來，管絃雜曲將數百曲，多用西涼樂；鼓舞曲多用龜兹樂。其曲度皆時俗所知也。"時龜兹樂已爲胡部諸樂之首。龜兹樂至宋代流傳不衰，宋教坊四部有龜兹部。龜兹當今新疆庫車縣一帶。

[2]白明達：人名。隋唐時代音樂家。傳其爲龜兹人，頗得煬帝寵幸。隋亡入唐，高宗時猶在宮供奉。他的作曲唐時仍在流傳，如《泛龍舟》《七夕相逢樂》。

《天竺》者，[1]起自張重華據有涼州，[2]重四譯來貢男伎，《天竺》即其樂焉。歌曲有《沙石疆》，舞曲有天曲。樂器有鳳首箜篌、琵琶、五弦、笛、銅鼓、毛員鼓、都曇鼓、銅拔、貝等九種，爲一部。工十二人。

[1]《天竺》：天竺樂亦是隋唐燕樂的重要組成部分。《舊唐書·音樂志》載："天竺樂，工人皂絲布頭巾，白練襦，紫綾袴，緋帔。舞二人，辮髮，朝霞袈裟，行纏，碧麻鞋……樂用銅鼓、羯鼓、毛員鼓、都曇鼓、篳篥、橫笛、鳳首箜篌、琵琶、銅鈸、貝。毛員鼓、都曇鼓今亡。"樂舞者穿朝霞袈裟應有佛教音樂色彩。稱"重四譯來貢男伎"是説天竺樂通過四種語言的轉譯方進入涼州。

[2]張重華：人名。字泰臨，十六國前涼人。《晉書》卷八六有附傳。

《康國》,[1]起自周武帝娉北狄爲后,[2]得其所獲西戎伎,因其聲。歌曲有《戢殿農和正》,舞曲有《賀蘭鉢鼻始》《末奚波地》《農惠鉢鼻始》《前拔地惠地》等四曲。樂器有笛、正鼓、加鼓、銅拔等四種,爲一部。工七人。

[1]《康國》:康國樂爲隋唐燕樂的重要組成部分。康國樂歷隋至唐代,《舊唐書》載:"康國樂,工人皂絲布頭巾,緋絲布袍,錦領。舞二人,緋襖,錦領袖,綠綾渾襠袴,赤皮靴,白袴帑。舞急轉如風,俗稱胡旋舞。樂用笛二,正鼓一,和鼓一,銅拔一。"康國,中亞古國,在今烏兹別克斯坦共和國之撒馬爾罕附近。

[2]周武帝:"武"字底本作"代"。中華本校勘記云:"據《周書·武帝紀》上、《舊唐書·音樂志》二改。"今從改。

《疏勒》《安國》《高麗》,並起自後魏平馮氏及通西域,[1]因得其伎。後漸繁會其聲,以別於太樂。

[1]馮氏:即馮弘,字文通,北燕信都(今河北冀州市)人,其兄馮跋爲燕王,跋死後,弘殺跋子翼,自立,改元太興,僭位六年。

《疏勒》,[1]歌曲有《亢利死讓樂》,舞曲有《遠服》,解曲有《鹽曲》。[2]樂器有豎箜篌、琵琶、五弦、笛、簫、篳篥、答臘鼓、腰鼓、羯鼓、雞婁鼓等十種,爲一部,工十二人。

[1]《疏勒》:疏勒樂,隋唐九部樂、十部樂之一。傳至唐代,

據《舊唐書·音樂志》載:"疏勒樂,工人皂絲布頭巾,白絲布袴,錦襟褾。舞二人,白襖,錦袖,赤皮靴,赤皮帶。樂用豎箜篌、琵琶、五絃琵琶、橫笛、簫、篳篥、答臘鼓、腰鼓、羯鼓、雞婁鼓。"疏勒,中亞古國,地當今新疆疏勒、英吉沙二城。

　　[2]《鹽曲》:"鹽"字底本作"監"。中華本校勘記云:"據陳暘《樂書》一五八及《御覽》五六七引《樂部樂志》改。"今從改。

　　《安國》,[1]歌曲有《附薩單時》,舞曲有《末奚》,解曲有《居和祇》。樂器有箜篌、琵琶、五弦、笛、簫、篳篥、雙篳篥、正鼓、和鼓、銅拔等十種,[2]爲一部。工十二人。

　　[1]《安國》:安國樂爲隋唐燕樂的重要組成部分。安國樂歷隋至唐代,《舊唐書·音樂志》載:"安國樂,工人皂絲布頭巾,錦襟領,紫袖袴。舞二人,紫襖,白袴帑,赤皮靴。樂用琵琶、五絃琵琶、豎箜篌、簫、橫笛、篳篥、正鼓、和鼓、銅拔、箜篌。五絃琵琶今亡。"安國,中亞古國,在今烏茲別克斯坦共和國之布哈拉一帶。
　　[2]正鼓:"正"底本作"王"。中華本校勘記云:"據《通典》一四六及《舊唐書·音樂志》二改。"今從改。

　　《高麗》,[1]歌曲有《芝栖》,舞曲有《歌芝栖》。樂器有彈箏、臥箜篌、豎箜篌、琵琶、五弦、笛、笙、簫、小篳篥、桃皮篳篥、腰鼓、齊鼓、擔鼓、貝等十四種,爲一部。工十八人。

[1]《高麗》：高麗樂爲隋唐燕樂的組成部分，傳至唐代的高麗樂據《舊唐書‧音樂志》所記："高麗樂……舞者四人……樂用彈箏一，搊箏一，臥箜篌一，豎箜篌一，琵琶一，義觜笛一，笙一，簫一，小篳篥一，大篳篥一，桃皮篳篥一，腰鼓一，齊鼓一，檐鼓一，貝一。武太后時，尚二十五曲，今惟習一曲。"高麗，古朝鮮北方之國名，本稱高句麗。傳見本書卷八一。

《禮畢》者，本出自晉太尉庾亮家。[1]亮卒，其伎追思亮，因假爲其面，執翳以舞，象其容，取其謚以號之，謂之爲《文康樂》。每奏《九部樂》終則陳之，故以禮畢爲名。其行曲有《單交路》，舞曲有《散花》。樂器有笛、笙、簫、篪、鈴槃、鞞、腰鼓等七種，三懸爲一部。工二十二人。

[1]庾亮：人名。字元規，晉明帝庾皇后兄。傳見《晉書》卷七三。

始齊武平中，有魚龍爛漫、俳優、朱儒、山車、巨象、拔井、種瓜、殺馬、剥驢等，奇怪異端，百有餘物，名爲百戲。周時，鄭譯有寵於宣帝，奏徵齊散樂人，並會京師爲之。蓋秦角抵之流者也。開皇初，並放遣之。及大業二年，突厥染干來朝，煬帝欲誇之，總追四方散樂，大集東都。初於芳華苑積翠池側，帝帷宮女觀之。有舍利先來，戲於場內，須臾跳躍，激水滿衢，黿鼉龜鱉，水人蟲魚，遍覆于地。又有大鯨魚，噴霧翳日，倏忽化成黃龍，長七八丈，聳踊而出，名曰《黃龍變》。又以繩繫兩柱，相去十丈，遣二倡女，對舞繩上，相逢切肩而過，歌舞不輟。又爲夏育扛鼎，取車輪石臼大甕器等，各於掌上而跳弄之。并二人戴竿，其上有舞，忽然騰透而換易之。又有神鼇負山，幻人吐火，千變萬化，曠古莫儔。染干大駭之。自是皆於太常教習。每歲正月，萬國來朝，留至十五日，於端門外，建國門內，綿亘八里，列爲戲場。百官起棚夾路，從昏達旦，以縱觀之。至晦而罷。伎人皆衣錦繡繒綵。其歌舞者，多爲婦人服，鳴環佩，飾以花毦者，殆三萬人。初課京兆、河南製此衣服，而兩京繒錦，爲之中虛。三年，駕幸榆林，突厥啓民，朝于行宮，帝又設以示之。六年，諸夷大獻方物。突厥啓民以下，皆國主親來朝賀。乃於天津街盛陳百戲，自海內凡有奇伎，無不總萃。崇侈器玩，盛飾衣服，皆用珠翠金銀，錦罽絺繡。其營費鉅億萬。關西以安德王雄總之，東都以齊王暕總之，金石匏革之聲，聞數十里外。彈弦擪管以上，一萬八千人。大列炬火，光燭天地，百戲之盛，振古無比。自是每年以爲常焉。

故事，天子有事於太廟，備法駕，陳羽葆，以入于次。禮畢升車，而鼓吹並作。開皇十七年詔曰：“昔五帝異樂，三王殊禮，皆隨事而有損益，因情而立節文。仰惟祭享宗廟，瞻敬如在，罔極之感，情深茲日。而禮畢升路，鼓吹發音，還入宮門，金石振響。斯則哀樂同日，心事相違，情所不安，理實未允。宜改茲往式，用弘禮教。自今以後，享廟日不須設鼓吹，殿庭勿設樂懸。在廟內及諸祭，並依舊。其王公已下，祭私廟日，不得作音樂。"

至大業中，煬帝制宴饗設鼓吹，依梁爲十二案。案別有錞于、鉦、鐸、軍樂鼓吹等一部。案下皆熊羆貔豹，騰倚承之，以象百獸之舞。其大駕鼓吹，並朱漆畫。大駕鼓吹、小鼓加金鐲、羽葆鼓、鐃鼓、節鼓，皆五采重蓋，其羽葆鼓，仍飾以羽葆。長鳴、中鳴、大小橫吹，五采衣幡，緋掌，畫交龍，五采脚。大角幡亦如之。大鼓、長鳴、大橫吹、節鼓及橫吹後笛、簫、篳篥、笳、桃皮篳篥等工人服，皆緋地苣文爲袍袴及帽。金鉦、棡鼓，其鉦鼓皆加八角紫傘。小鼓、中鳴、小橫吹及橫吹後笛、簫、篳篥、笳、桃皮篳篥等工人服，並青地苣文袍袴及帽。羽葆鼓、鐃及歌、簫、笳工人服，並武弁，朱袴衣，革帶。大角工人，平巾幘，緋衫，白布大口袴。其鼓吹督帥服，與大角同。以下準督帥服，亦如之。

棡鼓一曲，十二變，與金鉦同。夜警用一曲俱盡，次奏大鼓。大鼓，一十五曲供大駕，一十二曲供皇太子，一十曲供王公等。小鼓，九曲供大駕，三曲供皇太子及王公等。

長鳴色角，一百二十具供大駕，三十六具供皇太子，十八具供王公等。

次鳴色角，一百二十具供大駕，十二具供皇太子，一十具供王公等。

大角，第一曲起捉馬，第二曲被馬，第三曲騎馬，第四曲行，第五曲入陣，第六曲收軍，第七曲下營。皆以三通爲一曲。其辭並本之鮮卑。

饒鼓，十二曲供大駕，六曲供皇太子，三曲供王公等。其樂器有鼓，并歌、簫、笳。

大橫吹，二十九曲供大駕，九曲供皇太子，七曲供王公。其樂器有角、節鼓、笛、簫、篳篥、笳、桃皮篳篥。

小橫吹，十二曲供大駕，夜警則十二曲俱用。其樂器有角、笛、簫、篳篥、笳、桃皮篳篥。

隋書　卷一六

志第十一

律曆上[1]

[1]《隋書·律曆志》（三卷），唐朝著名天文曆法和算學家李淳風編著。李淳風，道號黃冠子，岐州雍（今陝西鳳翔縣）人。貞觀元年（627），入太史局供職，專攻天學曆算長達四十年之久，官至太史丞。咸亨元年（670），李淳風卒，高宗頒"追復詔"，追李淳風爲太史令。新、舊《唐書》皆有李淳風傳。

《隋書·律曆志》因出於名家之手，可稱得上是正史"律曆志"中内容最爲科學規範、條理最爲清晰的一篇。由於李淳風眼光獨到，對曆算方面的内容鑒別水準很高，使得本志保存了一些當時處於領先的學術成就。如其中關於祖冲之的圓周率記載等。又，本志全文收録了未被頒行的劉焯《皇極曆》，這是正史曆志中十分罕見之舉。賴此志記載，人們纔知道中國歷史上這些偉大成就，十分珍貴。

此《隋書·律曆志》（上中下）今注，以百衲本爲底本，以中華書局校點本（簡稱中華本）爲對照工作本，對中華本中没有異議的校勘，本今注本直接采用而不再出校勘記。中華本中仍存在的一些句讀錯誤，本注本予以了糾正，但一般不出校勘記。又，古曆算法從隋唐開始有飛躍式的進步，其計算過程或算法公式皆用文字叙述，十分複雜。中華本很多地方雖然斷句不誤，但標點符號使用不盡如人意，本注本有大量的優化，一般也不出注。

《隋書·律曆志》上卷，實際上是五代（梁、陳、周、北齊、隋）的律志，按照《漢志》的體例，分"備數、和聲、審度、嘉量、衡權"五章，分別叙述其概念和原理的發生發展，及其在上述五個朝代的沿革。值得注意，《晉書·律曆志》也出於李淳風之手，因此，《晉志》和本志在律、度、量、衡方面的內容有一些相近的叙述，可以對照研讀。當然，關於律、度、量、衡的發生發展，由於起源很早而不可詳考，往往托以傳説。不論是《晉志》還是本志，律學理論都繼承了《史記·律書》特別是《漢書·律曆志》的學術傳統——"協時月正日，同律度量衡"，且都視之爲"制事立法，物度軌則"的"百王不易之道"，把"律度量衡"的制度、理論與"王道"聯繫在一起。律學、曆法、天學從來就是古代社會上層建築的重要內容，從早期開始就與先民的敬天崇拜密不可分，相關學説一直是古代社會的重大社會政治問題，占據了《史記》八書的《律書》《曆書》《天官書》，又與《禮書》《樂書》緊密聯繫，成爲帝王統治政治學説中的重中之重。"天人合一"學説一經漢代的董仲舒提出，就被歷代帝王奉爲正統。我們今天習慣於將古人的這種傳統學説，用是否具有今天的科學意義來進行評價，還不時地貼上封建迷信的標籤，這是我們的偏執。其實，我們的先民有他們的社會生態與學術傳統，古人也會有自己的"官樣文章"。就在全球化的今天，東西方世界人們的交往仍然存在障礙！何況我們今天讀到的律曆等的文獻學説，基本都是來自正史，它們也是需要政治正確的。不過，以曆法爲例，古人一旦發生關於曆法優劣的辯論，評判的依據往往總是實際天象觀測，拿觀測數據説話，這在今天也是很科學的。至於祭奠天地的禮儀，溝通神人的學問，乃至統治萬民的理論，這些是皇權政治的需要，是君臣之道，本不在科學範疇。

　　自夫有天地焉，有人物焉，樹司牧以君臨，懸政教而成務，莫不擬乾坤之大象，禀中和以建極，揆影響之幽賾，成律吕之精微。是用範圍百度，財成萬品。昔者淳古蕢籥，創睹人籟之源，女媧笙簧，仍昭鳳律之首。後聖廣業，稽古彌崇，伶倫含少，乃擅比竹之工，虞舜昭華，方傳刻玉之美。[1]是以《書》稱："叶時月正日，同律度量衡。"[2]又曰："予欲聞六律、五聲、八音、七始詠，[3]以出納五言。"此皆候金常而列管，憑璿璣以運鈞，統三極之元，紀七衡之響，可以作樂崇德，殷薦上帝。故能動天地，感鬼神，和人心，移風俗，考得失，徵成敗者也。粤在夏、商，無聞改作。其於《周禮》，典同則"掌六律六同之和，以辨天地四方陰陽之聲，以爲樂器"。景王鑄鍾，問律於泠州鳩，對曰："夫律者，所以立鈞出度。"鈞有五，則權衡規矩準繩咸備。[4]故《詩》曰"尹氏太師，執國之鈞，天子是裨，俾不迷"是也。太史公《律書》云："王者制事立法，物度軌則，[5]一禀於六律，爲萬事之本。其於兵械，尤所重焉。故云：'望敵知吉凶，聞聲效勝負'。百王不易之道也。"[6]

　　[1]"昔者淳古蕢籥"至"方傳刻玉之美"：是在説樂器的起

源，所謂淳古、女媧、伶倫、舜等發明樂器的故事，當爲傳說，非信史。龠，古代管樂器，在甲骨文中本作"龠"，象編管之形，似爲排簫的前身。

[2]叶時月正日："叶"字，《尚書·舜典》作"協"，但李淳風在《晋書·律曆志》中也用"叶"字。故不改。

[3]七始詠：百衲本等皆作"七始訓"，中華本認爲依《漢書·律曆志》當作"七始詠"，今據改。

[4]鈞有五，則權衡規矩準繩咸備：泠州鳩所説的"律者立鈞出度"當僅指樂律而言。其實，律學包含數、聲、度、量、衡五個方面是從劉歆開始的。下文所言"王莽之際，考論音律，劉歆條奏"，説的就是劉歆的規範音律之作，劉氏所上之書今已不傳，但其主要内容被班固收入《漢書·律曆志》。

[5]王者制事立法，物度軌則：此處各本"物""法"二字倒置，《史記·律書》作"王者制事立法，物度軌則"，當據改。

[6]"是以《書》稱"至"百王不易之道也"：這段文字是在説明音律的發展歷程及其功用，文字乃分别轉述自《尚書》《周禮》《詩經》和《史記·律書》等典籍。

及秦氏滅學，其道浸微。漢室初興，丞相張蒼首言音律，未能審備。孝武帝創置協律之官，司馬遷言律吕相生之次詳矣。及王莽之際，考論音律，劉歆條奏，班固因志之。蔡邕又記建武以後言律吕者，司馬紹統採而續之。[1]炎歷將終，而天下大亂，樂工散亡，器法湮滅。魏武始獲杜夔，使定音律。夔依當時尺度，權備典章。及晋武受命，遵而不革。至泰始十年，光禄大夫荀勖奏造新度，更鑄律吕。元康中，勖子藩復嗣其事，未及成功，屬永嘉之亂。中朝典章，咸没於石勒。及帝南遷，皇度草昧，禮容樂器，掃地皆盡。雖稍加採掇，而多所淪胥，終于恭、安，竟不能備。宋錢樂之衍京房六十律，更增爲三百六十，梁博士沈重，述其名數。[2]後魏、周、齊，時有論者。今依班志，編録五代聲律度量，以志于篇云。

[1]《續漢書·律曆志》是由蔡邕和劉洪編撰的，蔡氏負責律，有《蔡氏月令》之作；劉氏負責曆，有《乾象曆》傳世。參見本志卷中。

[2]此段歷數後漢以來律學名家及其創作。蔡邕、杜夔、荀勖、錢樂之、京房、沈重等人的創作見《續漢書·律曆志》和《晉書·律曆志》。

《漢志》言律，一曰備數，二曰和聲，三曰審度，四曰嘉量，五曰衡權。自魏、晉已降，代有沿革。今列其增損之要云。[1]

[1]到此爲本志論《律》篇的總論。此總論一節與《晉志》相關內容大致相同，祇有個別文字差別，應該是李淳風先寫就《晉志》，後潤色而用作本志。

備數

五數者，一、十、百、千、萬也。《傳》曰：“物生而後有象，滋而後有數。”是以言律者，云數起於建子，黃鍾之律。始一，而每辰三之，歷九辰至酉，得一萬九千六百八十三，而五數備成，以爲律法。又參之，終亥，凡歷十二辰，得十有七萬七千一百四十七，而辰數該矣，以爲律積。以成法除該積，得九寸，即黃鍾宫律之長也。[1]此則數因律起，律以數成，故可歷管萬事，綜覈氣象。其算用竹，廣二分，長三寸，正策三廉，積二百一十六枚，成六觚，乾之策也。負策四廉，積一百四十四枚，成方，坤之策也。[2]觚、方皆經十二，[3]天地之大數也。是故探賾索隱，鈎深致遠，莫不用焉。一、十、百、千、萬，所同由也；律、度、量、衡、曆、率，其別用也。[4]故體有長短，檢之以度，則不失毫釐；物有多少，受之以器，則不失圭撮；量有輕重，平之以權衡，則不失黍絲；聲有清濁，協之以律吕，則不失宫商；三光運行，紀以曆數，則不差晷刻；事物糅見，御之以率，則不乖其本。故幽隱之情，精微之變，可得而綜也。

[1]“是以言律者”至“即黃鍾宫律之長也”：叙述“黃鍾律長九寸”的來歷。將十二律與十二辰干支對應，又與從 3^0 到 3^{11} 這一“等比數列”對應起來（見表1）。以 $3^{11} = 177147$ 爲分子（律積），以 $3^9 = 59049$ 爲分母（律法），用 $3^{11} \div 3^9 = 9$ 爲黃鍾之長，實乃自神其數的數字游戲。

表1　十二律、十二辰對應關係及其數列

十二律	黃鍾	林鍾	太蔟	南吕	姑洗	應鍾	蕤賓	大吕	夷則	夾鍾	無射	中吕
十二辰	子	丑	寅	卯	辰	巳	午	未	申	酉	戌	亥
數列	1	3	9	27	81	243	729	2187	6561	19683	59049	177147

[2]“其算用竹”至“坤之策也”：中國古代常用的計算方法爲“籌算”（明代以後纔盛行珠算），其工具叫“算籌”，算籌一般

是用竹子做的。因爲中國古代很早就有了負數的概念，所以，爲了區別正負數，要有分別表示正數和負數的算籌。由此處記載我們知道，正數用三棱柱形算籌表示，負數則用四棱柱形算籌表示；一個標準的正數算籌包裝單位有 216 根，組成六棱柱形的一握。"六觚"，即六邊形。一個負數算籌的包裝單位是 144 根。而説 216、144 爲所謂的"乾之策""坤之策"，是因爲《周易》的乾卦、坤卦分別有 6 個陽爻與 6 個陰爻，每個陽爻有策數 36，每個陰爻有策數 24，從而有乾之策爲 $6 \times 36 = 216$，坤之策爲 $6 \times 24 = 144$。

〔3〕觚、方皆經十二：觚、方是指正、負算籌的每個包裝單位的橫截面，負算籌的橫截面是正方形，其邊長包含 12 個"廣二分"的"正"策；而正算籌的橫截面爲六邊形，其外接圓直徑包含 12 個"廣二分"的"負"策（如圖 1 所示）。不能理解成"觚""方"的直徑爲"十二"。

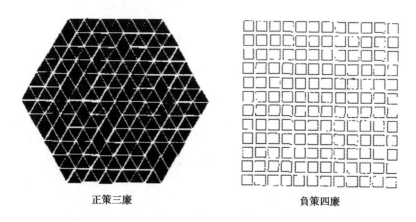

正策三廉   負策四廉

觚 216：〔6 + （7 + 8 + 9 + 10 + 11）×2 + 12〕×2 = 216　　方 144：12 × 12 = 144

圖 1　觚與方徑十二示意圖

〔4〕一、十、百、千、萬，所同由也；律、度、量、衡、曆、率，其別用也：《續漢書·律曆志上》作"夫一、十、百、千、萬，所同用也；律、度、量、衡、曆，其別用也"。"一、十、百、千、

"萬"是計數法的單位，代表抽象的"數"。"數"運用於各個不同的領域，所以叫"所同由也"。而"律、度、量、衡、曆、率"則分別是代表音樂、長度、體積、品質、天體運行和算術等不同的運用領域，故曰"其別用也"，下文"故體有長短，檢之以度，則不失毫釐；……事物糅見，御之以率，則不乖其本"就是解釋這些不同的運用。這裏"率"即"算術"的代名詞，參見下一注釋。

　　夫所謂率者，有九流焉：[1]一曰方田，以御田疇界域。二曰粟米，以御交質變易。三曰衰分，以御貴賤廩稅。四曰少廣，以御積冪方圓。五曰商功，以御功程積實。六曰均輸，以御遠近勞費。七曰盈朒，以御隱雜互見。八曰方程，以御錯糅正負。九曰句股，以御高深廣遠。[2]皆乘以散之，除以聚之，齊同以通之，今有以貫之。[3]則算數之方，盡於斯矣。

　　[1]夫所謂率者，有九流焉：在中國古代，數學等同於算術，中國古代算術的代表典籍就是《九章算術》，下文從"一曰方田，以御田疇界域"到"九曰句股，以御高深廣遠"正是《九章算術》各章的標題，所以常用"九章"或"九數"作爲算術的代名詞。九數又分別有其發展流變，即所謂"九流焉"。從而此"率"就是指"算術"。魏人劉徽注《九章》，稱"率"是算之綱紀，云"凡九數以爲篇名，可以廣施諸率"，把率作爲古代數學理論的核心。其實，在中國古代確實存在過這樣一個發展階段，即在當時數學家的頭腦裏，比率就是一切。
　　[2]"一曰方田"至"以御高深廣遠"：是《九章算術》九章之篇名，是中國古代數學傳統內容的規範。
　　[3]皆乘以散之，除以聚之，齊同以通之，今有以貫之：這裏的"乘""除""齊同""今有"都是關於比率的相關演算法。

古之九數，圓周率三，圓徑率一，其術疏舛。自劉歆、張衡、劉徽、王蕃、皮延宗之徒，各設新率，未臻折衷。宋末，南徐州從事史祖冲之，更開密法，以圓徑一億爲一丈，圓周盈數三丈一尺四寸一分五釐九毫二秒七忽，朒數三丈一尺四寸一分五釐九毫二秒六忽，正數在盈朒二限之間。密率，圓徑一百一十三，圓周三百五十五。約率，圓徑七，周二十二。[1] 又設開差冪，開差立，兼以正〔負〕（圓）參之。[2] 指要精密，算氏之最者也。所著之書，名爲《綴術》，學官莫能究其深奧，是故廢而不理。[3]

[1]“南徐州從事史”至“周二十二”：此段文字介紹中國古代科學家祖冲之關於圓周率的偉大成就。所謂圓周率就是圓的直徑和圓周的比率，現代數學中記做 π。“正數”即指 π 的值，“盈數”是一大於 π 的數值，“朒數”則是一小於 π 的數值。“圓周盈數三丈一尺四寸一分五釐九毫二秒七忽，朒數三丈一尺四寸一分五釐九毫二秒六忽，正數在盈朒二限之間”。即 $3.1415926 < \pi < 3.1415927$。所謂“密率”和“約率”，“密”精密之意，“約”即簡約，此二率則是祖冲之給出的 π 值的兩個精度不同的近似分數：

$$密率 = \frac{355}{113}, \quad 約率 = \frac{22}{7}。$$

[2]開差冪，開差立，兼以正圓參之：此句語義過於簡約，現代數學史家一般認爲，“開差冪”是已知長方形的面積和長寬差，用開平方法求長或寬，即古算中的“開帶從平方”法；“開差立”則是已知四棱柱的體積和長、寬、高的差，用開立方法求其一邊，即“開帶從立方”法。開帶從平方或開帶從立方是古算中的解二次

或三次多項式方程的方法，即求解 $ax^2 + bx = c$ 或 $ax^3 + bx^2 + cx = d$（a、b、c、d 爲正整數）。"兼以正圓參之"，錢寶琮等認爲"圓"字本當是"負"，被誤作成"員"字，而"員"後又改寫成"圓"，參見錢寶琮主編《中國數學史》，科學出版社 1992 年版，第 89～90 頁。果如此，即上述方程的係數 a、b、c、d 可以是負數，在古算中叫"正負開方術"。

[3]《綴術》：祖冲之的《綴術》在唐初被作爲官學教材的"十部算經"之一，本志作者李淳風曾注釋過這"十部算經"。因爲《綴術》是一部高水準的數學著作，唐時官學的算學生要用四年纔學完這部教材。因"學官莫能究其深奧""廢而不理"，所以很早就失傳了，至少在北宋元豐七年（1084）刻《算經十書》時就沒有《綴術》了。

和聲

傳稱黃帝命伶倫斷竹，長三寸九分，而吹以爲黃鍾之宮，曰含少。次制十二管，以聽鳳鳴，以別十二律，此雌雄之聲，以分律呂。[1]上下相生，因黃鍾爲始。《虞書》云："叶時月正日，同律度量衡。"夏禹受命，以聲爲律，以身爲度。[2]《周禮》，樂器以十二律爲之度數。司馬遷《律書》云："黃鍾長八寸〔十〕（七）分之一，太蔟長七寸〔十〕（七）分二，林鍾長五寸〔十〕（七）分〔四〕（三），應鍾長四寸〔二分〕三分二。"[3]此樂之三始，十二律之本末也。班固、司馬彪《律志》："黃鍾長九寸，聲最濁；太蔟長八寸；林鍾長六寸；應鍾長四寸七分四釐强，[4]聲最清。"鄭玄《禮·月令注》、蔡邕《月令章句》及杜夔、荀勗等所論，雖尺有增損，而十二律之寸數並同。《漢志》京房又以隔八相生，一始自黃鍾，終於中吕，十二律畢矣。中吕上生黃鍾，不滿九寸，謂之執始，下生去滅。上下相生，終於南事。更增四十八律，以爲六十。其依行在辰，上生包育，[5]隔九編於冬至之後。分焉、遲内，其數遂減應鍾之清。宋元嘉中，太史錢樂之因京房南事之餘，引而伸之，更爲三百律，終於安運，長四寸四分有奇。總合舊爲三百六十律。日當一管，宫徵旋韻，各以次從。何承天《立法制議》云："上下相生，三分損益其一，蓋是古人簡易之法。猶如古曆周天三百六十五度四分之一，後人改制，皆不同焉。而京房不悟，謬爲六十。"承天更設新率，則從中吕還得黃鍾，十二旋宫，聲韻無失。黃鍾長九寸，太蔟長八寸二釐，林鍾長六寸一釐，應鍾長四寸七分九釐强。其中吕上生所益之分，還得十七萬七千一百四十七，復十二辰參之數。

[1]此雌雄之聲，以分律吕："雌雄"即陰陽；十二律分六陽六陰，陽爲律，陰爲吕。六律爲"黃鍾、太蔟、姑洗、蕤賓、夷則、無射"，六吕爲"大吕、夾鍾、中吕、林鍾、南吕、應鍾"。

[2]以身爲度：言夏禹時以身體的部位作爲長度單位的標準，這是在遠古時代世界各民族、各大文明都曾有過的時代。

[3]"黃鍾長八寸"至"三分二"：中華本校勘記云："應鍾長四寸三分二，今傳本《史記·律書》作應鍾長四寸二分三分二。"並指出，由於《律曆志》中此類數字的訛誤較多，以後凡根據它書或推算而改正的這種數字，一般不一一出校勘記，用圓括號表示刪，用方括號表示增。本注以下也采取這個原則。又，此處引文另有三處"七"改"十"和一處"三"改"四"，中華本在《史記·律書》那裏改正，但這裏未改。關於司馬遷所記這十二律之管

長數值的校算，請參見以下相關注釋。

[4]"黃鍾長九寸"至"應鍾長四寸七分四釐强"：這裏班固《漢書·律曆志》的管長資料與《史記》所記不同，鄭玄則以管長九寸，九九八十一，管長六寸，六九五十四，附會《漢書·律曆志》與《史記》的差別，後人多有批評。

[5]包育：中華本校勘記指出："本志所載京房六十律、錢樂之三百六十律，其中包育、分焉、分居、佚喜、内貞、鮮刑、未卯等七律的名稱與《續漢書·律曆志上》不同。"

梁初，因晋、宋及齊，無所改制。其後武帝作《鍾律緯》，論前代得失。其略云：[1]

案律吕，京、馬、鄭、蔡，至蕤賓，並上生大吕；而班固《律曆志》，至蕤賓，仍以次下生。若從班義，夾鍾唯長三寸七分有奇。[2]律若過促，則夾鍾之聲成一調，中吕復去調半，是過於無調。仲春孟夏，正相長養，其氣舒緩，不容短促。求聲索實，班義爲乖。鄭玄又以陰陽六位，次第相生。若如玄義，陰陽相逐生者，止是升陽，其降陽復將何寄？就筮數而論，乾主甲壬而左行，坤主乙癸而右行，故陰陽得有升降之義。陰陽從行者，真性也，六位升降者，象數也。今鄭乃執象數以配真性，故言比而理窮。云九六相生，了不釋十二氣所以相通，鄭之不思，亦已明矣。

案京房六十，準依法推，乃自無差。但律吕所得，或五或六，此一不例也。而分焉上生，乃復遲内上生盛變，盛變仍復上生分居，此二不例也。[3]房妙盡陰陽，其當有以，若非深理難求，便是傳者不習。

比敕詳求，莫能辨正。聊以餘日，試推其旨，參校舊器，及古夾鍾玉律，更制新尺，以證分毫，制爲四器，名之爲通。四器弦間九尺，臨岳高一寸二分。黃鍾之弦二百七十絲，長九尺，以次三分損益其一，以生十二律之弦絲數及弦長。各以律本所建之月，五行生王，終始之音，相次之理，爲其名義，名之爲通。通施三弦，傳推月氣，悉無差舛。即以夾鍾玉律命之，則還相中。

又制爲十二笛，以寫通聲。其夾鍾笛十二調，以飲玉律，又不差異。山謙之《記》云："殿前三鍾，悉是周景王所鑄無射也。"遣樂官以今無射新笛飲，不相中。以夷則笛飲，則聲韻合和。端門外鍾，亦案其銘題，定皆夷則。其西廂一鍾，天監中移度東。以今笛飲，乃中南呂。驗其鐫刻，乃是太蔟，則下今笛二調。重敕太樂丞斯宣達，令更推校，鍾定有鑿處，表裏皆然。借訪舊識，乃是宋泰始中，使張永鑿之，去銅既多，故其調嘽下。以推求鍾律，便可得而見也。宋武平中原，使將軍陳傾致三鍾，小大中各一。則今之太極殿前二鍾，端門外一鍾是也。案西鍾銘則雲"清廟撞鍾"，秦無清廟，此周制明矣。又一銘云"太蔟鍾徵"，則林鍾宮所施也。[4]京房推用，似有由也。檢題既無秦、漢年代，直云夷則、太蔟，則非秦、漢明矣。古人性質，故作僮僕字，則題而言，彌驗非近。且夫驗聲改政，則五音六律，非可差舛。工守其音，儒執其文，歷年永久，隔而不通。無論樂奏，求之多缺，假使具存，亦不可用。周頌漢歌，各叙功德，豈容復施後王，以濫名實？今率詳論，以言所見，并詔百司，以求厥中。

[1]《鍾律緯》：此梁武帝的《鍾律緯》是在討論律呂相生問題。古代律學中音律相生有所謂的"三分損益法"，是中國古代律學中最基本的原理之一。《史記・律書》中即有相關的上下相生之法，但據《晋書・律曆志上》的意見，三分損益的記載始見於《吕氏春秋》。《晋志》曰："及秦始皇焚書蕩覆，典策缺亡，諸子瑣言時有遺記。吕不韋《春秋》言：黄鍾之宫，律之本也……三分所生，益其一分以上生；三分所生，去其一分以下生。後代之言音律者多宗此説。"其中，由六律生六吕即陽生陰時，用"三分損一法"，即乘以三分之二，叫作"下生"；而由吕生律即陰生陽時，則"三分益一法"即乘以三分之四，叫作"上生"。司馬遷和班固皆按規則的一上一下的方式進行由黄鍾直至中吕的相生，如《漢書・律曆志上》曰："參分（黄鍾）損一，下生林鍾。參分林鍾益一，上生太族。參分太族損一，下生南吕。參分南吕益一，上生姑洗。參分姑洗損一，下生應鍾。參分應鍾益一，上生蕤賓。參分蕤賓損一，下生大吕。參分大吕益一，上生夷則。參分夷則損一，下生夾鍾。參分夾鍾益一，上生亡射。參分亡射損一，下生中吕。"（見表2）《晋書・律曆志上》則曰："淮南、京房、鄭玄諸儒言律曆，皆上下相生，至蕤賓又重上生大吕。"所謂"重上生"，表3中的蕤賓生大吕即是。用"重上生"的原因在於：如按表2相生，則"夾鍾唯長三寸三分有奇"，而中吕僅二寸九分有奇，管過短則聲"過促"。故《晋志》曰："然則言一上一下者，相生之道；言重上生者，吹候之用也。於蕤賓重上生者，適會爲用之數，故言律者因焉，非相生之正也。"其實《史記》律吕相生是用表2，而管長數據則取表3。可見，陰陽之道是古人的哲學大道，實際應用時還是要變通的。

表2　司馬遷、班固十二律相生關係及其管長

十二律	相生關係	管長（取整）
黃鍾	81	8 寸 1 分
林鍾	$81 \times 2/3 = 54$	5 寸 4 分
太蔟	$54 \times 4/3 = 72$	7 寸 2 分
南呂	$72 \times 2/3 = 48$	4 寸 8 分
姑洗	$48 \times 4/3 = 64$	6 寸 4 分
應鍾	$64 \times 2/3 = 42\frac{2}{3}$	4 寸 2 分 7 釐
蕤賓	$42 \times 4/3 = 56\frac{8}{9}$	5 寸 6 分 9 釐
大呂	$56 \times 2/3 = 37\frac{25}{27}$	3 寸 7 分 9 釐
夷則	$37 \times 4/3 = 50\frac{46}{81}$	5 寸 0 分 6 釐
夾鍾	$50\frac{46}{81} \times 2/3 = 33\frac{173}{243}$	3 寸 3 分 7 釐
無射	$33\frac{173}{243} \times 4/3 = 44\frac{692}{729}$	4 寸 4 分 9 釐
中呂	$44\frac{692}{729} \times 2/3 = 29\frac{2113}{2187}$	2 寸 9 分 9 釐

表3　京房、鄭玄等十二律相生關係及其管長

十二律	相生關係	《史記》管長
黃鍾	81	8 寸 1 分
林鍾	$81 \times 2/3 = 54$	5 寸 4 分
太蔟	$54 \times 4/3 = 72$	7 寸 2 分
南呂	$72 \times 2/3 = 48$	4 寸 8 分
姑洗	$48 \times 4/3 = 64$	6 寸 4 分
應鍾	$64 \times 2/3 = 42\frac{2}{3}$	4 寸 2 $\frac{2}{3}$ 分
蕤賓	$42 \times 4/3 = 56\frac{8}{9}$	5 寸 6 $\frac{2}{3}$ 分
大呂	$56 \times 4/3 = 75\frac{23}{27}$	7 寸 5 $\frac{2}{3}$ 分

十二律	相生關係	《史記》管長
夷則	$75\frac{23}{27} \times 2/3 = 50\frac{46}{81}$	5 寸 $\frac{2}{3}$ 分
夾鍾	$50\frac{46}{81} \times 4/3 = 67\frac{103}{243}$	6 寸 $\frac{1}{3}$ 分
無射	$67\frac{103}{243} \times 2/3 = 44\frac{692}{729}$	4 寸 $4\frac{2}{3}$ 分
中呂	$44\frac{692}{729} \times 4/3 = 59\frac{2039}{2187}$	5 寸 $9\frac{2}{3}$ 分

[2]若從班義，夾鍾唯長三寸七分有奇：當是"若從班義，大呂唯長三寸七分有奇"，見表2中的"大呂"。

[3]"但律呂所得"至"此二不例也"：指出京房六十律的兩點不足。關於京房律的上下相生關係，見圖2。圖中原十二律用陰影表示，有相生關係的用箭頭連接，下生用虛綫，上生用實綫。"圖2"十分顯著地表現了梁武帝所説的兩個問題：其一，由於律和呂相間並不規則，自然"律呂所得，或五或六"；其二，類似"遲內上生盛變，盛變仍復上生分否"的重上生現象，圖中共有九處。又，從圖2可見，"南事"是相生所得的最後一呂，而"蕤賓"則是六十律的最後一律，它不再相生（即不生）。"而分爲上生，乃復遲內上生盛變，盛變仍復上生分居"，前注中華本已經指出本志有七個律名與《續漢書·律曆志上》不同，這裏在説京房律的問題，若按《續漢書·律曆志》的京房律名，這句話當作"而

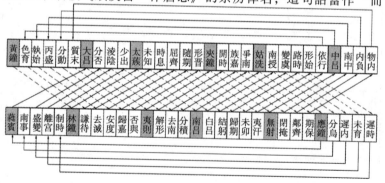

圖2　京房六十律上下相生關係圖

分烏上生南事，遲內上生盛變，盛變仍復上生分否”。

[4]“太蔟鍾徵”，則林鍾宮所施也：若按十二律，則應該是“黃鍾爲宮，林鍾爲徵，太蔟爲商，南呂爲羽，姑洗爲角”，不可能出現“太蔟鍾徵”現象。而在京房六十律中，有將六十律與一年中的日數分配的規定，“當日者各自爲宮，而商徵以類從焉”。《續漢書·律曆志上》所記京房六十律的林鍾律即曰：“林鍾，十一萬八千九十八。上生太蔟。林鍾爲宮，南呂商，太蔟徵。”梁武帝是在此考證了有此銘文的鍾非秦漢時代之物，而是周制的産物，所以説京房之作當有淵源。

未及改制，遇侯景亂。

陳氏制度，亦無改作。

西魏廢帝元年，周文攝政。又詔尚書蘇綽詳正音律。綽時得宋尺，以定諸管，草創未就。會閔帝受禪，政由冢宰，方有齊寇，事竟不行。後掘太倉，得古玉斗，按以造律及衡，其事又多湮没。

至開皇初，詔太常牛弘議定律吕。於是博徵學者，序論其法，又未能決。遇平江右，得陳氏律管十有二枚，並以付弘。遣曉音律者陳山陽太守毛爽及太樂令蔡子元、于普明等，以候節氣，作《律譜》。[1]時爽年老，以白衣見高祖，授淮州刺史，辭不赴官。因遣協律郎祖孝孫就其受法。弘又取此管，吹而定聲。既天下一統，異代器物，皆集樂府，曉音律者，頗議考覈，以定鍾律。更造樂器，以被《皇夏》十四曲，高祖與朝賢聽之，曰：“此聲滔滔和雅，令人舒緩。”

[1]《律譜》：此處所言《律譜》在下文"候氣"一節中有節略引述，從中可知《律譜》由毛爽所作。

然萬物人事，非五行不生，非五行不成，非五行不滅。故五音用火尺，其事火重。用金尺則兵，用木尺則喪，用土尺則亂，用水尺則律呂合調，天下和平。魏及周、齊，貪布帛長度，故用土尺。今此樂聲，是用水尺。江東尺短於土，長於水。俗間不知者，見玉作，名爲玉尺，見鐵作，名爲鐵尺。詔施用水尺律樂，其前代金石，並鑄毀之，以息物議。[1]

[1]此段將度之制度與五行聯繫起來。特別要注意，按照本志這裏的意思，所謂的"五行尺"應該是僅用於"調律，同律度量衡"。李淳風還告誡我們，一定要區別對待"俗間不知者，見玉作，名爲玉尺，見鐵作，名爲鐵尺"。

至仁壽四年，劉焯上啓於東宮，論張胄玄曆，兼論律呂。其大旨曰："樂主於音，音定於律。音不以律，不可克諧，度律均鍾，於是乎在。但律終小呂，數復黃鍾，舊計未精，終不復始。故漢代京房，妄爲六十，而宋代錢樂之更爲三百六十。考禮詮次，豈有得然，化未移風，將恐由此。匪直長短失於其差，亦自管圍乖於其數。又尺寸意定，莫能詳考，既亂管弦，亦舛度量。焯皆校定，庶有明發。"其黃鍾管六十三爲實，以次每律減三分，以七爲寸法。約之，得黃鍾長九寸，太蔟長八寸一分四釐，林鍾長六寸，應鍾長四寸二分八釐七分之四。[1]其年，高祖崩，煬帝初登，未遑改作，事遂寢廢。其書亦亡。大業二年，乃詔改用梁表律調鍾磬八音之器，[2]比之前代，最爲合古。其制度文議，并毛爽舊律，并在江都淪喪。

[1]"樂主於音"至"七分之四"：劉焯的律一改傳統的"三分損益法"，其律數創用等差數列法，這是很有意思的事，不過没有實際施行。劉焯十二律的構造如下表4。

表4　劉焯十二律構造表

十二律	黃鍾	大呂	太蔟	夾鍾	姑洗	中呂	蕤賓	林鍾	夷則	南呂	無射	應鍾
數列	6300	6000	5700	5400	5100	4800	4500	4200	3900	3600	3300	3000
管長*	900	$857\frac{1}{7}$	$814\frac{2}{7}$	$771\frac{3}{7}$	$728\frac{4}{7}$	$685\frac{5}{7}$	$642\frac{6}{7}$	600	$557\frac{1}{7}$	$514\frac{2}{7}$	$471\frac{3}{7}$	$428\frac{4}{7}$

*管長＝數列/7，單位爲"釐"。

[2]梁表律調鍾磬八音之器：即梁代用"表尺"律數所調鍾磬八音之器。"表"是中國古代天文中測量日影長度的儀器名稱，一般是八尺高（後來也有四丈高表等）。"表尺"就是度量表影的尺子，又叫"量天尺"。其單位和民用尺的變化不一樣，一般保持古制。所謂"八音之器"是指金、石、匏、革、絲、竹、土、木八種材質製作的標準樂器。

律管圍容黍[1]

《漢志》云："黃鍾圍九分，林鍾圍六分，太蔟圍八分。"《續志》及鄭玄並云："十二律空，皆徑三分，圍九分。"[2]後魏安豐王依班固《志》，林鍾空圍六分，及太蔟空圍八分，作律吹之，不合黃鍾商徵之聲。皆空圍九分，乃與均鍾器合。開皇九年平陳後，牛弘、辛彥之、鄭譯、何妥等，參考古律度，各依時代，制其黃鍾之管，俱徑三分，長九寸。度有損益，故聲有高下。圓徑長短，與度而差，故容黍不同。[3]今列其數云。

晉前尺黃鍾容黍八百八粒。[4]

梁法尺黃鍾容八百二十八。

梁表尺黃鍾三：其一容九百二十五，其一容九百一十，其一容一千一百二十。

漢官尺黃鍾容九百三十九。

古銀錯題黃鍾籥容一千二百。[5]

宋氏尺，即鐵尺，黃鍾凡二：其一容一千二百，其一容一千四十七。

後魏前尺黃鍾容一千一百一十五。

後周玉尺黃鍾容一千二百六十七。

後魏中尺黃鍾容一千五百五十五。

後魏後尺黃鍾容一千八百一十九。

東魏尺黃鍾容二千八百六十九。

萬寶常水尺律母黃鍾容黍一千三百二十。

梁表、鐵尺律黃鍾副別者，其長短及口空之圍徑並同，而容黍或多或少，皆是作者旁庛其腹，使有盈虛。[6]

[1]律管圍容黍：圍，指管口周長；容黍，能容納的黍粒的數量，即容積。度量衡制度是需要標準"原器"的，而且還必須隨時間環境變化不斷校驗。中國古代"律度量衡"的標準"原器"一

般選擇律管，本節實際上是在專門討論管口校驗問題，作爲《和聲》章的下一級小節（《和聲》章共分三節）。所以我們在前注強調過，説李淳風的《隋書·律曆志上》是一篇關於度量衡學方面"内容最爲科學規範、條理最爲清晰"的論著。

[2]徑三分，圍九分：這裏所取圓周率爲 $\pi = 3$，故有"徑三圍（周）九"。

[3]與度而差，故容黍不同：此處的"度"即度量衡的度，長度單位。由於不同時代的長度單位不同，所以，儘管黃鍾之管"俱徑三分，長九寸"，但聲調仍有高低的差別。黃鍾管的"容黍不同"，即相應的黃鍾容量不同。下文給出了不同的尺的長度變化與相應的律管的容積對應變化。

[4]晋前尺黃鍾容黍八百八粒：黍，被古人作爲基本的長度和體積的單位，一般取"子穀秬黍中者"。對這種作爲標準單位的黍粒的要求和黍粒大小的變化的影響，古人是有認識的（本志後文即有討論），現代學者也有實驗（見圖3）。

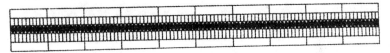

圖3　丘光明《中國古代計量史圖鑒》所示 1 漢尺與 100 粒秬黍。

[5]古銀錯題黃鍾籥容一千二百：黃鍾籥，既是一種基本律管，也是一個基本的體積單位，《漢書·律曆志》所謂的"五量"（量者，龠、合、升、斗、斛也）之一。《漢書》所言的"五量"代表原器就是王莽銅斛，有出土文物和相關研究可供參考（參見國家計量總局等編《中國古代度量衡圖集》圖一二六"新莽銅嘉量"，文物出版社 1981 年版）。

[6]"梁表、鐵尺律黃鍾"至"使有盈虛"：指出上面"梁表黃鍾"容黍有三個數值，"鐵尺黃鍾"有兩個數，其黃鍾的尺寸都是一樣的，而容量不同是因爲"旁庣"有別造成的。"庣"，鄭玄

注“過也”，顏師古注“不滿之處也”，都是指管壁或斜壁的厚度。其實，用容黍之數校驗律管，方法雖然巧妙易行，但這裏涉及到的因製作時產生的旁庀盈虛，是該校驗方法無法測算的。

候氣[1]

後齊神武霸府田曹參軍信都芳，深有巧思，能以管候氣，仰觀雲色。嘗與人對語，即指天曰：“孟春之氣至矣。”人往驗管，而飛灰已應。每月所候，言皆無爽。又爲輪扇二十四，埋地中，以測二十四氣。每一氣感，則一扇自動，他扇並住，與管灰相應，若符契焉。

[1]候氣：候氣之術是古人爲體現天地人三才合一的理念而發展出來的。候氣法的起源應該是很古老的，曾一度失傳，最早記載候氣之術細節見東漢蔡邕的《月令章句》，南北朝時後齊的信都芳巧思建構了一套候氣應答之術，以後逐漸被普遍接受。關於信都芳機巧之術的詳細記載，可見於唐初的《樂書要録》之中。今天看來，它和占星術一樣是沒有科學依據的。當然，我們不贊同衹從是否有今天的科學依據來評判它，我們不妨把它看作古人的一種天學信仰。今人不能理解古人“天效以景，地效以響”，或許因爲我們已經遠離大自然了，很難聽到蟲聲、蛙聲、鳥鳴、獸哮等自然之聲。但與今日萬籟俱寂的世界不同，古人與自然渾然一體，大自然是有韻有調的。本志作者李淳風對候氣法是十分重視的，他本人編著的《麟德曆》專門有一段“檢律候氣日術”及“求律吕應日及加時術”。下文所收録的毛爽《律譜》，雖然提到了候氣問題，但主要是叙述尺度變化與律管的關係，李氏沒有把它放在上一節“律管圍容黍”中，而放在此節中，反映了李氏對候氣的重視態度。

開皇九年平陳後，高祖遣毛爽及蔡子元、于普明等，以候節氣。依古，於三重密屋之內，以木爲案，十有二具。每取律呂之管，隨十二辰位，置于案上，而以土埋之，上平於地，中實葭莩之灰，以輕緹素覆律口。每其月氣至，與律冥符，則灰飛衝素，散出于外。而氣應有早晚，灰飛有多少，或初入月其氣即應；或至中下旬間，氣始應者；或灰飛出，三五夜而盡；或終一月，才飛少許者。高祖異之，以問牛弘。弘對曰："灰飛半出爲和氣，吹灰全出爲猛氣，吹灰不能出爲衰氣。和氣應者其政平，猛氣應者其臣縱，衰氣應者其君暴。"高祖駁之曰："臣縱君暴，其政不平，非月別而有異也。今十二月律，於一歲內應並不同。安得暴君縱臣，若斯之甚也？"弘不能對。[1]令爽等草定其法。爽因稽諸故實，以著于篇，名曰《律譜》。其略云：

[1]"高祖駁之曰"至"弘不能對"：此段隋高祖楊堅對牛弘候氣術關於"臣縱君暴"的占語，給出嚴厲地批駁。楊堅指出，十二月各律驗氣隨月不同，君或臣的施政豈能數月內而有暴、賢或縱、良之別！其實，把候氣與人事進行比附，當是"候氣占"了。牛弘自然無言以對，遂罷牛弘改用毛爽。

臣爽按，黃帝遣伶倫氏取竹于嶰谷，聽鳳阿閣之下，始造十二律焉。乃致天地氣應，是則數之始也。陽管爲律，陰管爲呂，其氣以候四時，其數以紀萬物。云隸首作數，蓋律之本也。夫一、十、百、千、萬、億、兆者，引而申焉，曆度量衡，出其中矣。故有虞氏用律和聲，鄒衍改之，以定五始。正朔服色，亦由斯而別也。夏正則人，殷正則地，周正則天。孔子曰："吾得夏時焉。"謂得氣數之要矣。

漢初興也，而張蒼定律，乃推五勝之法，以爲水德。實因戰國官失其守，後秦滅學，其道浸微，蒼補綴之，未獲詳究。及孝武創制，乃置協律之官，用李延年以爲都尉，[1]頗解新聲變曲，未達音律之源，故其服色不得而定也。至于元帝，自曉音律，郎官京房，亦達其妙，因使韋玄成等雜試問房。房自叙云："學焦延壽，用六十律相生之法。以上生下，皆三生二，以下生上，皆三生四。陽下生陰，陰上生陽，乃還相爲宮之正法也。"[2]於後，劉歆典領條奏，著其始末，理漸研精。班氏《漢志》，盡歆所出也。[3]司馬彪《志》，並房所出也。[4]

至于後漢，尺度稍長。魏代杜夔，亦制律呂，以之候氣，灰悉不飛。晋光禄大夫荀勖，得古銅管，校夔所制，長古四分，方知不調，事由其誤。乃依《周禮》，更造古尺，用之定管，聲韻始調。

左晋之後，漸又訛謬。至梁武帝時，猶有汲冢玉律，[5]宋蒼梧時，鑽爲橫吹，然其長短厚薄，大體具存。臣先人栖誠，學算於祖暅，問律於何承天，沈研三紀，頗達其妙。後爲太常丞，典司樂職，乃取玉管及宋太史尺，並以聞奏。詔付大匠，依樣制管。自斯以後，律又飛灰。侯景之亂，臣兄喜於太樂得之。後陳宣帝詣荊州爲質，俄遇梁元帝敗，喜没於周。適欲上聞，陳武帝立，遂又以十二管衍爲六十律，私候氣序，並有徵應。
至太建時，喜爲吏部尚書，欲以聞奏。會宣帝崩，後主
嗣立，出喜爲永嘉内史，遂留家内，貽諸子孫。陳亡之
際，竟並遺失。[6]

今正十二管在太樂者，陽下生陰，始於黄鍾，陰上
生陽，終於中吕，而一歲之氣，畢於此矣。中吕上生執
始，執始下生去滅，終於南事。六十律候，畢於此矣。
仲冬之月，律中黄鍾。黄鍾者，首於冬至，陽之始也。
應天之數而長九寸，十一月氣至，則黄鍾之律應，所以
宣養六氣，緝和九德也。自此之後，並用京房律準，長
短宫徵，次日而用。凡十二律，各有所攝，引而申之，
至于六十。亦由八卦衍而重之，以爲六十四也。相生者
相變，始黄鍾之管，下生林鍾，以陽生陰，故變也。相
攝者相通，如中吕之管，攝於物應，以母權子。故相變
者，異時而各應；相通者，同月而繼應。應有早晚者，
非正律氣，乃子律相感，寄母中應也。[7]

其律，大業末於江都淪喪。

[1]李延年：人名。是中國歷史上執掌中央音樂機構“樂府”
的第一人。傳見《史記》卷一二五、《漢書》卷九三。

[2]還相爲宫：《續漢書·律曆志上》引《禮運篇》曰“五聲、
六律、十二管還相爲宫”。鄭玄注曰：“宫數八十一，黄鍾長九寸，
九九八十一也。三分宫去一生徵，徵數五十四，林鍾長六寸，六九
五十四也。三分徵益一生商，商數七十二，太蔟長八寸，八九七十
二也。三分商去一生羽，羽數四十八，南吕長五寸三分寸之一，五
九四十五又三分寸之一，爲四十八也。三分羽益一生角，角數六十

四，姑洗長七寸九分寸之一，七九六十三，又九分寸之一，爲六十四也。三分角去一生變宮，三分變宮益一生變徵，自此已後，則隨月而變，所謂‘還相爲宮’。”

[3]班氏《漢志》，盡歆所出也：當指《漢書·律曆志》是收錄劉歆的“條奏”而成。

[4]司馬彪《志》，並房所出也：京房乃西漢末年人，所以此言當指《續漢書·律曆志上》的大部分篇幅都用來記載京房的六十律了，而不是説該志是京房所作。

[5]汲冢玉律：《晋書·律曆志上》曰：“晋武帝太康元年汲郡盜發六國時魏襄王冢，亦得玉律。”據此記載，汲郡盜發的玉律梁武帝時還存在。本志前此引有梁武帝《鍾律緯》，其中即有“考校舊器”的叙述。

[6]“臣先人栖誠”至“竟並遺失”：記述了毛爽的父親毛栖誠、兄長毛喜，在音律方面的職掌與製作，可見毛氏乃音律學和曆算方面的世家。

[7]子律相感，寄母中應也：毛爽雖然接受了牛弘失敗的教訓，將候氣難驗的原因含糊地解釋爲“子律相感，寄母中應也”，畢竟候氣是玄妙的東西，“天象效應”推動了中國古代天文曆法的發展，而“地響效應”的候氣術却常常不能靈驗，所以毛爽的音律和候氣之術在隋大業末就失傳了。

律直日[1]

宋錢樂之因京房南事之餘，更生三百律。至梁博士沈重《鍾律議》曰：“《易》以三百六十策當期之日，此律曆之數也。《淮南子》云：‘一律而生五音，十二律而爲六十音，因而六之，故三百六十音，以當一歲之日。律曆之數，天地之道也。’此則自古而然矣。”重乃依《淮南》本數，用京房之術求之，得三百六十律。[2]

各因月之本律，以爲一部。以一部律數爲母，以一中氣所有日爲子，以母命子，隨所多少，各一律所建日辰分數也。[3]以之分配七音，則建日冬至之聲，黃鍾爲宮，太蔟爲商，林鍾爲徵，南呂爲羽，姑洗爲角，應鍾爲變宮，蕤賓爲變徵。五音七聲，於斯和備。其次日建律，皆依次類運行。當日者各自爲宮，而商徵亦以次從。以考聲徵氣，辨識時序，萬類所宜，各順其節。自黃鍾終於壯進，一百五十律，皆三分損一以下生。自依行終於億兆，二百九律，皆三分益一以上生。[4]唯安運一律爲終，不生。[5]其數皆取黃鍾之實十七萬七千一百四十七爲本，以九三爲法，各除其實，得寸分及小分，餘皆委之。即各其律之長也。[6]修其律部，則上生下生宮徵之次也。今略其名次云。

黃鍾：

　　包育　含微　帝德　廣運　下濟　剋終　執始　握
鑒　持樞　黃中　通聖　潛升　殷普　景盛　滋萌　光
被　咸亨　乃文　乃聖　微陽　分動　生氣　雲繁　鬱
湮　升引　屯結　開元　質未　優昧　通建　玄中　玉
燭　調風

右黃鍾一部，三十四律。每律直三十四分日之三十一。[7]

大呂：

　　荄動　始贊　大有　坤元　輔時　匡弼　分否　又
繁　唯微　棄望　庶幾　執義　秉強　陵陰　侶陽　識
沈　緝熙　知道　適時　權變　少出　阿衡　同雲　承

明　善述　休光

右大吕一部，二十七律。每律直一日及二十七分日之三。[8]

太蔟：

未知	其己	義建	亭毒	條風	湊始	時息	達
生　匏奏	初角	少陽	柔橈	商音	屈齊	扶弱	承
齊　動植	咸擢	兼山	止速	隨期	龍躍	勾芒	調
序　青要	結萼	延敷	刑晋	辨秩	東作	贊揚	顯
滯　俶落							

右太蔟一部，三十四律。

夾鍾：

明庶	協侶	陰贊	風從	布政	萬化	開時	震
德　乘條	芬芳	散朗	淑氣	風馳	佚喜	藁黨	四
隙　種生	恣性	逍遥	仁威	爭南	旭旦	晨朝	生
遂　群分	潔新						

右夾鍾一部，二十七律。

姑洗：

南授	懷來	考神	方顯	携角	洗陳	變虞	擢
穎　嘉氣	始升	卿雲	媚嶺	疏道	路時	日旅	實
沈　炎風	首節	柔條	方結	刑始	方齊	物華	革
羮　茂實	登明	壯進下生安運	依行上生包育	少選			
道從　朱黻	揚庭	含貞					

右姑洗一部，三十四律。

中吕：

朱明	啓運	景風	初緩	羽物	斯奮	南中	離

春　率農　有程　南訛　敬致　相趣　内貞　朱草　含
輝　屈軑　曜疇　巳氣　清和　物應　戒粦　荒落　貞
軨　天庭　祚周

右中吕一部，二十七律。

蕤賓：

南事_{京房終律}　謐静　則選　布蕚　滿贏　潜動
盛變　賓安　懷遠　聲曁　軌同　海水　息沴　離躬
安壯　崇明　遠眺　升中　鳳燾　朝陽　制時　瑞通
鶉火　乂次　高焰　其煌

右蕤賓一部，二十七律。

林鍾：

謙侍　崇德　循道　方壯　陰升　靡戾　去滅　華
銷　朋慶　雲布　均任　仰成　寬中　安度　德均　無
蹇　禮溢　智深　任肅　純恪　歸嘉　美音　温風　候
節　蕢華　繡嶺　物無　否與　景口　曜井　日煥　重
輪　財華

右林鍾一部，三十四律。

夷則：

升商　清爽　氣精　陰德　白藏　御叙　鮮刑　貞
剋　金天　劉獮　會道　歸仁　陰侶　去南　陽消　柔
辛　延乙　和庚　靡卉　粦晋　分積　孔脩　九德　咸
蓋　僉惟　俾乂

右夷則一部，二十七律。

南吕：

白吕　捐秀　敦實　素風　勁物　酉稔　結躬　肥

遁　贏中　晟陰　抗節　威遠　有截　歸期　中德　王
獻　允塞　蓐收　搏彎　搖落　未印　質隨　分滿　道
心　貞堅　蓄止　歸藏　夷汗　均義　悅使　亡勞　九
有　光賁

右南呂一部，三十四律。

無射：

　　思冲　懷謙　恭儉　休老　恤農　銷祥　閉奄　降
婁　藏邃　日在　旋春　閬藏　明奎　鄰齊　軌裒　大
蓄　嗇斂　下濟　息肩　無邊　期保　延年　秋深　野
色　玄月　澄天

右無射一部，二十七律。

應鍾：

　　分焉　祖微　據始　功成　乂定　靜謐　遲內　無
爲　而乂　姑射　凝晦　動寂　應徵　未育　萬機　萬
壽　無疆　地久　天長　脩復　遲時　方制　無休　九
野　八荒　億兆　安運

右應鍾一部，二十八律。

[1]律直日：這是"和聲"章的第三節。李淳風繼承了《漢書·律曆志》中劉歆首創的以律志涵蓋"數"加"律度量衡"五個部分（五章）的傳統，而以律學爲重點，將律學章又細分出三個小節，即律管圍容黍、候氣、律直日。其中"律直日"用來記載南朝宋至梁期間，錢樂之、沈重將音律發展到了三百六十律，並與周年365日對應的新成果。

[2]"宋錢樂之因京房"至"得三百六十律"：這段文字就三百六十律的創立提到兩個人：一是錢樂之，曾任南朝宋的太史令，

指出他從京房六十律的南事開始，接續相生而得三百六十律。二是沈重，字子厚，武康（今浙江德清縣）人。傳見《北史》卷八二。說他是受《易》和《淮南子》啓發，推演出三百六十律。

[3]"以一部律數爲母"至"各一律所建日辰分數也"：一中氣所有日，當指相鄰兩中氣間所含日數取整，如黃鍾所在氣是冬至氣，冬至氣是指由大雪經過冬至到小寒所包含的一節加一氣，其包含的整日數爲 31 日，黃鍾部共 34 律，"以母命子"得黃鍾部每律所建的"日辰分數"爲 31/34。

[4]"自黃鍾終於壯進"至"皆三分益一以上生"：這句話是說錢樂之、沈重的三百六十律有 150 律爲下生所得，209 律是上生而得。可見有 59 個重上生，前六十律中的具體重上生之律參見圖 2。

[5]唯安運一律爲終，不生："安運"是三百六十律的最後一律（見下文"應鍾"章），既是最後一律，自然不再向上或向下相生其他律了，故稱之爲"不生"。

[6]"其數皆取黃鍾之實"至"各其律之長也"："十七萬七千一百四十七"即"十一三"（3^{11}），"九三"爲五萬九千四十九（3^9 = 59049），故黃鍾律之長 = 177147/59049 = 9（尺）。

[7]"右黃鍾一部"至"三十四分日之三十一"：由於古書是豎排的，"右黃鍾一部"即前面黃鍾一部的意思。下同。其 $\frac{31}{34}$ 日的來歷見前注。

[8]"右大吕一部"至"二十七分日之三"：大吕所在氣爲大寒，即由小寒經大寒到立春之節氣，其中包含的整日數爲 30，從而，大吕部每律所建"日辰分數"爲 $1\frac{3}{27}$ 日。

審度[1]

《史記》曰："夏禹以身爲度，以聲爲律。"《禮記》

曰："丈夫布手爲尺。"《周官》云："璧羨起度。"鄭司農云："羨，長也。此璧徑尺，以起度量。"[2]《易緯通卦驗》："十馬尾爲一分。"《淮南子》云："秋分而禾蔉定，蔉定而禾熟。律數十二蔉而當一粟，十二粟而當一寸。"蔉者，禾穗芒也。《説苑》云："度量權衡以粟生，一粟爲一分。"《孫子算術》云："蠶所生吐絲爲忽，十忽爲秒，十秒爲豪，十豪爲釐，十釐爲分。"此皆起度之源，其文舛互。[3]唯《漢志》："度者，所以度長短也，本起黄鍾之長。以子穀秬黍中者，一黍之廣度之，九十黍爲黄鍾之長。一黍爲一分，十分爲一寸，十寸爲一尺，十尺爲一丈，十丈爲一引，而五度審矣。"[4]後之作者，又憑此説，以律度量衡，並因秬黍散爲諸法，其率可通故也。黍有大小之差，年有豐耗之異，前代量校，每有不同，又俗傳訛替，漸致增損。今略諸代尺度一十五等，並異同之説如左。[5]

一、周尺

《漢志》王莽時劉歆銅斛尺。

後漢建武銅尺。

晋泰始十年荀勖律尺，爲晋前尺。

祖冲之所傳銅尺。[6]

徐廣、徐爰、王隱等《晋書》云："武帝泰始九年，中書監荀勖校太樂八音，不和，始知爲後漢至魏，尺長於古四分有餘。勖乃部著作郎劉恭，依《周禮》制尺，所謂古尺也。依古尺更鑄銅律吕，以調聲韻。以尺量古器，與本銘尺寸無差。又，汲郡盜發魏襄王冢，得古周時玉律及鍾磬，與新律聲韻暗同。于時郡國或得漢時故鍾，吹新律命之，皆應。"梁武《鍾律緯》云："祖冲之所傳銅尺，其銘曰：'晋泰始十年，中書考古器，揆校今尺，長四分半。所校古法有七品：一曰姑洗玉律，二曰小呂玉律，三曰西京銅望臬，四曰金錯望臬，五曰銅斛，六曰古錢，七曰建武銅尺。姑洗微强，西京望臬微弱，其餘與此尺同。'銘八十（二）字。[7]此尺者，勗新尺也。今尺者，杜夔尺也。雷次宗、何胤之二人作《鍾律圖》，所載荀勗校量古尺文，與此銘同。而蕭吉《樂譜》，謂爲梁朝所考七品，謬也。今以此尺爲本，以校諸代尺"云。

二、晋田父玉尺

梁法尺實比晋前尺，一尺七釐。[8]

《世説》稱，有田父於野地中得周時玉尺，便是天下正尺。荀勗試以校尺，所造金石絲竹，皆短校一米。梁武帝《鍾律緯》稱，主衣從上相承，有周時銅尺一枚，古玉律八枚。檢主衣周尺，東昏用爲章信，尺不復存。玉律一□蕭，[9]餘定七枚夾鍾，有昔題刻。乃制爲尺，以相參。取細毫中黍，積次讎定，今之最爲詳密，長祖冲之尺校半分。以新尺制爲四器，名爲通。又依新尺爲笛，以命古鍾，按刻夷則，以笛命飲，和韻，夷則定合。案此兩尺長短近同。

三、梁表尺　實比晋前尺，一尺二分二釐一毫有奇。

蕭吉云："出於司馬法。梁朝刻其度於影表，以測影。”案此即奉朝請祖暅所算造銅圭影表者也。經陳滅入朝。大業中，議以合古，乃用之調律，以制鍾磬等八音樂器。

四、漢官尺　實比晉前尺，一尺三分七毫。

晉時，始平掘地得古銅尺。[10]

蕭吉《樂譜》云："漢章帝時，零陵文學史奚景於泠道縣舜廟下得玉律，度爲此尺。"傅暢《晉諸公讚》云："荀勖造鍾律，時人並稱其精密，唯陳留阮咸，譏其聲高。後始平掘地，得古銅尺，歲久欲腐，以校荀勖今尺，短校四分。時人以咸爲解。"此兩尺長短近同。

五、魏尺　杜夔所用調律，比晉前尺，一尺四分七釐。[11]

魏陳留王景元四年，劉徽注《九章》云，王莽時劉歆斛尺，弱於今尺四分五釐，比魏尺，其斛深九寸五分五釐。[12]即晉荀勖所云"杜夔尺長於今尺四分半"是也。

六、晉後尺　實比晉前尺，一尺六分二釐。

蕭吉云，晉氏江東所用。

七、後魏前尺　實比晉前尺，一尺二寸七釐。

八、中尺　實比晉前尺，一尺二寸一分一釐。

九、後尺　實比晉前尺，一尺二寸八分一釐。即開皇官尺及後周市尺。

後周市尺比玉尺，一尺九分三釐。

開皇官尺，即鐵尺，一尺二寸。

此後魏初及東西分國，後周未用玉尺之前，雜用此等尺。

甄鸞《算術》云："周朝市尺，得玉尺九分二釐。"或傳梁時有誌公道人作此尺，寄入周朝，云與多鬚老翁。周太祖及隋高祖，各自以爲謂己。周朝人間行用。及開皇初，著令以爲官尺，百司用之，終于仁壽。大業中，人間或私用之。[13]

十、東後魏尺　實比晉前尺，一尺五寸八毫。[14]

此是魏中尉元延明，累黍用半周之廣爲尺，齊朝因而用之。魏收《魏史·律曆志》云："公孫崇永平中更造新尺，以一黍之長，累爲寸法。尋太常卿劉芳受詔脩樂，以秬黍中者一黍之廣，即爲一分。而中尉元匡，以一黍之廣，度黍二縫，以取一分。三家紛競，久不能決。太和十九年高祖詔，以一黍之廣，用成分體，九十之黍，黃鍾之長，以定銅尺。有司奏從前詔，而芳尺同高祖所制，故遂典脩金石。迄武定未有論律者。"

十一、蔡邕銅籥尺

後周玉尺實比晉前尺，一尺一寸五分八釐。

從上相承，有銅籥一，以銀錯題，其銘曰："籥，黃鍾之宮，長九寸，空圍九分，容秬黍一千二百粒，稱重十二銖，兩之爲一合。三分損益，轉生十二律。"祖孝孫云："相承傳是蔡邕銅籥。"

後周武帝保定中，詔遣大宗伯盧景宣、上黨公長孫紹遠、岐國公斛斯徵等，累黍造尺，從橫不定。後因脩倉掘地，得古玉斗，以爲正器，據斗造律度量衡。因用此尺，大赦，改元天和，百司行用，終於大象之末。其律黄鍾，與蔡邕古籥同。

十二、宋氏尺　實比晋前尺，一尺六分四氂。

錢樂之渾天儀尺。

後周鐵尺。

開皇初調鍾律尺及平陳後調鍾律水尺。

此宋代人間所用尺，傳入齊、梁、陳，以制樂律。與晋後尺及梁時俗尺、劉曜渾天儀尺，略相依近。當由人間恒用，增損訛替之所致也。周建德六年平齊後，即以此同律度量，頒于天下。其後宣帝時，達奚震及牛弘等議曰：

竊惟權衡度量，經邦懋軌，誠須詳求故實，考校得衷。謹尋今之鐵尺，是太祖遣尚書故蘇綽所造，當時檢勘，用爲前周之尺。驗其長短，與宋尺符同，即以調鍾律，並用均田度地。今以上黨羊頭山黍，依《漢書·律曆志》度之。若以大者稠累，依數滿尺，實於黄鍾之律，須撼乃容。若以中者累尺，雖復小稀，實於黄鍾之律，不動而滿。計此二事之殊，良由消息未善，其於鐵尺，終有一會。且上黨之黍，有異他鄉，其色至烏，其形圓重，用之爲量，定不徒然。正以時有水旱之差，地有肥瘠之異，取黍大小，未必得中。案許慎解，秬黍體大，本異於常。疑今之大者，正是其中，累百滿尺，即是會古。賓籥之外，纔剩十餘，此恐圍徑或差，造律未妙。就如撼動取滿，論理亦通。今勘周漢古錢，大小有合，宋氏渾儀，尺度無舛。又依《淮南》，累粟十二成寸。明先王制法，索隱鈎深，以律計分，義無差異。

《漢書·食貨志》云："黃金方寸，其重一斤。"今鑄金校驗，鐵尺爲近。依文據理，符會處多。且平齊之始，已用宣布，今因而爲定，彌合時宜。至於玉尺累黍，以廣爲長，累既有剩，實復不滿。尋訪古今，恐不可用。其晋、梁尺量，過爲短小，以黍實管，彌復不容，據律調聲，必致高急。且八音克諧，明王盛範，同律度量，哲后通規。臣等詳校前經，斟量時事，謂用鐵尺，於理爲便。

未及詳定，高祖受終，牛弘、辛彦之、鄭譯、何妥等，久議不決。既平陳，上以江東樂爲善，曰："此華夏舊聲，雖隨俗改變，大體猶是古法。"祖孝孫云："平陳後，廢周玉尺律，便用此鐵尺律，以一尺二寸即爲市尺。"

十三、開皇十年萬寶常所造律吕水尺　實比晋前尺，一尺一寸八分六釐。

今太樂庫及内出銅律一部，是萬寶常所造，名水尺律。説稱其黃鍾律當鐵尺南吕倍聲。南吕，黃鍾羽也，故謂之水尺律。

十四、雜尺　趙劉曜渾天儀土圭尺，長於梁法尺四分三釐，實比晋前尺，一尺五分。

十五、梁朝俗間尺　長於梁法尺六分三釐，於劉曜渾儀尺二分，實比晋前尺，一尺七分一釐。[15]

梁武《鍾律緯》云："宋武平中原，送渾天儀土圭，云是張衡所作。驗渾儀銘題，是光初四年鑄，土圭是光初八年作。並是劉曜所制，非張衡也。制以爲尺，長今新尺四分三釐，短俗間尺二分。"新尺謂梁法尺也。

[1]審度：在本章中，李淳風首先回顧了典籍中關於度的基本單位之定義，即起度。上古，人們把度的單位與人的身體部位聯結而予以定義。至《漢書》，用積黍定義長度單位，度與律相通，建立了度的制度與理論雛形。但《漢書·律曆志》度量衡理論的原器概念還不明確，黍作爲原器是不合格的。其實，劉歆對此或許是清楚的，所以有始建國製作精良的"新莽銅嘉量"之作。李淳風更是在下文明確指出"黍有大小之差，年有豐耗之異，前代量校，每有不同，又俗傳訛替，漸致增損"。李氏也因此在審度章，用大量篇幅給出了一十五種尺度變化的考證。

[2]"《周官》云"至"以起度量"：這句話是在討論所謂的"璧羨起度"問題。《周禮》記載："典瑞璧羨以起度，玉人璧羨度尺，好三寸，以爲度。"典瑞、玉人，皆《周禮》中的官名；璧，一種圓環型的玉佩；羨，鄭玄注"長也"。又，本志第五章《衡權》中有"令之肉倍好者"一語，説的也是璧。《爾雅》曰："肉倍好，謂之璧。"意思是説這種圓環型的玉佩，中孔叫做"好"，環的部分則稱作"肉"。若"好"是三寸，則璧之直徑爲九寸，而一尺比璧長（羨）一寸。見圖4所示。

[3]"《史記》曰"至"其文牴互"：這段話列舉了前代文獻記載中各種不同的"起度"方法，李淳風知道每種起度方法的關鍵是度量單位的原器的選取，除了璧羨起度外，還有身體部位、粟粒、馬尾毛、禾穗芒等，所以李氏明確指出，這些"皆起度之源，其文牴互"。

[4]而五度審矣：這裏指出《漢書·律曆志》的"分、寸、尺、丈、引"五種基本長度單位，皆十進位制，是一種好的度量制度。這也是李氏考察了古代相關典章制度後給出的結論。

[5]今略諸代尺度一十五等，並異同之説如左：以下關於十五

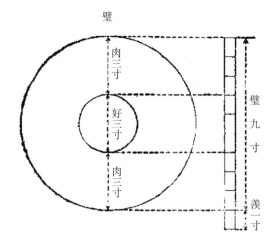

圖 4　"璧羨起度"示意圖

種尺度異同的辨證，加上《嘉量》和《衡權》章關於容積和重量問題的相關考證，給出了上自周、漢，下到魏、晉、南北朝及隋度量衡的變遷，是李氏留給我們的極其珍貴的隋以前中國度量衡史文獻。如左，於今橫排即"如下"。

[6]"周尺"至"祖冲之所傳銅尺"：這是一組長度相同的尺度，被李淳風定爲以下考證比較的標準尺度，稱之爲"晋前尺"。"晋前尺"是武帝泰始十年（274），中書監荀勗依據《周禮》所考訂製作的標準尺子。荀勗，字公曾，潁川潁陰（今河南許昌市）人。傳見《晋書》卷三九。又，李氏引梁武《鍾律緯》中的"祖冲之所傳銅尺"銘文，認爲祖冲之所傳銅尺即"勗新尺也"。

[7]銘八十（二）字：這裏給出的銘文實際祇有八十字。

[8]梁法尺實比晋前尺，一尺七釐：這句話相當於給出這樣的比例式："梁法尺：晋前尺 = 1：1.007"，以下其他 14 種尺度比較同此，一併説明。

[9]玉律一□蕭：中華本校勘記曰："蕭"前爲缺文。並認爲此

句可能仍有訛誤。

[10]始平掘地得古銅尺：本章提到幾件出土文物，用來考證古度量之值。吳承洛對此有專門的考辨（參見吳承洛《中國度量衡史》，上海書店 1984 年版）。

[11]比晋前尺，一尺四分七釐：各本皆同。但此章考辨了十五種尺，其他各例皆作“實比晋前尺……”，此處似不應例外。

[12]“王莽時劉歆斛尺”至“九寸五分五釐”：見《九章算術·商功》第二十五問，其中“程粟一斛，積二尺七寸”下的劉徽注。劉徽在其注文中用他自己的圓周率值校算了王莽時劉歆銅斛。特別值得注意的是，劉徽注《九章》時是見到新莽嘉量實物的，並進行了實際測量和驗算。

[13]“或傳梁時”至“人間或私用之”：魏晋南北朝時期，社會動蕩激烈，民間多有用大尺謀利的亂象。李淳風在此生動地展示了這一社會問題。

[14]東後魏尺實比晋前尺，一尺五寸八毫：馬衡認爲這裏的“一尺五寸八毫”當爲“一尺三寸八毫”（參見馬衡《凡將齋金石叢稿》，中華書局 1977 年版，第 48 頁）。又，據杜永清等考證，“一尺五寸八毫”或不誤（參見杜永清等《“東後魏尺”考》，《物理通報》2011 年第 8 期）。

[15]本章（《審度》）所涉及的十五種尺子的長度，折合成現代市尺或公制（釐米），如圖 5 所示。

嘉量

《周禮》㮚氏“爲量，釡深尺，内方尺而圓其外，其實一釡；其臋一寸，其實一豆；其耳三寸，其實一升。重一鈞。其聲中黄鍾。概而不稅。其銘曰：時文思索，允臻其極。嘉量既成，以觀四國。永啓厥後，兹器維則”。《春秋左氏傳》曰：“齊舊四量，豆、區、釡、

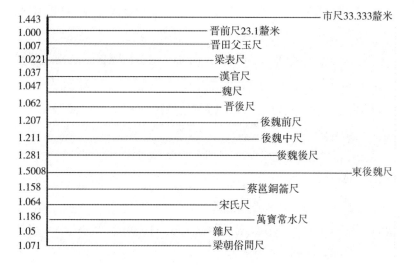

圖 5　《隋書·律曆志·審度》十五等尺示意圖

鍾。四升曰豆，各自其四，以登於釜。”六斗四升也。
“釜十則鍾”，六十四斗也。[1]鄭玄以爲方尺積千寸，比
九章粟米法少二升八十一分升之二十二。祖冲之以算術
考之，積凡一千五百六十二寸半。方尺而圓其外，減傍
一釐八毫，其徑一尺四寸一分四毫七秒二忽有奇而深
尺，即古斛之制也。[2]《九章·商功》法，程粟一斛，
積二千七百寸；米一斛，積一千六百二十寸；菽荅麻麥
一斛，積二千四百三十寸。此據精粗爲率，使價齊而不
等其器之積寸也，以米斛爲正，則同于《漢志》。[3]
《孫子算術》曰：“六粟爲圭，十圭爲秒，十秒爲撮，
十撮爲勺，十勺爲合。”應劭曰：“圭者自然之形，陰陽
之始。四圭爲撮。”孟康曰：“六十四黍爲圭。”《漢志》
曰：“量者，龠、合、升、斗、斛也，所以量多少也。

本起於黃鍾之籥。用度數審其容，以子穀秬黍中者千有二百實其籥，以井水准其概。十籥爲合，十合爲升，十升爲斗，十斗爲斛，而五量嘉矣。其法用銅，方尺而圓其外，旁有庣焉。其上爲斛，其下爲斗，左耳爲升，右耳爲合、籥。其狀似爵，以縻爵禄。上三下二，參天兩地。圓而函方，左一右二，陰陽之象也。圓象規，其重二鈞，備氣物之數，各萬有一千五百二十也。聲中黃鍾，始於黃鍾而反復焉。”其斛銘曰：“律嘉量斛，方尺而圓其外，庣旁九氂五毫，冪百六十二寸，深尺，積一千六百二十寸，容十斗。”[4]祖冲之以圓率考之，此斛當徑一尺四寸三分六氂一毫九秒二忽，庣旁一分九毫有奇。劉歆庣旁少一氂四毫有奇，歆數術不精之所致也。[5]

魏陳留王景元四年，劉徽注《九章·商功》曰：“當今大司農斛圓徑一尺三寸五分五氂，深一尺，積一千四百四十一寸十分之三。王莽銅斛於今尺爲深九寸五分五氂，徑一尺三寸六分八氂七毫。以徽術計之，於今斛爲容九斗七升四合有奇。”此魏斛大而尺長，王莽斛小而尺短也。[6]

梁、陳依古。

齊以古一斗五升爲一斗。[7]

後周武帝“保定元年辛巳五月，晉國造倉，獲古玉升。暨五年乙酉冬十月，詔改制銅律度，遂致中和。累黍積籥，同兹玉量，與衡度無差。准爲銅升，用頒天下。內徑七寸一分，深二寸八分，重七斤八兩。天和二年丁亥，正月癸酉朔，十五日戊子校定，移地官府爲式。"[8]此銅升之銘也。其玉升銘曰："維大周保定元年，歲在重光，月旅蕤賓，晋國之有司，修繕倉廩，獲古玉升，形制典正，若古之嘉量。太師晋國公以聞，敕納於天府。暨五年歲在協洽，皇帝乃詔稽準繩，考灰律，不失圭撮，不差累黍。遂鎔金寫之，用頒天下，以合太平權衡度量。"今若以數計之，玉升積玉尺一百一十寸八分有奇，斛積一千一百八寸五分七釐三毫九秒。[9]又甄鸞《算術》云：[10]"玉升一升，得官斗一升三合四勺。"此玉升大而官斗小也。以數計之，甄鸞所據後周官斗，積玉尺九十七寸有奇，斛積九百七十七寸有奇。後周玉斗并副金錯銅斗及建德六年金錯題銅斗，實同以秬黍定量。以玉稱權之，一升之實，皆重六斤十三兩。

　　開皇以古斗三升爲一升。大業初，依復古斗。

　　[1]"齊舊四量"至"六十四斗也"：此處指出《左傳》記述的一種量制，即 1 鍾 = 10 鬴 = 40 區 = 160 豆 = 640 升 = 64 斗。

　　[2]"祖冲之以算術考之"至"即古斛之制也"：在本志開篇總論的最後，李淳風曾提到祖冲之的《綴術》，並記載了其中的圓周率的密率值 355/113。這段文字就是用祖冲之密率來考訂古斛之形制。如圖 6，内接圓面積 $= \left(\dfrac{直徑}{2}\right)^2 \times \dfrac{355}{113} = 1.5625$ 平方尺。從而，内接圓直徑 ≈ 1.410472 尺。減傍，即下文"律嘉量斛"的"庑旁"。

　　[3]"程粟一斛"至"則同于《漢志》"：這段文字解釋了爲什麽《九章·商功》裏有一斛粟、米和一斛菽、荅、麻、麥，它們的體積是不一樣的。《九章》這裏是在講比率演算法，是説明同樣的

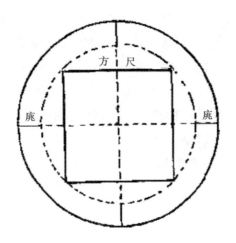

圖6 古斛截面示意圖

價錢買粟、米和菽、荅、麻、麥各多少，而不是説斛的容量有變化，且有“米一斛，積一千六百二十寸”正好是《漢志》所載的斛的容積。

[4] “《漢志》曰”至“容十斗”：這裏所記載的“律嘉量斛”就是“新莽銅嘉量”，有原物出土（見圖7，《中國古代度量衡圖集》之圖一二六有其詳細的測量資料説明）。從其結構示意圖中，可清楚地理解所謂“其上爲斛，其下爲斗，左耳爲升，右耳爲合、籥”，及“上三下二，參天兩地”“左一右二，陰陽之象也”等語的含義。

[5] “祖冲之以圓率考之”至“不精之所致也”：這裏又是用祖冲之密率校算新莽嘉量。如果圓周率用 355/113，則：内接圓面積 $=\left(\dfrac{\text{直徑}}{2}\right)^2 \times \dfrac{355}{113} = 162$。從而，内接圓直徑 ≈ 1.436192 尺，即“當徑一尺四寸三分六釐一毫九秒二忽”。

[6] “劉徽注《九章·商功》”至“王莽斛小而尺短也”：這裏是用劉徽的圓周率 157/50 = 3.14，校算魏斛和王莽銅斛。魏斛積 =

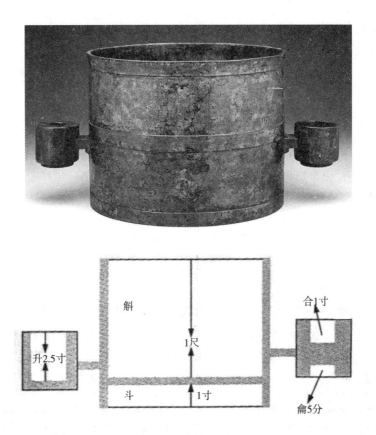

圖7　新莽銅嘉量

内接圓面積 × 斛深 = 10 × （13.55/2）^{2} × 3.14 = 1441.27 ≈ 1441.3。王莽銅斛積 = 9.55 × （13.687/2）^{2} × 3.14 = 1404.39 ≈ 1404.4，1404.4/1441.3 ≈ 0.9744 魏斛，即 "於今斛爲容九斗七升四合有奇"。

　　[7]齊以古一斗五升爲一斗：各本作 "齊以古升五升爲一斗"。因齊的量制一般都是本志所謂的古制的一倍半，不應該僅斗是古制的一半，當改。中華本改爲 "齊以古升一斗五升爲一斗"。又，吴

承洛在其《中國度量衡史》中認爲，這裏"梁、陳依古"和"齊以古"，乃至本志中所稱的古制，皆應指新莽創建的律度量衡制度。

[8]十五日戊子校定，移地官府爲式：中華本校勘記指出，該十五日的干支爲丁亥，此處或日期誤或干支誤。式，當作"式樣"解，對於度量衡制度來說，指標準原器。古代應由中央政府製作或中央政府批准製作，並由府庫收藏。

[9]"今若以數計之"至"斛積一千一百八寸五分七釐三毫九秒"：此處李淳風考算該"玉升"所用圓周率的取值爲祖冲之的密率355/113，故稱"今若以數計之"。

[10]甄鸞《算術》：甄鸞著有兩部算經，即《五曹算經》及《五經算術》，皆被收入唐代國子監算學館作爲教材的《算經十書》。

衡權

衡者，平也；權者，重也。衡所以任權而鈞物平輕重也。其道如底，以見準之正、繩之直。左旋見規，右折見矩。其在天也，佐助琁璣，斟酌建指，以齊七政，故曰玉衡。權者，銖、兩、斤、鈞、石也，以秤物平施，知輕重也。古有黍、絫、錘、錙、鐶、鈎、銲、鎰之目，歷代差變，其詳未聞。前志曰：[1]權本起於黃鍾之重。一龠容千二百黍，重十二銖。兩之爲兩，二十四銖爲兩。十六兩爲斤。三十斤爲鈞。四鈞爲石。五權謹矣。其制以義立之，以物鈞之。其餘大小之差，以輕重爲宜。圜而環之，令之肉好者，周旋亡端，終而復始，亡窮已也。[2]權與物鈞而生衡，衡運生規，規圓生矩，矩方生繩，繩直生準。準正則衡平而鈞權矣。是爲五則，備于鈞器，以爲大範。案《趙書》，石勒十八年七月，造建德殿，得圓石，狀如水碓。其銘曰："律權石，重四鈞，同律度量衡。有辛氏造。"續咸議，是王莽時物。後魏景明中，并州人王顯達獻古銅權一枚，上銘八十一字。其銘云："律權石，重四鈞。"又云："黃帝初祖，德帀于虞。虞帝始祖，德帀於新。歲在大梁，龍集戊辰。戊辰直定，[3]天命有人。據土德，受正號即真。改正建丑，長壽隆崇。同律度量衡，稽當前人。龍在己巳，歲次實沈，初班天下，萬國永遵。子子孫孫，享傳億年。"此亦王莽所制也。[4]其時太樂令公孫崇依《漢志》先修稱、尺，及見此權，以新稱稱之，重一百二十斤。新稱與權，合若符契。於是付崇調樂。孝文時，一依《漢志》作斗尺。

梁、陳依古稱。

齊以古稱一斤八兩爲一斤。

周玉稱四兩，當古稱四兩半。

開皇以古稱三斤爲一斤，大業中，依復古秤。

[1]前志：當指《漢書·律曆志》。此章的主要文字皆爲從《漢志》潤色而采錄。

[2]周旋亡端，終而復始，亡窮已也：其中的兩個"亡"字，《漢志》作"無"。

[3]戊辰直定：此"戊辰"二字各本脱，今從中華本據出土銘文補。

[4]"後魏景明中"至"此亦王莽所制也"：這段文字記錄了有一個叫王顯達的人向朝廷進獻了一古銅權，權上有八十一字的銘文，銘文中有"虞帝始祖，德帀於新"字樣，李淳風也認定它是"王莽所制也"。下文進一步指出，太樂令公孫崇用新莽的稱和權與此權比較，結果也"合若符契"

隋書　卷一七

志第十二

律曆中[1]

　　[1]《隋書·律曆志》中卷記載了梁、陳、北齊、北周、隋初的曆法沿革及其改曆過程中各家之間的爭論，以及隋開皇四年（584）頒行的道士張賓所造《開皇曆》和開皇十七年頒行、大業五年（609）重修的張胄玄《大業曆》。

　　本卷共記述了五次因改革曆法而引起的爭訟。第一次是在南朝的梁代，祖暅爲爭取頒行其父祖冲之《大明曆》的申論。《大明曆》撰成於劉宋大明六年（462），是中國天文學史上一部著名的曆法（其中包含諸多思想方法上的創新，如首先把歲差概念引入曆法，冬至時刻測算的新方法等；以及一些優秀的天文數據，如回歸年長度取 365.2428 日，朔望月長度取 29.5309 日，特別是最先引入交點月，並測算出長度爲 27.2122 日，與現代理論值僅有 1.3 秒的誤差）。但當時受朝中權臣戴法興的反對，未被采用。《宋書·律曆志下》記載了祖、戴當時的辯論，在曆法史上寫下了濃墨重彩的一筆。祖暅也是著名的科學家，天監三年（504）他上書請求改曆，但當時梁武帝蕭衍初登大實，未遑曆事，或許祖暅的表文也未說到關鍵處。梁武帝算得上文治武功的帝王，治下學術繁榮，梁武帝本人對經、史、佛乃至天文學都有鑽研和創作，曾主持實施了漏刻制度的改革，支持了一批重要天文學著作的編撰，也包括祖暅和虞劇等的學術工作。天監六年，"帝以舊漏乖舛"，委祖暅以改革重任。祖暅不辱使命，創製了帶有水準的新型銅表，"揆測日晷，求其盈縮"，並對其父《大明曆》的晝夜漏刻表和晷長表等進行了修訂。天監八年，祖暅在充分準備的基礎上，再次"上疏論之"，梁武帝即命太史令將匠道秀等，"候新舊二曆氣朔、交會及七曜行度"，先給期限百日後又追加百日，道秀等得出"新曆密，舊曆疏"的結論。梁武帝最終下令"（天監）九年正月，用祖冲之所造《甲子元曆》頒朔"。所幸，《大明曆》終於在其問世 47 年以後被行用。且其後的南朝陳也一直行用《大明曆》，其曆全文見《宋書·律曆志下》。

　　北魏初年，時局動亂，有數次改曆動議和爭論，先後有崔浩、公孫崇獻曆都無果而終。直到北魏孝明帝神龜元年（518），再次啟動新曆編制，有九家曆法參與競爭，張龍祥和李業興的曆法勝出，於正光三年（522）頒行（故稱《正光曆》），前後經歷了百餘年。北魏分裂爲東西魏後，東魏改曆，又有一次曠日持久的測驗辯論，主要是在信都芳和李業興之間進行的，最終於興和二年（540）頒行李業興的《興和曆》。550 年，高洋爲證明其受禪的合法性，即命宋景業協圖讖，造《天保曆》，次年（551）立即施行。這種以圖讖說倉促而就的應景之作，自然是一部平庸的曆法。

　　本志記載的第二次爭論發生在北齊武平七年（576），有劉孝孫和張孟賓同鄉且同知曆事，二人各自編制了自己的曆法（《武平曆》和《張孟賓曆》），另有董峻、鄭元偉的《甲寅元曆》，以及趙道嚴（不知是否有曆法）等，都要求與宋景業

《天保曆》進行優劣檢驗。劉孝孫和張孟賓的新曆法都不同程度地吸收了張子信的新發現，當爲優秀之作。本志作者李淳風即用溢美之詞贊曰"上拒春秋，下盡天統，日月虧食及五星所在，以二人新法考之，無有不合"。這裏説出了古人批判曆法優劣的兩個標準：一是用它推算典籍上的相關記録，看是否能吻合。二是預推即將發生的天象，一般都用日月食，然後實際觀測，看是否合天。這實際上是中國古代天文學家的優秀學術傳統。適逢當年六月戊申朔有日食，朝廷於是同意以實測日食來檢驗諸位的法術高低。"劉孝孫言食於卯時，張孟賓言食於甲時，鄭元偉、董峻言食於辰時，宋景業言食於巳時。至日食，乃於卯甲之間，其言皆不能中"。但還没來得及做進一步檢驗，北齊亡國，此次改曆争論也就不了了之。

第三次争論是在北周武帝時，馬顯等針對《明克讓曆》和參用的甄鸞《天和曆》的抗争，北周當時行用和參用的這兩部曆法的確平庸，從本志收録的馬顯抗表可知，北周武帝對當時行用的曆法並不滿意，"爰降詔旨，博訪時賢，並敕太史上士馬顯等，更事刊定，務得其宜"。參與這次曆争者有八家，規模氣勢宏大。但北周當時缺乏曆學大家，經過一段時間的討論驗證，判定馬顯等勝出，於大象元年（579）頒行《大象曆》。

隋初曆法争訟十分激烈。一是以劉孝孫爲主針對張賓的《開皇曆》，是爲本卷的第四次争辯，劉孝孫失敗，張賓的曆法繼續行用；二是以劉焯爲代表針對張賓和張胄玄曆法的兩個階段論戰。第一階段開始時，張胄玄聯合劉孝孫、劉焯和張賓論戰，張胄玄勝出，頒行張胄玄的曆法，是爲本卷的第五次争論。旋即轉入第二階段論戰，即劉焯對張胄玄抗争（見本志卷下），劉焯失敗。

581年，楊堅取代北周建立隋朝。"方行禪代之事，欲以符命曜於天下"，新帝國需要一部新的曆法。楊堅登基前，道士張賓便揣知上意，張賓對楊堅説"上儀表非人臣相"，張賓"由是大被知遇"，隋文帝於是令其主持編制新曆法的工作，參與者有儀同劉暉、太史司曆劉宜，另有馬顯、鄭元偉等十餘人。開皇四年，張賓等編成新曆，隋文帝隨即下詔頒行，即《開皇曆》。

《開皇曆》雖然在曆元的設置、回歸年長度（365.24342日）、考慮月亮視差影響等方面有一些特點。但總體而論，它是落伍的。"張賓所創之曆既行，劉孝孫與冀州秀才劉焯，並稱其失，言學無師法，刻食不中"，提出了六條批評意見。特別是，他們用劉孝孫所制《甲子元曆》，就日月食、冬至日所在宿度及冬至時日等三方面進行了推算，並與實測值及前代有關記録進行比較。這是在用古代曆家學術傳統，真刀真槍地比武。

劉孝孫和劉焯力主曆法必須引進歲差，並指出了《開皇曆》交食預報和驗影定氣等存在的一系列問題，證明了《甲子元曆》的相對精確。總之，他們對《開皇曆》的批評是得體的，要求以《甲子元曆》替代《開皇曆》也是恰當的。可是，這場曆法之爭却罕見地發展成政治上的上綱上綫。當時，張賓受寵於高祖，他和太史令劉暉共同指責孝孫"非毀天曆，率意迂怪，焯又妄相扶證，惑亂時人"。這第四場爭論就此不歡而散。

再看第五場。數年以後，張賓去世。劉孝孫伺機上表重提舊案。但太史令還是劉暉，他狡詐地將劉孝孫留在太史院，"累年不調，寓宿觀臺"。劉孝孫被逼無奈，"乃抱其書，弟子輿櫬，來詣闕下，伏而慟哭"。此舉驚動了朝廷，高祖問國子祭酒何妥，何妥説了公道話。隋文帝隨即任命劉孝孫爲大都督，並下令重啓校驗新舊曆法疏密的工作。

至開皇十四年七月，皇上過問日食事。楊素等奏報：張冑玄曆法合如符契，孝孫之術驗亦過半，而《開皇曆》幾乎無驗。就是説，重開曆法校驗時，張冑玄加入了競争。於是，高祖接見了孝孫、冑玄等。可是，孝孫堅持"請先斬劉暉，乃可定曆，高祖不懌，又罷之"。劉孝孫不久抱憾而終。

　　張胄玄，渤海（今河北景縣）人，本書有傳。開皇五年，他曾與李文琮一起編成一部曆法，其曆法當時在坊間"散寫甚多"，產生了一些影響。約開皇十年，經人舉薦至太史院任職。劉孝孫去世以後，楊素等推薦張胄玄繼續新曆的制定工作。隋文帝因此召見了他，張胄玄趁機說他測算出當時午中日影的長度較前代爲短，說明日行軌道偏上，自古有"太平日行上道"的說法，就是說當時是前所未有的太平盛世。隋文帝自然大悅，讓他參定新曆。劉焯，字士元，信都昌亭（今河北冀縣）人，本書有傳。當他得知隋文帝起用張胄玄後，便"增損孝孫曆法，更名《七曜新術》"，也要求參與校驗。但胄玄和袁充聯手，成功地爲難了劉焯，劉焯祇得再回老家，繼續鑽研著述。

　　到開皇十七年，張胄玄參考《劉孝孫曆》編成了新曆，請求朝廷頒行。隋文帝令楊素等見證，讓他和太史令劉暉、司曆劉宜等爭個"短長"。劉暉等雖然明知他們的曆法弱，但他們制定了上乘的辯論戰略，《張賓曆》回歸年長度值的精度優勢明顯，於是，他們以己之長攻敵之短，雙方"迭向駁難，高祖惑焉，逾時不決"。楊素等又立議六十一事，讓暉與胄玄答辯。暉一無所答，胄玄中五十四。或許，楊素等所擬題目有傾向性，但畢竟胄玄曆術占優勢。在楊素等的支持下，主要還是胄玄的日長影短說歡了龍心，爭訟就此了結。隋文帝下詔："朕應運受圖，君臨萬宇，思欲興復聖教，恢弘令典，上順天道，下授人時。"可見，皇上存心要儘快頒布新曆，是要證明自己應受天命。隋文帝下令將劉暉、劉宜等革職，提升張胄玄爲"員外散騎侍郎、兼太史令，賜物千段"。

　　夫曆者，紀陰陽之通變，極往數以知來，可以迎日授時，先天成務者也。然則懸象著明，莫大於二曜，[1]氣序環復，無信於四時。日月相推而明生矣，寒暑迭進而歲成焉，遂能成天地之文，[2]極乾坤之變。天數五，地數五，五位相乘而各有合。天數二十有五，地數三十，凡天地之數五十有五，所以成變化而行鬼神也。[3]乾之策二百一十有六，坤之策一百四十有四，凡三百六十，以當期之日也。[4]至乃陰陽迭用，剛柔相摩，四象既陳，八卦成列，此乃造文之元始，創曆之厥初者歟？洎乎炎帝分八節，[5]軒轅建五部，[6]少昊以鳳鳥司曆，顓頊以南正司天，陶唐則分命和、仲，夏后乃備陳《鴻範》，[7]湯、武革命，咸率舊章。[8]然文質既殊，正朔斯革，故天子置日官，諸侯有日御，以和萬國，以協三辰。至于寒暑晦明之徵，陰陽生殺之數，啓閉升降之紀，消息盈虛之節，皆應躔次而不淫，遂得該浹生靈，堪輿天地，開物成務，致遠鈎深。周德既衰，史官廢職，疇人分散，機祥莫理。秦兼天下，頗推五勝，自以獲水德之瑞，以十月爲正。漢氏初興，多所未暇，百有餘載，猶行秦曆。[9]至于孝武，改用夏正。[10]時有古曆六家，學者疑其紕繆，劉向父子，咸加討論，班固因之，採以爲志。[11]光武中興，未能詳考。逮于永平之末，乃復改行四分，[12]七十餘年，儀式方備。其後復命劉洪、蔡邕，共修律曆，司馬彪用之以續"班史"。[13]當塗受命，亦有史官，韓翊創之於前，楊偉繼之於後，咸遵劉洪之術，未及洪之深妙。[14]中、左兩晋，迭有增損。至於西涼，亦爲蔀法，事迹糾紛，未能詳記。宋氏元嘉，何承天造曆，[15]迄于齊末，相仍用之。梁武初興，因循齊舊，天監中年，方改行宋祖冲之《甲子元曆》。[16]陳武受禪，亦無創改。後齊文宣，用《宋景業曆》。[17]西魏入關，行《李業興曆》。[18]逮於周武帝，乃有甄鸞造《甲寅元曆》，遂參用推步焉。大象之初，太史上士馬顯，又上《丙寅元曆》，便即行用。迄于開皇四年，乃改用《張賓曆》，十七年，復行《張胄玄曆》，至于義寧。[19]今采梁天監以來五代損益之要，[20]以著于篇云。

[1]二曜：即指日、月。

[2]天地之文：當偏指"天文"。文，即象。值得注意的是，這裏將"天地之文"與"乾坤之變"並列，和下文所説的曆與《易》關聯，同屬古人的一種學術傳統。

[3]"天數五"至"成變化而行鬼神也"：此語來自《易經》，《易·繫辭上》曰："天一地二，天三地四，天五地六，天七地八，天九地十。天數五，地數五，五位相得而各有合。天數二十有五，地數三十，凡天地之數五十有五，此所以成變化而行鬼神也。"天數五，即一、三、五、七、九，其和爲二十五；地數五，即二、四、六、八、十，其和爲三十。合，和也。古代曆法學家往往將其曆法和《周易》關聯起來，以增加其曆法的神秘性和權威性，後漢劉歆的《三統曆》爲最甚。《周易》是中國傳統自然哲學的淵藪，古代學者把曆法之學作爲闡發自然與人（或是天、神與人間的聖賢）之間的微言大義的神聖之學問，因此這種關聯應是很自然的事。

[4]"乾之策"至"以當期之日也"：《周易》的乾卦、坤卦分別有 6 個陽爻與 6 個陰爻，而每個陽爻有策數 36，每個陰爻有策數

24，從而有乾策爲 $6 \times 36 = 216$；坤策爲 $6 \times 24 = 144$；$216 + 144 = 360$。策，即《周易》占撲所用的蓍草，古代曆算的計算工具爲算籌，一般也稱作“策”。當期之日，與一年的日數相當。

[5]八節：當指分（春分、秋分），至（冬至、夏至），啓（立春、立夏），閉（立秋、立冬）。也泛指二十四節氣。

[6]五部：即五行。《史記·曆書》曰：“蓋聞昔者黄帝合而不死，名察度驗，定清濁，起五部，建氣物分數。”應劭注曰：“五部，金木水火土也，建氣物分數，皆叙曆之意也。”孟康注曰：“合，作也，黄帝作曆，曆終復始無窮已，故曰不死。清濁，律聲之清濁也。五部，五行也，天有四時，分爲五行也。氣，二十四氣。物，萬物也。分，曆數之分也。”

[7]《鴻範》：《尚書》篇名，亦作《洪範》。漢代以後學者論“天人感應”常以此篇爲立論依據。

[8]“洎乎炎帝分八節”至“咸率舊章”：這段文字是説明傳説中的古帝如炎帝、軒轅黄帝、少昊、顓頊、陶唐（即堯）等對天文曆法起源的貢獻。其實早期天文曆法知識的起源已經大多不可詳考，由於古人把天文曆法作爲溝通神人的工具，所以往往就把曆法的創始托以古帝。如《史記·曆書》曰：“太史公曰：神農以前尚矣。蓋黄帝考定星曆，建立五行，起消息，正閏餘，於是有天地神祇物類之官，是謂五官。各司其序，不相亂也。民是以能有信，神是以能有明德。民神異業，敬而不瀆，故神降之嘉生，民以物享，災禍不生，所求不匱。”《漢書·律曆志》則曰：“曆數之起上矣。傳述顓頊命南正重司天，火正黎司地……堯復育重、黎之後，使纂其業。……以授舜曰：‘咨爾舜，天之曆數在爾躬。舜亦以命禹。’”而關於帝王與曆法的關係，《後漢書》説的最爲透徹：“夫能貞而明之者，其興也勃焉；回而敗之者，其亡也忽焉。巍巍乎若道天地之綱紀，帝王之壯事，是以聖人寶焉，君子勤之。夫曆有聖人之德六焉……大業載之，吉凶生焉，是以君子將有興焉，咨焉而以從事，受命而莫之違也。若夫用天因地，揆時施教，頒諸明堂，以爲民極

者，莫大乎月令。帝王之大司備矣，天下之能事畢矣。"

[9]"夫曆者"至"猶行秦曆"：此段概述商承夏制以及周秦的曆法情況，基本是承襲《史記》和《漢書》的傳説，文字則和《晉書‧律曆志》大致相同，可以互相參閲。

[10]夏正：指人們習慣所説的夏商周三代曆法取用不同歲首之事，夏正就是以寅月爲正月。此指漢武帝時的太初改曆。

[11]"時有古曆六家"至"採以爲志"：古曆六家，即所謂的古六曆。太初改曆以前的古代曆法都是四分法，太初改曆用了鄧平等的"八十一分曆"，行用到漢章帝元和二年（85），又改回到四分法，下文"光武中興……復改行四分"指的就是這件事，新四分曆叫做《後漢四分曆》（古六曆因此是爲"古四分曆"）。雖然都是四分法，但實質已經有了很大進步。劉向、劉歆父子對曆學都有深刻研究，《漢書‧律曆志》曰："至孝成世，劉向總六曆，列是非，作《五紀論》。向子歆究其微眇，作《三統曆》。"可惜劉向《五紀論》現已不傳，當是一部總結先秦《皇帝曆》《顓頊曆》《夏曆》《殷曆》《周曆》和《魯曆》的重要著作；劉歆的《三統曆》是在《太初曆》基礎上改編而成，劉歆也在實測和研究中有創新，如對回歸年、朔望月和木星恒星周期等數據做出了改進。班固在《漢書‧律曆志》中收錄了劉歆的《三統曆》，所謂"採以爲志"即指此。

[12]永平之末，乃復改行四分：永平年間，由於《太初曆》用了一百多年，誤差積累已經明顯，永平五年（62）、九年和十二年，楊岑、董萌和張盛等分別提出異議，楊岑和張盛僅在個別演算法上有小修改，雖被采納，但並未給出取代《太初曆》的新曆法。所言"復改行四分"則是在元和二年由編訢、李梵等獻上的新曆法被漢章帝采納頒行時纔實現的，並不在"永平之末"。

[13]"其後覆命劉洪"至"以續'班史'"：是説光和元年（178），議郎蔡邕、郎中劉洪受命爲司馬彪的《續漢書》編撰《律曆志》。"邕能著文，清濁鍾律；洪能爲算，述叙三光。"也就是説

蔡邕主要負責律、劉洪負責曆，兩人分工合作，完成了《續漢書·律曆志》。

[14]"當塗受命"至"未及洪之深妙"：曹魏代漢，魏文帝曹丕十分重視"王者易姓受命，必慎始初，改正朔"的傳統，於黃初元年（220）即命史官造曆，太史丞韓翊獻《黃初曆》，是在劉洪《乾象曆》基礎上編制，却引起了一場長達七年的曆法爭論，直到魏文帝駕崩而擱置，《黃初曆》未能頒行。楊偉於魏明帝景初元年（237）推出《景初曆》，雖然朝臣博議也是衆説紛紜，魏明帝還是果斷下詔頒行。《景初曆》也是繼承《乾象曆》主要成果而作，李淳風認爲《景初曆》"未及洪之深妙"。據陳美東的研究（陳美東：《古曆新探》，遼寧教育出版社1995年版），《黃初曆》和《景初曆》相比，除有個別進步外，總體的創新確實都遠不及《乾象曆》。

[15]宋氏元嘉，何承天造曆：劉宋文帝元嘉二十年（443），何承天撰成《元嘉曆》。《元嘉曆》是何氏在其舅父徐廣工作的基礎上，加上他自己約四十年鑽研的結晶，其中有很多重要的創造，是中國曆法史上的一部優秀曆法。445年起在劉宋朝實行，後又分別被齊和梁采用。

[16]祖冲之《甲子元曆》：又稱《大明曆》。祖冲之是中國古代著名的數學家與天文學家，《大明曆》是一代名曆，在劉宋孝武帝大明六年（462）就完成並獻上朝廷，但由於戴法興的反對未能在劉宋朝頒行。直到梁天監九年（510），纔在其兒子祖暅的促成下被梁武帝采納。祖氏曆法是在劉宋大明年間完成的，所以得名《大明曆》，現在由梁武帝來頒行，當然需要改名，因該曆以甲子年爲曆元，所以稱《甲子元曆》。《甲子元曆》後來又在陳朝被使用了三十三年。

[17]《宋景業曆》：即《天保曆》，是北齊文宣帝取東魏而代之之後命宋景業所作。該曆使用當時早已衰微的圖讖之説爲立法之本，是一部很平庸的曆法。

[18]《李業興曆》：李業興有兩部曆法曾被頒行，一是《正光曆》（520），曾在北魏、東魏、西魏、北周行用；一是《興和曆》（540），行於東魏和北齊。所以，這裏所說的李業興曆當指《正光曆》。

[19]十七年，復行《張胄玄曆》，至于義寧：雖然從開皇十七年開始直到隋亡都是使用張胄玄的曆法，但在大業四年劉焯去世後，張胄玄曾對自己的曆法做過重要的修訂，從大業五年開始用新法推算，曆法史家習慣上把張胄玄曆法的前段叫《張胄玄曆》，後段叫《大業曆》。義寧，隋恭帝楊侑年號（617—618）。

[20]五代：這裏所說的五代是指梁、陳、後齊、北周、隋。

梁初因齊，用宋《元嘉曆》。天監三年下詔定曆，員外散騎侍郎祖暅奏曰："臣先在晉已來，世居此職。仰尋黃帝至今十二代，曆元不同，周天、斗分，疏密亦異，當代用之，各垂一法。宋大明中，臣先人考古法，以爲正曆，垂之于後，事皆符驗，不可改張。"八年，暅又上疏論之。詔使太史令將匠道秀等，候新舊二曆氣朔、交會及七曜行度，起八年十一月，訖九年七月，新曆密，舊曆疏。暅乃奏稱："史官今所用何承天曆，稍與天乖，緯緖參差，不可承案。被詔付靈臺，與新曆對課疏密，前期百日，并又再申。[1]始自去冬，終于今朔，得失之效，並已月別啓聞。夫七曜運行，理數深妙，一失其源，則歲積彌爽。所上脫可施用，宜在來正。"至九年正月，用祖沖之所造《甲子元曆》頒朔。至大同十年，制詔更造新曆，以甲子爲元，[2]六百一十九爲章歲，[3]一千五百三十六爲日法，一百八十三年冬至差一度，[4]月朔以遲疾定其小餘，有三大二小。[5]未及施用而遭侯景亂，遂寢。

[1]前期百日，并又再申：是說梁武帝應祖暅之請，命史官比較新曆（《大明曆》）和舊曆（《元嘉曆》）的疏密，先所給定期限爲"百日"，但對觀測天象來說，"百日"時限實在太短，所以又應史官的申請，再給增加了百日。

[2]制詔更造新曆，以甲子爲元：大同九年（543），太史令虞𠠇等上奏所發明的由"夜半中星"法測算"冬至太陽所在"的新方法，並提出改曆的建議。次年，梁武帝頒旨讓虞𠠇等制定新曆，即《大同曆》（和《大明曆》一樣，也是以甲子年爲曆元）。《大同曆》已經得到梁武帝的認可準備頒行，但太清二年（548）侯景舉兵造反，次年梁武帝去世，該曆也就被擱置了。

[3]六百一十九爲章歲：是指《大同曆》使用了"619年228閏"的新閏周。

[4]一百八十三年冬至差一度：是指《大同曆》使用"183年差1度"的新歲差。

[5]月朔以遲疾定其小餘，有三大二小：當指《大同曆》採用了計算月行不均勻影響的定朔法，這是中國曆法史上一個引起長期爭論的曆法項目。《大同曆》用定朔法是很有積極意義的選擇，祇可惜定朔法再次夭折。

陳氏因梁，亦用祖沖之曆，更無所創改。

後齊文宣受禪，命散騎侍郎宋景業協圖讖，造《天保曆》。景業奏："依《握誠圖》及《元命包》，言齊受錄之期，當魏終之紀，[1]得乘三十五以爲蔀，應六百七十六以爲章。"文宣大悦，乃施用之。期曆統曰："上元甲子，至天保元年庚午，積十一萬五百二十六算外，章歲六百七十六，度法二萬三千六百六十，斗分五千七百八十七，[2]曆餘十六萬二千二百六十一。"[3]至後主武平七年，董峻、鄭元偉立議非之曰："宋景業移閏於天正，退命於冬至交會之際，承二大之後，三月之交，妄減平分。臣案，景業學非探賾，識殊深解，有心改作，多依舊章，唯寫子換母，頗有變革，妄誕穿鑿，不會真理。[4]乃使日之所在，差至八度，節氣後天，閏先一月。朔望虧食，既未能知其表裏，遲疾之曆步，又不可以傍通。妄設平分，虛退冬至。冬至虛退，[5]則日數減於周年；平分妄設，故加時差於異日。五星見伏，有違二旬，遲疾逆留，或乖兩宿。軌筹之術，[6]妄刻水旱。今上《甲寅元曆》，並以六百五十七爲章，二萬二千三百三十八爲蔀，五千四百六十一爲斗分，[7]甲寅歲甲子日爲元紀。"又有廣平人劉孝孫、張孟賓二人，同知曆事。孟賓受業於張子信，[8]並棄舊事，更制新法。又有趙道嚴，準晷影之長短，定日行之進退，更造盈縮，以求虧食之期。[9]劉孝孫以〔六〕百一十九爲章，八千四十七爲紀，一千九百六十六爲歲餘，[10]甲子爲上元，命日度起虛中。[11]張孟賓以六百一十九爲章，四萬八千九百〔一〕爲紀，九百四十八爲日法，萬（四）〔一〕千九百四十五爲斗分。元紀共命，法略旨遠。日月五星，並從斗十一起。[12]盈縮轉度，陰陽分至，與漏刻相符，其日影俱合，循轉無窮。上拒春秋，下盡天統，日月虧食及五星所在，以二人新法考之，無有不合。[13]其年，[14]訖干敬禮及曆家豫刻日食疏密。[15]六月戊申朔，太陽虧，劉孝孫言食於卯時，張孟賓言食於甲時，鄭元偉、董峻言食於辰時，宋景業言食於巳時。至日食，乃於卯甲之間，其言皆不能中。爭論未定，遂屬國亡。

　　[1]言齊受錄之期，當魏終之紀：宋景業在此強調，北齊立國的日子正是東魏壽終正寢的期限，齊代魏是天命轉顧。這種奉承話文宣帝聽了當然大悦！

　　[2]"上元甲子"至"斗分五千七百八十七"：從上元年（甲子年）到天保元年（550）相隔110526周年。算外，是古曆的演算法用語，"算在外"的意思。是説這110526年沒把天保元年計算在內的意思。古曆裏還常見有"算盡"或"算上"之語，是指"所求年"當年被"算在內"的意思。天保元年是庚午年，庚午的甲子序號是7，庚午年被算外，則距離甲子年爲6年，110526－6＝60×1842。章歲，是表示閏周的數據（常和"章月"成對，其實有了章歲即可推出章月，如這裏即有676×7/19≈249，故《天保曆》章月爲676×12＋249＝8361）。古曆常把"章"作爲回歸年和朔望月的共同周期，即"章歲"個回歸年＝"章月"個朔望月。度法，是回歸年的分母，斗分是回歸年不足整日數之餘分的分子，所以《天保曆》的回歸年爲"365＋5787÷23660＝365.24459"日。從而即可推出朔望月爲：

$$\frac{365 \times 23660 + 5758}{23660} \times \frac{676}{8361} = 29\frac{155272}{292635} = 29.5305996 \text{ 日}$$

　　《開元占經》卷一〇五中所記《天保曆》的章月、日法、朔餘分別是8361、292635和155272，與以上推算吻合。

　　[3]曆餘十六萬二千二百六十一：此"曆餘"當是《天保曆》遲疾曆即（近點月）的餘分，《天保曆》的近點月值爲27＋162261/292635＝27.554483日，《開元占經》卷一〇五記作："周日二十七，餘一十六萬二千二百六十一。"一般地，曆法設近點月都

是爲考慮月行不均勻性問題。

[4]"宋景業移閏於天正"至"不會真理"：董峻、鄭元偉批評宋景業學業不精，所作改動不過是把前代曆法的數據換換分子、分母，且冬至所在、節氣、置閏、交食、五星運動等的測算誤差都很大，一無是處。考察現在還可見到的若干《天保曆》數據，人們認爲董、鄭的批評或許是中肯的。

[5]冬至，虛退：中華本校勘記指出此處"虛退"之前當有"冬至"二字。今據補。

[6]筹：指占卜用的籌策。

[7]蔀：即回歸年分母。 斗分：乃回歸年的餘分，二者給出了回歸年值爲365.244471日，再由"章（法）"和回歸年可推出朔望月爲39.530595日。其精度都優於《天保曆》。由於日、月、地球和行星攝動的影響，相關的運行周期長度都不是常數，而是隨時間變化的變數。不過其變化量非常小，按照現代的理論計算，回歸年和朔望月在1900年的數值分別爲365.24219878日和29.53058867日。

[8]孟賓受業於張子信：關於張子信其人，李淳風説"至後魏末，清河張子信，學藝博通，尤精曆數。因避葛榮亂，隱於海島中，積三十許年，專以渾儀測候日、月、五星差變之數，以算步之"。而北宋周琮則説"北齊學士張子信因葛榮亂，隱居海島三十餘年，專以圓儀揆測天道"。所謂"葛榮亂"是指北魏孝明帝孝昌二年（526）至孝莊帝建義元年（528）間，發生在華北一帶由鮮于脩禮和葛榮發動的一場農民起義。兩説並無矛盾，就是説張子信主要活動於後魏到北齊間。清河，指今河北清河縣，至於海島，大約應指山東半島周邊的某一海島。圓儀，即渾儀。三十餘年遠離塵囂的相對安定的環境，勤勉、精心的觀測，讓張子信掌握了大量的關於日、月、五星運行的第一手資料，從而取得了具有劃時代意義的三大發現，爲隋初曆法演算法的飛躍奠定了基礎。

[9]"又有趙道嚴"至"虧食之期"：這句話説明趙道嚴在晷影測算上有所創獲，對太陽運動不均勻性做出了定量描述，並使用

盈縮演算法求交食時刻。由此可知，其一，趙道嚴在曆算之學方面有深刻的研究和很高的造詣。其二，張子信的發現或許當時已經在北方天文曆法界産生了相應的影響。但由於本志没有交代，趙道嚴是否編有曆法不得而知。

［10］紀：這裏指回歸年分母。　歲餘：意思同斗分。由此章、紀、歲餘三個數據，可知劉孝孫《武平曆》的回歸年爲365.244315日，朔望月爲29.530594日。

［11］命日度起虚中：當指劉孝孫《武平曆》上元之時，日、月、五星皆從虚宿5度起算。由於歲差的關係，到武平年間，冬至時太陽所在宿度應爲斗13度。

［12］日月五星，並從斗十一起：指《張孟賓曆》冬至所在宿爲“斗11度”，這和當時的理論值是很接近的，這是《張孟賓曆》的一大亮點。同時，由章、紀、斗分可推出《張孟賓曆》的回歸年爲365.244269日，朔望月爲29.530591日，其精度達到了當時的先進水準。

［13］“上拒春秋”至“無有不合”：指以張孟賓和劉孝孫二人的曆法推算從《春秋》以來典籍中的天象記載，都能相合。在古代，曆法學家們比較曆法優劣一般用兩種方法，一是推算典籍記事，二是測驗天象。下文就説測驗日食的事了。此處李淳風對劉孝孫和張孟賓的曆法或有溢美之辭，但李氏的評價我們還是應該高度重視的。劉孝孫後來在隋初的曆法争論中有重要表現，但這位張子信的弟子張孟賓後來就不知去向了。

［14］其年：指武平七年（576）。

［15］訖干敬禮：各本“干”字作“于”。本書《天文志》則有“訖干景禮”，此據中華本校改。　曆家豫刻日食疏密：指朝廷決定用驗證天象來考核曆家曆法的疏密。驗證的結果是，張孟賓和劉孝孫二人曆法預報當年六月日食的誤差皆爲2.1刻（約半小時），而鄭元偉的誤差爲12.5刻，宋景業的誤差達20.8刻。證明了張孟賓和劉孝孫二人曆法的優越性。

西魏入關，尚行李業興《正光曆》法。至周明帝武成元年，始詔有司造周曆。[1]於是露門學士明克讓、麟趾學士庾季才及諸日者，採祖暅舊議，通簡南北之術。自斯已後，頗覺其謬，故周、齊並時，而曆差一日。克讓儒者，不處日官，以其書下于太史。[2]及武帝時，甄鸞造《天和曆》。上元甲寅至天和元年丙戌，積八十七萬五千七百九十二算外，章歲三百九十一，蔀法二萬三千四百六十，日法二十九萬一百六十，朔餘十五萬三千九百九十一，斗分五千七百三十一，會餘九萬三千五百一十六，曆餘一十六萬八百三十，冬至斗十五度。[3]參用推步，終於宣政元年。

[1]造周曆：指周明帝決定要造北周自己的曆法。北周雖然僅存二十五年，但卻有下文所提到的三部曆法：第一是明克讓、庾季才所編制的曆法，第二是甄鸞編制的《天和曆》，第三是馬顯等編制的《丙寅元曆》。

[2]以其書下于太史：即將明克讓等所上的曆書頒太史院執行。明克讓等的曆法今已不傳，其基本數據也不見記載。

[3]"上元甲寅至天和元年丙戌"至"冬至斗十五度"：這段文字給出了甄鸞《天和曆》的基本數值。"冬至斗十五度"不算差，但其他數據都很差了。回歸年 = 365 + 斗分/蔀法 = 365.244288 日，朔望月 = 29 + 朔餘/日法 = 29.53071 日，從而可推出：章月 = 4836，章閏 = 144。又，近點月 = 27 + 曆餘/日法 = 27.55428 日，交點年 = 346 + 2 × 會餘/日法 = 346.64458 日。

大象元年，太史上士馬顯等，又上《丙寅元曆》，[1]

抗表奏曰：

臣案九章、五紀之旨，三統、四分之説，咸以節宣發斂，考詳晷緯，布政授時，以爲皇極者也。而乾維難測，斗憲易差，盈縮之期致舛，咎徵之道斯應。寧止蛇或乘龍，水能渗火，[2]因亦玉羊掩曜，金雞喪精。[3]王化關以盛衰，有國由其隆替，曆之時義，於斯爲重。

自炎漢已還，迄於有魏，運經四代，事涉千年，日御天官，不乏於世，命元班朔，互有沿改。驗近則疊璧應辰，經遠則連珠失次，[4]義難循舊，其在兹乎？

[1]《丙寅元曆》：又叫《大象曆》。

[2]寧止蛇或乘龍："龍"指四象之南方蒼龍象，蒼龍象又被畫成蛇纏龍之象。　水能渗火：占星之語。指五行中的水星與火星的相克之兆。

[3]玉羊掩曜，金雞喪精：玉羊、金雞皆是星占術語。《開元占經》卷一一九："玉羊見，《瑞應圖》曰，鍾律調，五音當節，則玉羊見，師曠時。"《宋書·符瑞志下》曰："玉羊，師曠時來至。玉雞，王者至孝則至。"《宋書》卷八〇《劉子鸞傳》："俟玉羊之晨照，正金雞之夕臨。"

[4]疊璧、連珠：《開元占經》卷一有曰："上元之初，日月如疊璧，五星如連珠，故曰重光"，即所謂"日月合璧、五星連珠"之象也。

大周受圖膺録，牢籠萬古，時夏乘殷，斟酌前代，曆變壬子，元用甲寅。高祖武皇帝索隱探賾，盡性窮理，以爲此曆雖行，未臻其妙，爰降詔旨，博訪時賢，并敕太史上士馬顯等，更事刊定，務得其宜。然術藝之士，各封異見，凡所上曆，合有八家，精粗踦駁，未能盡善。去年冬，孝宣皇帝乃詔臣等，監考疏密，更令同造。謹案史曹舊簿及諸家法數，棄短取長，共定今術。開元發統，肇自丙寅，至於兩曜虧食，五星伏見，參校積時，最爲精密。庶鐵炭輕重，無失寒燠之宜，灰箭飛浮，不爽陰陽之度。[1]上元丙寅至大象元年己亥，積四萬一千五百五十四算上。日法五萬三千五百六十三，亦名蔀會法。章歲四百四十八，斗分三千一百六十七，蔀法一萬二千九百九十二。章中爲章會法。（日法五萬三千五百六十三）曆餘二萬九千六百九十三，[2]會日百七十三，會餘一萬六千六百一十九，冬至日在斗十二度。[3]小周餘，盈縮積。[4]其曆術別推入蔀會，分用陽率四百九十九，陰率九。每十二月下各有日月蝕轉分，推步加減之，乃爲定蝕大小餘，而求加時之正。[5]

[1]“庶鐵炭輕重”至“不爽陰陽之度”：鐵炭輕重、灰箭飛浮皆古代測候節氣的方法。鐵炭輕重，乃用等重的鐵和炭懸挂在支架兩端使平衡，當冬、夏至時，由於氣候乾燥和潤澤不同，炭的重量會變化，支架不再平衡。灰箭飛浮，乃用不同的律管内裝特製的葭莩灰，不同季節之應的漏刻之箭浮起時，則相應管内的灰飛起。《續漢書·律曆志》曰：“陰陽和則景至，律氣應則灰除。……土炭輕而衡仰……土炭重而衡低。”又曰：“候氣之法，爲室三重，户閉，塗釁必周，密布緹縵。室中以木爲案，每律各一，内庳外高，從其方位，加律其上，以葭莩灰抑其内端，案曆而候之。氣至者灰動。”

[2]日法五萬三千五百六十三：這裏同一日法數值在本段重複出現，當屬衍文。

　　〔3〕"上元丙寅至大象元年己亥"至"冬至日在斗十二度"：由此相關數據可以推算出《大象曆》的基本情況。"冬至日在斗十二度"比《天和曆》的值更好。蔀法是回歸年的分母，日法是朔望月的分母，所以，回歸年＝365＋斗分/蔀法＝365.243765日，由回歸年和章歲，可推出章月＝5541，章閏＝165。從而，朔望月＝29.5306275日。近點月＝27＋曆餘/日法＝27.5543566日，交點年＝2×（會日＋會餘/日法）＝2×（173＋16619/53563）＝364.62054日。

　　〔4〕小周餘，盈縮積：中華本認爲此句及其下文當有脫文。

　　〔5〕"每十二月下各有日月蝕轉分"至"求加時之正"：這是説在計算交食時刻時，於各月份設置日月蝕轉分（即改正差），或許是考慮日、月不均勻運動對交食的影響，但演算法的細節不詳。後來張胄玄批評馬顯等改正算法時説："加時先後，逐氣參差，就月爲斷，於理未可。"（見本書卷七〇《張胄玄傳》）看來馬顯等没有真正理解張子信的發現。

　　其術施行。

　　時高祖作輔，方行禪代之事，欲以符命曜于天下。道士張賓，揣知上意，自云玄相，洞曉星曆，因盛言有代謝之徵，又稱上儀表非人臣相。由是大被知遇，恒在幕府。及受禪之初，擢賓爲華州刺史，使與儀同劉暉、驃騎將軍董琳、索盧縣公劉祐、前太史上士馬顯、太學博士鄭元偉、前保章上士任悦、開府掾張撤、前蕩邊將軍張膺之、校書郎衡洪建、太史監候粟相、太史司曆郭翟、劉宜、兼算學博士張乾叙、門下參人王君瑞、荀隆伯等，議造新曆，仍令太常卿盧賁監之。賓等依何承天法，微加增損，四年二月撰成奏上。高祖下詔曰："張賓等存心算數，通洽古今，每有陳聞，多所啓沃。畢功表奏，具已披覽。使後月復育，不出前晦之宵，前月之餘，罕留後朔之旦。減朓就朒，懸殊舊準。月行表裏，厥途乃異，日交弗食，由循陽道。^[1]驗時轉算，不越纖毫，逖德前修，斯秘未啓。有一於此，實爲精密，宜頒天下，依法施用。"

張賓所造曆法，^[2]其要：

以上元甲子已來，至開皇四年歲在甲辰，積四百一十二萬九千一，算上。^[3]

蔀法，一十萬二千九百六十。

章歲，四百二十九。

章月，五千三百六。

通月，五百三十七萬二千二百九。

日法，一十八萬一千九百二十。

斗分，二萬五千六十三。^[4]

會月，一千二百九十七。

會率，二百二十一。

會數，一百一十半。

會分，一十一億八千七百二十五萬八千一百八十九。

會日法，四千二十萬四千三百二十。

會日，百七十三。餘，五萬六千一百四十三。小分，一百一十。^[5]

交法，五億一千二百一十萬四千八百。

交分法，二千八百一十五。

陰陽曆，一十三。餘，十一萬二百六十三。小分，二千三百二十八。[6]

朔差，二。餘，五萬七千九百二十一。小分，九百七十四。

蝕限，一十二。餘，八萬一千三百三。小分，四百三十三半。[7]

定差，四萬四千五百四十八。

周日，二十七。餘，一十萬八百五十九。[8]亦名少大法。

木精曰歲星，合率四千一百六萬三千八百八十九。

火精曰熒惑，合率八千二十九萬七千九百二十六。

土精曰鎮星，合率三千八百九十二萬五千四百一十三。

金精曰太白，合率六千一十一萬九千六百五十五。

水精曰辰星，合率一千一百九十三萬一千一百二十五。[9]

[1]"賓等依何承天法"至"由循陽道"：張賓的曆法雖然頒行，但其推算之術本志全略了，其曆法的具體細節我們今天不得而知。一部頒行的曆法在本志中僅記載了這樣一些曆法數據，可見該曆在李淳風眼裏的分量很輕。隋文帝頒曆詔書裏的這些肯定意義不大，不過這裏有兩點值得注意。一是"後月復育，不出前晦之宵，前月之餘，罕留後朔之旦"，這是説朔望月的問題，"前月餘不留後朔"或許是指《開皇曆》運用了某種方法計算定朔，因爲劉焯等在下文批評他們的演算法還不能算是計算日月同黃經的定朔法。二是"月行表裏，厥途乃異，日交弗食，由循陽道"。當是在交食演算法中考慮月亮視差的影響。又，從下面注文中我們知道，《開皇

曆》的回歸年值十分優秀，但朔望月值精度較差。從上述這幾點來看，《開皇曆》還是有一些特點的。

[2]張賓所造曆法：即《開皇曆》。該曆開皇四年頒行，乃"依何承天法，微加增損"所成。從其反對者的批評中我們知道，它仍采用了一系列同當時曆法演算法重大進步不相協調的傳統方法，因而相對落伍。所以一經頒行，旋即引起了一場大爭論，於開皇十七年即被《張胄玄曆》取代。

[3]上元甲子已來：底本等在"甲子"下有"己巳"二字，中華本認為"己巳"二字當為衍文，今據改。因為是"算上"，所以《開皇曆》從開皇四年（甲辰年）向前推（4129001—1）年為上元年，是為甲子年。

[4]"蔀法"至"二萬五千六十三"：蔀法，回歸年的分母。通月，朔望月值的分子，通常又叫"朔實"。日法是朔望月值的分母。《開皇曆》使用 429 年 158 閏的閏周，即 429 年有 12 × 429 + 158 = 5306 個朔望月，429、5306 就是"章歲"和"章月"。由以上諸數據可知，《開皇曆》回歸年 = 365 + 斗分/蔀法 = 365.243425 日；朔望月 = 通月/日法 = 29.530612 日。據陳美東研究，《開皇曆》回歸年值的誤差為 90 秒，相比其之前的曆法僅次於《大明曆》；但朔望月值是以往各曆中最差的，說明它的閏周取值不好；特別是它的金星會合周期誤差僅為 12.5 分鐘，優於其之前各曆；其他數據的精度水準一般。

[5]"會月"至"一百一十"：會月、會率、會數，是一組關於交食周期的數據。《開皇曆》以 1297 個月為推算交食的循環周期，經這一周期後，交食情況將重複出現。該曆測算出交食發生的頻率為 1297 個月將發生 221 次交食。又因為一個交食周期內有兩個交點，所以"會數"為 110.5，是"會率"的一半。因"交點年 =（會月/會數）× 朔望月"，所以《開皇曆》交點年的值為 346.617229 日，即：

$$交點年 = \frac{1297}{110.5} \times \frac{5372209}{181920} = 2\left(\frac{1297}{221} \times \frac{5372209}{181920}\right) = 2 \times 會月 \times \frac{會分}{會日法}$$

$$= 2\left(173 + \frac{56143\frac{110}{221}}{181920}\right)$$

從以上算式可知，"會分"與"會日法"分別是通月和日法與會率的乘積，是曆法演算中的中間數據；"會日，百七十三"，"餘，五萬六千一百四十三"，"小分，一百一十"分別是半個交點年數值的整日數、分子和分子的小分。

〔6〕"交法"至"二千三百二十八"：陰陽曆，在古曆中一般是表示交點月的術語，而這裏的陰陽曆、餘、小分則分別是半個交點月值的整日、分子和分子的餘分，小分的分母就是交分法。由：

$$13\frac{110263\frac{2328}{2815}}{181920} = 13\frac{110263 \times 2815 + 2328}{181920 \times 2815} = 13\frac{310392673}{512104800}$$

可知，"交法"就是"交分法"與"通月"的乘積，也是演算的中間數據。

〔7〕"朔差"至"四百三十三半"：朔差、蝕限，都是判斷是否有交食發生的判據。白道和黃道有約5°的交角，所以衹有當朔或望發生在交點兩側附近時纔有交食發生，這就是食限的由來。朔差的一半是判斷朔或望在交點前是否有食的值，蝕限是判斷朔或望在交點後是否有食的值。朔差值等於朔望月減去交點月，蝕限值等於交點月減去半個朔望月：

$$朔差 = 29\frac{96529}{181920} = 27\frac{38607\frac{1841}{2815}}{181920} = 2\frac{57921\frac{974}{2815}}{181920}$$

$$蝕限 = 27\frac{38607\frac{1841}{2815}}{181920} - \frac{1}{2}\left(29\frac{96529}{181920}\right) = 27\frac{38607\frac{1841}{2815}}{181920} -$$

$$14\frac{139224.5}{181920} = 12\frac{81303\frac{433.5}{2815}}{181920}$$

從以上算式即可看出朔差和蝕限數據中的餘和小分的來歷。

[8]“周日”至“一十萬八百五十九”：周日、餘是相當於近點月的數值參數，所以有：《開皇曆》的近點月 $= 27 + \dfrac{100859}{181920} = 27.55441$ 日。

[9]“木精曰歲星”至“合率一千一百九十三萬一千一百二十五”：合率，指五星的會合週期，其數值乃會合週期值的分子，分母都是蔀法。所以《開皇曆》的木星、火星、土星、金星、水星的會合週期分別爲：398.833421 日、779.894386 日、378.063452 日、583.912733 日、115.881167 日。五星會合週期的理論值爲：木，398.88405 日；火，779.93609 日；土，378.09190 日；金，583.92138 日；水，115.87748 日。

張賓所創之曆既行，劉孝孫與冀州秀才劉焯，並稱其失，言學無師法，刻食不中，所駁凡有六條：其一云，何承天不知分閏之有失，而用十九年之七閏。其二云，賓等不解宿度之差改，而冬至之日守常度。其三云，連珠合璧，七曜須同，乃以五星別元。其四云，賓等唯知日氣餘分恰盡而爲立元之法，不知日月不合，不成朔旦冬至。其五云，賓等但守立元定法，不須明有進退。其六云，賓等唯識轉加大餘二十九以爲朔，不解取日月合會准以爲定。[1]此六事微妙，曆數大綱，聖賢之通術，而暉未曉此，實管窺之謂也。若乃驗影定氣，何氏所優，賓等推測，去之彌遠。合朔順天，何氏所劣，賓等依據，循彼迷蹤。蓋是失其菁華，得其糠粃者也。又云，魏明帝時，有尚書郎楊偉，修《景初曆》，乃上表立義，駁難前非，云：“加時後天，食不在朔。”然觀楊偉之意，故以食朔爲真，未能詳之而制其法。至宋元嘉中，何承天著曆，其上表云：“月行不定，或有遲疾，合朔月食，不在朔望，亦非曆之意也。”然承天本意，欲立合朔之術，遭皮延宗飾非致難，故事不得行。[2]至後魏獻帝時，有龍宜弟復修延興之曆，又上表云：“日食不在朔，而習之不廢，據《春秋》書食，乃天之驗朔也。”此三人者，[3]前代善曆，皆有其意，未正其書。但曆數所重，唯在朔氣。朔爲朝會之首，氣爲生長之端，朔有告餼之文，氣有郊迎之典，故孔子命曆而定朔旦冬至，以爲將來之範。今孝孫曆法，並按明文，以月行遲疾定其合朔，欲令食必在朔，不在晦二之日也。縱使頻月一小三大，得天之統。[4]大抵其法有三，今列之云。

[1]“其一云”至“不解取日月合會准以爲定”：這是劉孝孫等對《開皇曆》的批評。其一是批評《開皇曆》所用閏周（乃沿用何承天的舊值，其實是 19 年 7 閏的古閏章），導致《開皇曆》所取朔望月的值偏大。其二是説《開皇曆》不用歲差法，而使“冬至之日守常度”。其三是責怪《開皇曆》取多曆元法，這是見仁見智的問題，現代的觀點反而認爲多曆元法更簡潔實用。其四是指出《開皇曆》推算曆元時忽略朔望月周期，從而“不成朔旦冬至”。其五是指出《開皇曆》未用歲差法的問題。其六是批評《開皇曆》計算朔望月的方法還不能算是真正“定朔法”。劉焯等給朝廷上書，目的是要和張賓、劉暉曆法競爭，是必須要“勘典籍、驗天象”的。所以接下來就從日食記録、冬至所在、晷影長短三個方面比勘典籍。同時，他們也要求檢驗天象，並指出“若乃驗影定氣，何氏所優，賓等推測，去之彌遠”。既然張賓的曆法論推驗天象還不如何承天的曆法精密，就更比不上劉孝孫和劉焯的曆法了。

［2］"然承天本意"至"故事不得行"：何承天是中國古代重要的天文學家之一，他是主張定朔演算法的，但因太史令錢樂之和員外散騎郎皮延宗等的反對而改回平朔。他也支持虞喜發明的歲差説，他測算並正確地指出當時曆書給出的二至非天之二至，天之南至日在斗十三四（實際理論值應爲 12.9°）。因此，劉孝孫和劉焯在此指責張賔等用何承天舊術但没有理解何氏本意。

［3］此三人：指楊偉、何承天、龍宜弟。

［4］"但曆數所重"至"得天之統"：劉孝孫等特别强調了朔和氣合天的重要性，從萬物生長、郊迎典禮到聖人命曆，且認爲唯有用定朔纔能保證日食在朔，縱然曆法的朔望月會頻頻出現一小三大，但它是"得天之統"的。

第一，勘日食證恒在朔。[1]

引《詩》云："十月之交，朔日辛卯，日有食之。"今以《甲子元曆》術推算，符合不差。《春秋經》書日（合）〔食〕三十五。二十七日食，經書有朔，推與《甲子元曆》不差。八食，經書並無朔字。《左氏傳》云："不書朔，官失之也。"《公羊傳》云："不言朔者，食二日也。"《穀梁傳》云："不言朔者，食晦也。"今以《甲子元曆》推算，俱是朔日。丘明受經夫子，於理尤詳，《公羊》《穀梁》皆臆説也。

《春秋左氏》隱公三年二月己巳，日有食之。推合己巳朔。

莊公十八年春三月，日有食之。推合壬子朔。

僖公十二年三月庚午，日有食之。推合庚午朔。

十五年夏五月，日有食之。推合癸未朔。

襄公十五年秋八月丁巳，日有食之。推合丁巳朔。

前、後漢及魏、晋四代所記日食，朔、晦及先晦，都合一百八十一，今以《甲子元曆》術推之，並合朔日而食。

前漢合有四十五食。三食並先晦一日，三十二食並皆晦日，十食並是朔日。

後漢合有七十四食。三十七食並皆晦日，三十七食並皆朔日。

魏合有十四食。四食並皆晦日，十食並皆朔日。

晋合有四十八食。二十五食並皆晦日，二十三食並皆朔日。

[1]以下用劉孝孫的《甲子元曆》勘驗《春秋經》日食記載，認爲《春秋經》的日食記載即使其中"無朔字"的八條記載，用《甲子元曆》推算皆在朔。《左氏傳》說"不書朔，官失之也"，《公羊傳》《穀梁傳》說法則不可靠，即所謂"丘明受經夫子，於理尤詳，《公羊》《穀梁》皆臆説也"。關於《春秋經》《傳》日食記錄問題，可參見關立言《春秋日食三十七事考》，《史學月刊》1998 年第 2 期，第 95—103 頁；王化鈺《〈春秋經〉〈傳〉日月食考》，《吉林大學社會科學學報》1988 年第 2 期，第 90—97 頁。

第二，勘度差變驗。[1]

《尚書》云："日短星昴，[2]以正仲冬。"即是唐堯之時，冬至之日，日在危宿，合昏之時，昴正午。[3]案《竹書紀年》，堯元年丙子。今以《甲子元曆》術推算得合堯時冬至之日，合昏之時，昴星正午。《漢書》武帝太初元年丁丑歲，落下閎等考定《太初曆》冬至之日，日在牽牛初。今以《甲子元曆》術算，即得斗末牛初矣。晋時有姜岌，又以月食驗於日度，[4]知冬至之日日在斗十七度。宋文帝元嘉十年癸酉歲，何承天考驗乾度，亦知冬至之日日在斗十七度。雖言冬至後上三日，前後通融，衹合在斗十七度。但堯年漢日，所在既殊，唯晋及宋，所在未改，故知其度，理有變差。至今大隋甲辰之歲，考定曆數象，以稽天道，知冬至之日日在斗十三度。

[1]勘度差變驗：此段是在説歲差問題。劉孝孫考定當年（584）"冬至之日日在斗十三度"（實際應在斗宿10.8°，劉孝孫的測算精度並不高，劉焯定爲斗十一度，非常精密，之後劉孝孫從劉焯），他還認爲漢武帝太初元年（前104）冬至日在牽牛初度（實際應在斗宿21.6°），姜岌時（384）冬至日在斗宿十七度（實際應在斗宿14°）。顯然，劉孝孫是依據這些不準確的度值來推算其歲差值的，他大約取歲差值爲51年差1度，確實偏大了。

[2]日短：即冬至。冬至日乃一年之内白天時間最短的一天。

[3]昴正午：即昴星中天（在子午圈上）。

[4]以月食驗於日度：這是姜岌發明的一種測算太陽所在位置的新方法，叫做月食衝法。月食時，月與日相差180°（衝），故測定了月食食甚時刻月亮的宿度，太陽的宿度即可算出。姜岌，天水（今甘肅天水市）人，主要活動在後秦姚興時期。

第三，勘氣影長驗。[1]

《春秋緯命曆序》云："魯僖公五年正月壬子朔旦冬至。"今以《甲子元曆》術推算，得合不差。《宋書》元嘉十年，何承天以土圭測影，知冬至已差三日。詔使付外考驗，起元嘉十三年爲始，畢元嘉二十年，八年之中，冬至之日恒與影長之日差校三日。今以《甲子元曆》術推算，但是冬至之日恒與影長之符合不差。詳之如左：

十三年丙子，天正十八日曆注冬至，十五日影長，即是今曆冬至日。

十四年丁丑，天正二十九日曆注冬至，二十六日影長，即是今曆冬至日。

十五年戊寅，天正十一日曆注冬至，陰，無影可驗，今曆八日冬至。

十六年己卯，天正二十一日曆注冬至，十八日影長，即是今曆冬至日。

十七年庚辰，天正二日曆注冬至，十月二十九日影長，即是今曆冬至日。

十八年辛巳，天正十三日曆注冬至，十（一）日影長，即是今曆冬至日。

十九年壬午，天正二十五日曆注冬至，[2]陰，無影可驗，今曆二十二日冬至。

二十年癸未，天正六日曆注冬至，三日影長，即是今曆冬至日。

于時新曆初頒，賓有寵於高祖，劉暉附會之，被升爲太史令。二人協議，共短孝孫，言其非毀天曆，率意迂怪，焯又妄相扶證，惑亂時人。[3]孝孫、焯等，竟以他事斥罷。後賓死，孝孫爲披縣丞，委官入京，又上，前後爲劉暉所詰，事寢不行。仍留孝孫直太史，累年不調，寓宿觀臺。乃抱其書，弟子輿櫬，來詣闕下，伏而慟哭。執法拘以奏之，高祖異焉，以問國子祭酒何妥。妥言其善，即日擢授大都督，遣與賓曆比校短長。先是信都人張胄玄，以算術直太史，久未知名。至是與孝孫共短賓曆，異論鋒起，久之不定。至十四年七月，上令參問日食事。楊素等奏：“太史凡奏日食二十有五，唯一晦三朔，依剋而食，尚不得其時，又不知所起，他皆無驗。胄玄所剋，前後妙衷，時起分數，合如符契。孝孫所剋，驗亦過半。”[4]於是高祖引孝孫、胄玄等，親自勞徠。孝孫因請先斬劉暉，乃可定曆。高祖不懌，又罷之。俄而孝孫卒，楊素、牛弘等傷惜之，又薦胄玄。上召見之，胄玄因言日長影短之事，高祖大悅，賞賜甚厚，令與參定新術。[5]劉焯聞胄玄進用，又增損孝孫曆法，更名《七曜新術》以奏之，與胄玄之法，頗相乖爽。[6]袁充與胄玄害之，[7]焯又罷。至十七年，胄玄曆成，奏之。上付楊素等校其短長。劉暉與國子助教王頗等執舊曆術，迭相駁難，與司曆劉宜援據古史影等，駁胄玄云：[8]

[1]勘氣影長驗：劉孝孫以劉宋元嘉十三年至二十年（436—443）這八年間，有實測晷影記錄可查的六年冬至時日（其中十五年和十九年因陰天而無影可驗），與用《甲子元曆》所推結果做比較。這是應用冬至之日晷影最長原理，證明《甲子元曆》推算的“冬至之日”恒與實測“影長之日”符合不差。

[2]天正二十五日曆注冬至：二十五日，底本作二十九日，今依中華本改正。

[3]“于時新曆初頒”至“惑亂時人”：張賓和劉暉指責劉孝

孫和劉焯"（孝孫）非毀天曆，率意迁怪，焯又妄相扶證，惑亂時人"。這是把曆法優劣問題引到了政治陷害。

　　[4]"楊素等奏"至"驗亦過半"：楊素等的奏報説，開皇年間測驗了二十五次日食，《張賓曆》衹有四次合，且推算的日食發生時刻不準，又不知日食所起方位。由此看來，《張賓曆》的確是没法再用了。同時指出，《張胄玄曆》二十五食皆中，而《劉孝孫曆》合驗也超過了一半。楊素等的説法是否可靠，我們今天也不得而知了。不過，根據本志的記載，楊素支持張胄玄的傾向十分明顯。

　　[5]"上召見之"至"令與參定新術"：日長影短事，是説由於太陽軌道更高了，冬至日晷影因而變短，白晝變長，占驗則是"太平盛世"。本志作者李淳風對此顯然是持批評態度的，説"高祖大悦，賞賜甚厚"，其言下之意十分玄妙。但個中原理古人不甚清晰，所以其中情節也就曲折複雜。現代研究者的傾向是，當時人們可能將一年中影長與晝刻長度的周年變化，移植爲不同年份了；當年的影長數據還有分別測自洛陽和長安的情況，洛陽和長安的緯度有別，但古人那時還不知地理緯度對影長的影響。

　　[6]"又增損孝孫曆法"至"頗相乖爽"：本志前文説過，劉焯曾和劉孝孫一起與張賓爭論，當時劉焯應有曆法，但本志及其他史料没有給劉焯這次編制的曆法命名，不妨叫做《劉焯曆》。那次辯論是以劉孝孫爲主，《劉孝孫曆》的"冬至所在"還在辯論過程中從斗 13 度改到斗 11 度，當是參考了《劉焯曆》。本志卷下記載劉焯批評張胄玄剽竊他和孝孫曆法時説："胄玄以開皇五年與李文琮於《張賓曆》行之後，本州貢舉，即齎所造曆擬以上應。其曆在鄉陽流布，散寫甚多。今所見行，與焯前曆不異。玄前擬獻，年將六十，非是忽迫倉卒始爲，何故至京未幾，即變同焯曆，與舊懸殊？焯作於前，玄獻於後，捨己從人，異同暗會。且孝孫因焯，胄玄後附孝孫，曆術之文，又皆是孝孫所作，則元本偷竊，事甚分明。"這次，劉焯説他參考了孝孫曆法，把自己的曆法修訂更名爲

《七曜新術》，最後到開皇二十年，劉焯又上《皇極曆》。總之，劉焯在隋初改曆辯論中屢屢受挫，但他執著探索，至少三易其稿，不斷完善其曆法演算法，終使《皇極曆》成爲中國天文學史上最偉大的曆法之一。

[7]袁充與胄玄害之：本志此處直接用"害之"字眼，説明作者認爲袁充、張胄玄與劉焯交鋒時，袁、張所用的手段已不是學術爭論之道。

[8]駁胄玄云：以下由劉暉主筆的這篇奏表長篇大論，支持劉暉反對張胄玄。其中有兩處"宜案"，一處"宜又案"，主要涉及《春秋》日食記録、測影定氣、開皇年間的交食測驗等三個方面問題。這篇奏表的辯論策略十分高明，他用足了《張賓曆》回歸年值精準的優勢，在上述前兩個方面讓《張賓曆》占上風，而在第三個問題上，他的結論祇説"胄玄不能盡中"，不提《張賓曆》，意思應該是説：在這方面我是不行，但你也不怎麽樣。

《命曆序》僖公五年天正壬子朔旦，日至，《左氏傳》僖公五年正月辛亥朔，日南至。《張賓曆》，天正壬子朔，冬至，合《命曆序》，差《傳》一日。《張胄玄曆》，天正壬子朔，合《命曆序》，差《傳》一日；三日甲寅冬至，差《命曆序》二日，差《傳》三日。成公十二年，《命曆序》天正辛卯朔旦，日至。《張賓曆》，天正辛卯朔，冬至，合《命曆序》。《張胄玄曆》，天正辛卯朔，合《命曆序》；二日壬辰冬至，差《命曆序》一日。昭公二十年，《春秋左氏傳》二月己丑朔，日南至，準《命曆序》庚寅朔旦，日至。《張賓曆》，天正庚寅朔，冬至，並合《命曆序》，差《傳》一日。《張胄玄曆》，天正庚寅朔，合《命曆序》，差《傳》一日；二日辛卯冬至，差《命曆序》一日，差《傳》二日。宜案《命曆序》及《春秋左氏傳》，並閏餘盡之歲，皆須朔旦，冬至。若依《命曆序》勘《春秋》三十七食，合處至多；若依《左傳》，合者至少，是以知《傳》爲錯。今張胄玄信情置閏，《命曆序》及《傳》氣朔並差。[1]

又宋元嘉冬至影有七，《張賓曆》合者五，差者二，亦在前一日。《張胄玄曆》合者三，差者四，在後一日。元嘉十二年十一月甲寅朔，十五日戊辰冬至，日影長。《張賓曆》合戊辰冬至，《張胄玄曆》己巳冬至，差後一日。十三年十一月己酉朔，二十六日甲戌冬至，日影長。《張賓曆》癸酉冬至，差前一日，《張胄玄曆》合甲戌冬至。十五年十一月丁卯朔，十八日甲申冬至，日影長。二曆並合甲申冬至。十六年十一月辛酉朔，二十九日己丑冬至，日影長。《張賓曆》合己丑冬至，《張胄玄曆》庚寅冬至，差後一日。十七年十一月乙酉朔，十日甲午冬至，日影長。《張賓曆》合甲午冬至，《張胄玄曆》乙未冬至，差後一日。十八年十一月己卯朔，二十一日己亥冬至，日影長。《張賓曆》合己亥冬至，《張胄玄曆》庚子冬至，差後一日。十九年十一月癸卯朔，三日乙巳冬至，影長。《張賓曆》甲辰冬至，差前一日，《張胄玄曆》合乙巳冬至。[2]

又周從天和元年丙戌至開皇十五年乙卯，合得冬夏至日影一十四。《張賓曆》合得者十，差者四，三差前一日，一差後一日。《張胄玄曆》合者五，差者九，八

差後一日，一差前一日。天和二年十一月戊戌朔，三日
庚子冬至，日影長。《張賓曆》合庚子冬至，《張胄玄
曆》辛丑冬至，差後一日。三年十一月壬辰朔，十四日
乙巳冬至，日影長。《張賓曆》合乙巳冬至，《張胄玄
曆》丙午冬至，差後一日。建德元年十一月己亥朔，二
十九日丁卯冬至，日影長。《張賓曆》丙寅冬至，差前
一日，《張胄玄曆》合丁卯冬至。二年五月丙寅朔，三
日戊辰夏至，日影短。《張賓曆》己巳夏至，差後一日，
《張胄玄曆》庚午夏至，差後二日。三年十一月戊午朔，
二十日丁丑冬至，日影長。《張賓曆》合丁丑冬至，
《張胄玄曆》戊寅冬至，差後一日。六年十一月庚午朔，
二十三日壬辰冬至，日影長。《張賓曆》合壬辰冬至，
《張胄玄曆》癸巳冬至，差後一日。宣政元年十一月甲
午朔，五日戊戌冬至，日影長。兩曆並合戊戌冬至。開
皇四年十一月己未朔，十一日己巳冬至，日影長。《張
賓曆》合己巳冬至，《張胄玄曆》庚午冬至，差後一
日。五年十一月甲寅朔，二十二日乙亥冬至，日影長。
《張賓曆》甲戌冬至，差前一日，《張胄玄曆》合庚辰
冬至。[3]七年五月乙亥朔，九日癸未夏至，日影短。《張
賓曆》壬午夏至，差前一日，《張胄玄曆》合癸未夏
至。十一月壬申朔，十四日乙酉冬至，日影長。《張賓
曆》合乙酉冬至，《張胄玄曆》丙戌冬至，差後一日。
十一年十一月己卯朔，二十八日丙午冬至，日影長。
《張賓曆》合丙午冬至，《張胄玄曆》丁未冬至，差後
一日。十四年十一月辛酉朔旦冬至。《張賓曆》合十一

月辛酉朔旦冬至，《張胄玄曆》十一月辛酉朔，二日壬戌冬至，差後一日。建德四年四月大，乙酉朔，三十日甲寅，月晨見東方。《張賓曆》四月大，乙酉朔，三十日甲寅，月晨見東方，《張胄玄曆》四月小，乙酉朔，五月大，甲寅朔，月晨見東方。宜案影極長爲冬至，影極短爲夏至，二至自古史分可勘者二十四，其二十一有影，三有至日無影。見行曆合一十八，差者六。旅騎尉《張胄玄曆》合者八，差者一十六，二差後二日，一十四差後一日。又開皇四年，在洛州測冬至影，與京師二處，進退絲毫不差。[4]周天和已來，案驗並在後。更檢得建德四年，晦朔東見。《張胄玄曆》，五月朔日，月晨見東方。今十七年，《張賓曆》閏七月，《張胄玄曆》閏五月。又審至以定閏，《胄玄曆》至既不當，故知置閏必乖。見行曆四月、五月頻大，《張胄玄曆》九月、十月頻大，爲胄玄朔弱，頻大在後，[5]故朔日殘月晨見東方。[6]

[1]“《命曆序》僖公五年”至“《傳》氣朔並差”：在此段，劉宜指出《春秋緯·命曆序》的三處朔旦，冬至記錄，《張賓曆》皆合，《張胄玄曆》多不合。在此基礎上，劉宜進一步聲明，用《命曆序》考《春秋》日食，多相合，《左傳》則差些，而《張胄玄曆》更差。用《張胄玄曆》推算的結果與《命曆序》和《左傳》皆不合，《張賓曆》的推算結果與《命曆序》多相合。至於説胄玄“信情置閏”，現在已無法置評了。

[2]“又宋元嘉冬至”至“合乙巳冬至”：劉宜奏表的這一段，考察了劉宋元嘉年間的測影定冬至問題。關於這個問題，前面劉孝

孫和張賓辯論時已經討論過，劉孝孫的著眼點在説其孝孫曆推算的冬至日與何承天測算的結果相合，而當時行用的曆法冬至已後天三日。劉宜在此則是要説明，七個數據中張賓合五個張胄玄祇合三個。又，在下面一段劉宜給出當時太史院簿記的從北周天和元年（566）到開皇十五年（595）十四個冬夏至晷影，"《張胄玄曆》合者五差者九"，且"八差後一日"。張胄玄曆所取回歸年長度值已不得而知，若依劉宜的上述推算結果看，應是偏大了。關於古代測影定氣問題，可參見金祖孟《我國測影驗氣的歷史發展》，《華東師範大學學報》（自然科學版）1982 年第 1 期，第 83—92 頁。

〔3〕《張胄玄曆》合庚辰冬至：此句文意不可解。開皇五年十一月二十二日乙亥與此處庚辰相差五日，這不可能是《張胄玄曆》的推算結果。開皇六年的冬至是庚辰，故中華本指出此句有脱漏，可補爲"《張胄玄曆》合乙亥冬至。六年十一月丁丑朔，四日庚辰冬至，日影長。兩曆並合庚辰冬至"。

〔4〕"又開皇四年"至"進退絲毫不差"：這裏説開皇四年在洛州測冬至影，與京城的測影"進退絲毫不差"。關於當時洛陽和長安兩地測影的數據和相應的結果分析，可參見宋神秘《隋朝"日長影短"探析》，《科學技術哲學研究》2016 年第 3 期，第 72—77 頁。

〔5〕頻大在後：各本皆作"頻大在後晨"。中華本指出"晨"字當爲衍文，但未刪。

〔6〕故朔日殘月晨見東方：朔見東方，本段有數次提及。日月合朔後，由於月行速，月亮在軌道上自西向東運行到太陽的前面，所以新月應該傍晚出現在西方地平綫上。晨見東方則説明日月尚未合朔，劉宜用多個晨見東方的實測案例，證明《張胄玄曆》的朔望月值應該是取大了，這個論證的方法和結論都是成立的。

宜又案開皇四年十二月十五日癸卯，[1]依曆月行在鬼三度，時加酉，月在卯上，食十五分之九，虧起西北。今伺候，一更一籌起食東北角，十五分之十，至四籌還生，至二更一籌復滿。五年六月三十日，依曆太陽虧，日在七星六度，加時在午少強上，食十五分之一半強，虧起西南角。今伺候，日乃在午後六刻上始食，虧起西北角，十五分之六，至未後一刻還生，至五刻復滿。六年六月十五日，依曆太陰虧，加時酉，在卯上，食十五分之九半弱，虧起西南。當其時陰雲不見月。至辰巳，雲裏見月，已食三分之二，虧從東北，既還雲合，至巳午間稍生，至午後，雲裏暫見，已復滿。十月三十日丁丑，依曆太陽虧，日在斗九度，時加在辰少弱上，食十五分之九強，虧起東北角。今候所見，日出山一丈，辰二刻始食，虧起正西，食三分之二，辰後二刻始生，入巳時三刻上復滿。十年三月十六日癸卯，依曆月行在氐七度，時加戌，月在辰太半上，食十五分之七半強，虧起東北。今候，月初出卯南，帶半食，出至辰初三分，可食二分許，漸生，辰未巳復滿。見行曆九月十六日庚子，月行在胃四度，時加丑，月在未半強上，食十分之三半強，虧起正東。今伺候，月以午後二刻，食起正東，須臾如南，至未正上，食南畔五分之四，漸生，入申一刻半復滿。十二年七月十五日己未，依曆月行在室七度，時加戌，月在辰太強上，食十五分之十二半弱，虧起西北。今伺候，一更三籌起西北上，食准三分之二強，與曆注同。十三年七月十六日，依曆月在申半強上，食十五分之半弱，虧起西南。十五日夜，從四更候月，五更一籌起東北上，食半強，入雲不見。十四年七月一日，依曆時加巳弱上，食十五分之十二半強。至未後三刻，日乃食，虧起西北，食半許，入雲不見，食頃暫見，猶未復生，因即雲鄣。十五年十一月十六日庚午，依曆月行在井十七度，時加亥，月在巳半上，食十五分之九半強，虧西北。其夜一更四籌後，月在辰上起食，虧東南，至二更三籌，月在巳上，食三分之二許，漸生，至三更一籌，月在丙上，復滿。十六年十一月十六日乙丑，依曆月行在井十七度，時加丑，月在未太弱上，食十五分之十二半弱，虧起東南。十五日夜伺候，至三更一籌，月在丙上，雲裏見，已食十五分之三許，虧起正東，至丁上，食既，後從東南生，至四更三籌，月在未末，復滿。而冑玄不能盡中。

[1]"宜又案"這一段是關於開皇年間六次月食和三次日食預報與實測的比較情況，所有"依曆"皆是依《張冑玄曆》推算的預報結果。從總體情況來看，按當時的精度標準，應該還算不錯的，但劉宜的結論是"而冑玄不能盡中"，責之過苛。

迭相駁難，高祖惑焉，逾時不決。[1]會通事舍人顏慜楚上書云："漢落下閎改《顓頊曆》作《太初曆》，云後八百歲，此曆差一日。"語在《冑玄傳》。[2]高祖欲神其事，遂下詔曰："朕應運受圖，君臨萬宇，思欲興復聖教，恢弘令典，上順天道，下授人時，搜揚海內，廣延術士。旅騎尉張冑玄，理思沉敏，術藝宏深，懷道白首，來上曆法。令與太史舊曆，並加勘審。仰觀玄象，參驗璿璣，冑玄曆數與七曜符合，太史所行，乃多疏舛，群官博議，咸以冑玄爲密。太史令劉暉，司曆郭翟、劉宜，驍騎尉任悦，往經修造，致此乖謬。通直散騎常侍、領太史令庾季才，太史丞邢儁，司曆郭遠，曆博士蘇粲，曆助教傅儁、成珍等，既是職司，須審疏密。遂虛行此曆，無所發明。論暉等情狀，已合科罪，方共飾非護短，不從正法。季才等附下罔上，義實難容。"[3]於是暉等四人，元造詐者，並除名；季才等六人，容隱姦慝，俱解見任。冑玄所造曆法，付有司施行。擢拜冑玄爲員外散騎侍郎，領太史令。冑玄進袁充，[4]互相引重，各擅一能，更爲延譽。冑玄言充曆妙極前賢，充言冑玄曆術冠於今古。冑玄學祖冲之，兼傳其師法。[5]自兹厥後，剋食頗中。其開皇十七年所行曆術，命冬至起虛五度。後稍覺其疏，至大業四年劉焯卒後，[6]乃敢改法，命起虛七度，諸法率更有增損，朔終義寧。今録戊辰年所定曆術著之于此云。[7]

[1]迭相駁難，高祖惑焉，逾時不決：本書卷七八《張冑玄傳》有這樣一段話："令楊素與術數人立議六十一事，皆舊法久難通者，令暉與冑玄等辯析之。暉杜口一無所答，冑玄通者五十四焉。"説明在高祖下令比較新舊曆法優劣之後，劉宜上書説了這麽多冑玄新曆的問題，使得高祖無法定奪。楊素等則幫了張冑玄。下文又説有顏愍楚助陣，張冑玄纔勝出。當然，主要還是張冑玄之前在皇上面前説了日長影短事。

[2]語在《冑玄傳》：本書《張冑玄傳》曰："改定新曆，言前曆差一日。內史通事顏敏楚上言曰：'漢時落下閎改《顓頊曆》作

《太初曆》，云後當差一日。八百年當有聖者定之。計今相去七百一十年，術者舉其成數，聖者之謂，其在今乎！'上大悦，漸見親用。"而"高祖欲神其事"，自然還是冲着"當有聖者定之"。李淳風這裏不交待前因後果，僅用"語在冑玄傳，高祖欲神其事"兩句，容易讓人摸不着頭腦。

［3］"遂下詔曰"至"義實難容"：詔書這裏説"季才等附下罔上，義實難容"而"解見任"。從本志記載的争論情况來看，這件事似與庾季才關係不大。庾季才是當時的著名學者，受皇上之命編撰《靈臺秘苑》一百二十卷、《垂象志》一百四十二卷、《地形志》八十七卷等，是有功之臣，怎麽就此被罷官了呢？其實本書卷七八《庾季才傳》道出了真正原因：帝曾以張冑玄、袁充所言日長影短事問於庾季才，"季才因言充謬，上大怒，由是免職，給半禄歸第"。

［4］冑玄進袁充：張冑玄因其曆法被頒行而獲得領太史令之職，於是他推薦袁充當太史令。之後，兩人聯手一起對付劉焯至其抱恨而終，本志卷下載有其事。

［5］冑玄學祖冲之，兼傳其師法：這是指出張冑玄曆法繼承了祖冲之的方法，本志也指出張賓曆法繼承的是何承天的方法，都是古代著名的曆法。至於張冑玄的老師是誰，其師法的具體所指，已不得而知了。

［6］至大業四年劉焯卒：本書卷七五《劉焯傳》曰："大業六年卒，時年六十七。"即本書這兩處記載是相互矛盾的。又本志卷下有記載："（大業）四年，駕幸汾陽宫，太史奏曰：'日食無效'。帝召焯，欲行其曆。袁充方幸於帝，左右冑玄，共排焯曆，又會焯死，曆竟不行。"張冑玄的曆法是在"劉焯卒後，乃敢改法"，《大業曆》定稿於大業四年，且其上元積年正是算到大業四年，故當取此處大業四年劉焯卒説爲是。

［7］今録戊辰年所定曆術著之于此："戊辰年"即大業四年。李淳風在此明確指出，本志所收入的張冑玄曆法，是大業四年最終修

訂版。所以天文學史上稱之爲《大業曆》。張胄玄前後兩次修訂其曆法，既有他自己的創造，也有受劉孝孫、劉焯的啓發，還有對張子信發現的發揚光大，是隋代行用的一部好曆法，李淳風也說"自茲厥後，剋食頗中"。本志以下全文收錄了其曆法術文。

　　自甲子元至大業四年戊辰，百四十二萬七千六百四十四年，算外。

　　章歲，四百一十。

　　章閏，百五十一。

　　章月，五千七十一。

　　日法，千一百四十四。

　　月法，三萬三千七百八十三。

　　辰法，二百八十六。

　　歲分，一千五百五十七萬二千九百六十三。

　　度法，四萬二千六百四十。

　　沒分，五百一十九萬一千三百（一）〔二〕十一。

　　沒法，七萬四千五百二十一。

　　周天分，一千五百五十七萬四千四百六十六。[1]

　　斗分，一萬八百六十六。

　　氣法，四十六萬九千四十。

　　氣時法，一萬六百六十。

　　周日，二十七。日餘，一千四百一十三。

　　周通，七萬二百九。

　　周法，二千五百四十八。[2]

　　[1]周天分，一千五百五十七萬四千四百六十六：有歲差的曆

法，周天和回歸年不再是同一數值，叫作"天爲天，歲爲歲"，周天是指太陽在恒星間運行一周的時間，而回歸年則是太陽從冬至點到冬至點的時間，冬至點本身是退行的，所以回歸年小於周天。《大業曆》周天＝周天分／度法＝365＋斗分／度法＝365.25483 度；歲差分＝周天分－歲分。

[2]"章歲，四百一十"至"二千五百四十八"：根據給出的《大業曆》基本數據，朔望月＝月法／日法＝33783/1144＝29.53059日，辰法＝日法／4，回歸年＝歲分／度法＝15573963/42640＝365.243035 日。可見，《大業曆》的朔望月和回歸年值的精度皆屬上乘。轉周（近點月）＝周通／周法＝周日＋日餘／周法＝70209/2548＝$27\frac{1413}{2548}$日。没分、没法的含義見下文"推没日術"注。

推積月術：

置入元已來至所求年，以章月乘之，如章歲得一，爲積月，餘爲閏餘。[1]閏餘三百九十七已上，若冬至不在其月，加積月一。

推月朔弦望術：

以月法乘積月，如法得一，爲積日，餘爲小餘。以六十去積日，餘爲大餘，命以甲子算外，[2]爲所求年天正月朔日。天正月者，建子月也，今爲去年十一月。凡朔小餘五百四十七已上，其月大。加大餘七，小餘四百三十七太，凡四分一爲少，二爲半，三爲太。小餘滿日法去之，從大餘，滿六十去之，命如前，爲上弦日。又加，得望、下弦、後月朔。朔餘滿五百三十七，其月大，減者小。

[1]"置入元已來至所求年"至"餘爲閏餘"：古曆用干支紀

年、月、日，上元時必爲朔旦冬至，即回歸年、朔望月的共同起點（非多元曆法的五星等起點也在上元），曆法中求年、月、日的術文，一般就是要求出它們的干支序號及其餘分。"推積月術"和"推月朔弦望術"兩術是要推算所求年天正（十一月）朔日、望日和上下弦日的干支。先求出積月數，再把"積月"數中滿六十的部分都去掉（即拿甲子周這把尺子量下來）。此處"閏餘三百九十七已上，若冬至不在其月，加積月一"，是説閏餘 390 以上，則快到下一個冬至了（滿 410 就到），所以，若冬至不在其月，"積月"數加 1。

[2]命以甲子算外：算外，即不算在內。由於古曆求年、月或節氣，都是求相應曆法周期的起點位置。古曆的年從正月開始，而曆年的推算起點是天正（實際上是所求年的前一年的十一月），所以，天正冬正、天正朔等都不包括在所求年之內。另外，古曆往往把相關的曆法周期的起點算在相應時間段之外，這樣的周期時段即今天數學的開區間，起始端點沒包含在內。凡"命以某某算外"都是在求相應的起點，如下文"命朔算外"，等等。

推二十四氣術：[1]

以月法乘閏餘，又以章歲乘朔小餘，加之，如氣法得一，爲日。命朔算外，爲冬至日。不盡者，以十一約之，爲日分。

求次氣：

加日十五，日分九千三百一十五，小分一，小分滿八從日分一，日分滿度法從日一，如月大小去之，日不滿月，算外，爲次氣日。其月無中氣者，爲閏。

二十四氣	損益率	盈縮數[2]

冬至十一月中	益七十	縮初
小寒十二月節	益三十五	縮七十
大寒十二月中	益三十五	縮百五
立春正月節	益二十	縮百四十
雨水正月中	益三十	縮百六十
啓蟄二月節	益三十五	縮百九十
春分二月中	損五十五	縮二百二十五
清明三月節	損四十五	縮百七十
穀雨三月中	損四十	縮百二十五
立夏四月節	損三十	縮八十五
小滿四月中	損五十五	縮五十五
芒種五月節	益六十五	盈初
夏至五月中	益五十五	盈六十五
小暑六月節	益四十	盈百二十
大暑六月中	益二十五	盈百六十
立秋七月節	益五	盈百八十五
處暑七月中	益三十	盈百九十
白露八月節	益四十	盈二百二十
秋分八月中	損六十	盈二百六十
寒露九月節	損五十五	盈二百

霜降九月中	損五十	盈百四十五
立冬十月節	損四十五	盈九十五
小雪十月中	損四十	盈五十
大雪十一月節	損十	盈十

[1]推二十四氣術：此與接下來的"求次氣"是爲求所求年的二十四氣的整日部分的甲子序數及其餘分（不滿整日的零頭）。此術大意可用公式推導如下：

$$所求氣 = \frac{月法 \times 閏餘 + 章歲 \times 朔小餘}{氣法} = \frac{閏餘}{章歲} \times \frac{月法}{日法} + \frac{朔小餘 \times 章歲}{度法 \times 11}$$

式中第一項是計算閏餘折合的日數及餘，第二項則是朔餘折合的日數及餘。

[2]盈縮數：張子信發現太陽運動的不均匀性以後，隋代的兩部重要曆法《皇極曆》和《大業曆》同時給出了相應的改正演算法，且都是用數表加分段插值法，其數表一般稱作日躔表。《大業曆》此表以二十四節氣分段，其中"損益率"是段內的改正數，"盈縮數"則是損益率的逐段求和所得。《大業曆》此日躔表的數據結構如圖1。圖1顯示，《大業曆》的"損益率"在春分和秋分兩處有跳躍，這是不符合實際的。《皇極曆》的相應數值也存在同樣的問題，這或許是從張子信乃至隋唐之際，曆家關於太陽運動不均匀認識的階段性痕迹，這個問題直到唐代僧一行的《大衍曆》纔得以糾正。

求朔望入氣盈縮術：

以入氣日算乘損益率，如十五得一，餘八已上，從一，以損益盈縮數，爲定盈縮。其入氣日十五算者，如

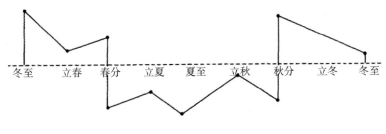

圖1　《大業曆》日躔表示意圖

十六得一，餘半法已上亦從一，以下皆准此。

推土王術：[1]

加分至日二十七，日分一萬六千七百六十七，小分九，小分滿四十從日分一，滿去如前，即分至後土始王日。

[1]推土王術：古曆往往依五行説，把一年五等分，前四等分分別作爲金、木、水、火，第五等分再平分成四份，每個小等分都是土王用事，分置於金、木、水、火之內。"推土王術"就是分置這四份土王用事的方法。《大業曆》將金、木、水、火置於八節（分、至、四立）中的四立，土王用事則置於分、至之後，曰"土始王日"。術文中的數字來源是：

$$\frac{15572963}{42640 \times 8} - \frac{15572963}{42640 \times 20} = \frac{15572963 \times 5}{42640 \times 40} - \frac{15572963 \times 2}{42640 \times 40} =$$

$$\frac{46718889}{42640 \times 40} = 27\frac{16767\frac{9}{40}}{42640}$$

推没日術：[1]

其氣有小分者，以八乘日分，内小分，又以十五乘之，以減没分。無小分者，以百二十乘日分，以減之。滿没法爲日，不盡爲日分，以其氣去朔日加之，去命如前。

求次没：

加日六十九，日分四萬九千三百六十二。[2] 日分滿没法從日，去命如前。

[1]推没日術：若記回歸年爲 $\frac{T}{A}$ 日，$\frac{T}{A} = 360 + \frac{R}{A}$，T 爲歲實，R 爲歲餘，又記 M 爲没分，m 爲没法，n 爲冬至小餘，設冬至到其後鄰近的没日相隔 k 日。早期曆法是從上元或近距元開始推没，從《大業曆》開始，對推没術做了進一步的改進，推没改直接從有没之氣開始。有

$$k = \frac{M - \frac{M - m}{A}n}{m} = \frac{5191311 - 120n}{74521}$$

根據這個公式，《大業曆》的推没術就好理解了：$120 = 15 \times 8$，故"其氣有小分者，以八乘日分，内小分，又以十五乘之，以減没分；無小分者，以百二十乘日分"。

由於古曆氣朔等皆用干支命名，所以求冬至日位置衹需考慮 N（積年數）、$\frac{R}{A}$ 之值，而回歸年不滿甲子周期的日數 R/A，正好是 1 年内所含没的次數，推没的意義可以順着這個綫索追下去。且不難推出"有没之氣"的判定條件（"没限"）爲：氣小餘 $n < \frac{R}{24}$。但《大業曆》没有給出没限，應爲脱漏。因氣推没的完善演算法由《大衍曆》首先給出，後世曆法遵循爲定式。進一步瞭解古曆推没術，可參見：王榮彬《中國古代曆法推没滅術意義探秘》，《自然科學史研究》1995 年第 3 期，第 254—261 頁；大橋由紀夫《没日

滅日起源考》，《自然科學史研究》2000 年第 3 期，第 264—270 頁；曲安京《爲什麼計算沒日與滅日?》，《自然科學史研究》2005 第 2 期，第 190—195 頁。

[2]四萬九千三百六十二：底本作“四萬九千三百七十二”。因爲 1 沒 $= \dfrac{沒分}{沒法} = \dfrac{5191311}{74521} = 69\dfrac{49362}{74521}$，所以“求次沒加日六十九，日分四萬九千三百六十二”。當改正。

推入遲疾曆術：

以周通去朔積日，餘以周法乘之，滿周通又去之，餘滿周法得一日，餘爲日餘，即所求年天正朔算外夜半入曆日及餘。

求次月：

大月加二日，小月加一日，日餘皆千一百三十五，滿周日及日餘去之。

求次日：加一，滿去如前。

求朔望加時入曆術：

以四十九乘朔小餘，滿二十二得一，爲日餘，不盡爲小分，以加夜半入曆日及餘分。

求次月：

加日一，餘二千四百八十六，小分二十一，滿去如前，即次月入曆日及餘。

求望：

加日十四日，餘千九百四十九，小分二十一半，滿去如前，爲望入曆日及餘。

曆日	轉分	轉法	損益率	盈縮積分	差法[1]
一日	六百一	退六	益二百三十八	盈初	五千六百
二日	五百九十五	退七	益二百一十一	盈六十萬五千一百五十九	五千五百四十
三日	五百八十八	退八	益一百七十九	盈一百一十四萬一千六百七十八	五千四百七十
四日	五百八十	退九	益一百四十三	盈一百五十九萬八千一百一十七	五千三百九十
五日	五百七十一	退九	益一百三	盈一百九十六萬三千三十六	五千三百
六日	五百六十二	退九	益六十二	盈二百二十二萬四千九百九十五	五千二百一十
七日	五百五十三	退十	益二十二	盈二百三十八萬三千九百九十四	五千一百二十
八日	五百四十三	退十	損二十三	盈二百四十四萬三十三	五千二十
九日	五百三十三	退九	損六十八	盈二百三十八萬一千六百七十二	四千九百二十
十日	五百二十四	退八	損一百八	盈二百二十萬八千九百一十一	四千八百三十
十一日	五百一十六	退七	損一百四十四	盈一百九十三萬三千一百九十	四千七百五十

日				
十二日	五百九	退七	損一百七十六	盈一百五十六萬五千九百四十九	四千六百八十
十三日	五百二	退六	損二百七	盈一百一十一萬八千六百二十八	四千六百一十
十四日	四百九十六	進二	損二百三十四	盈五十九萬一千二百二十七	四千五百五十
十五日	四百九十八	進六	益二百二十五	縮四千八百一十四	四千五百七十
十六日	五百四	進七	益一百九十八	縮五十七萬七千九百七十五	四千六百三十
十七日	五百一十一	進八	益一百六十七	縮一百八萬二千四百九十六	四千七百
十八日	五百一十九	進八	益一百三十一	縮一百五十萬六千九百三十七	四千七百八十
十九日	五百二十七	進九	益九十五	縮一百八十三萬九千八百五十八	四千八百六十
二十日	五百三十六	進九	益五十四	縮二百八萬一千二百五十九	四千九百五十
二十一日	五百四十五	進十	益十四	縮二百二十一萬九千七百	五千四十五
二十二日	五百五十五	進九	損三十一	縮二百二十五萬五千一百八十一	五千一百四十

二十三日	五百六十四	進九	損七十一	縮二百一十七萬六千二百六十二	五千二百三十
二十四日	五百七十三	進八	損一百一十二	縮一百九十九萬四千三百八十三	五千三百二十
二十五日	五百八十一	進八	損一百四十八	縮一百七十萬九千五百四十四	五千四百
二十六日	五百八十九	進六	損一百八十四	縮一百三十三萬三千一百八十五	五千四百八十
二十七日	五百九十五	進五	損二百一十一	縮八十六萬五千三百六	五千五百四十
二十八日	六百	進一	損二百三十三	縮三十二萬八千七百八十七	五千五百九十

　　[1]此數表一般叫做月離表，以近點月爲周期，以日爲單位分段，對月亮運動的不均勻性進行改正。月亮改正最早由劉洪在《乾象曆》（編制時間在179—184年間）中創立。《大業曆》月離表各個欄目的意義及其數據結構如下：

　　月離表中有“轉分、轉法、損益率、盈縮積分、差法”等欄，轉分表示月亮實行分，轉換爲實行度時，需要乘以一個因數10，再除以章歲，即月亮每日實行度爲：10×轉分/章歲。損益率＝（10×轉分－平行分）×日法/周法。盈縮積分＝∑（損益率分－17）。盈縮積分含有“日法”因數，是爲了把盈縮積分從度、分換算成了時間單位，使得下文定朔演算法敘述更簡潔。最後，差法＝月每日實行分－日每日平行分，差法用來作爲月亮改正的分母。月亮改正爲什麼要用這樣的“差法”，不太容易理解。如圖2，太陽在黃道上運行，月亮在白道上運行，按平均運動計算，它們到達S和M時爲合朔（平朔）。但此時真正太陽在 S′，月亮在 M′，要等月亮走到 M″，此時太陽也到達 S″時，纔是真正的合朔（定朔）。數學上，這是一個追趕問題。設定朔時刻 T″ 和平朔時刻 T 之間有個時間差 △T，有

$$\triangle T = T - T'' = \frac{S'S''}{\text{日速}} = \frac{M'M''}{\text{月速}} = \frac{M'M'' - S'S''}{\text{月速} - \text{日速}}$$

$$= \frac{M'M}{\text{月速} - \text{日速}} + \frac{SS'}{\text{月速} - \text{日速}}$$

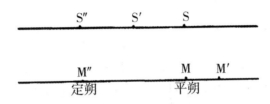

圖 2　平朔與定朔示意圖

推朔望加時定日及小餘術：[1]

以入曆日餘乘所入曆日損益率，以損益盈縮積分，如差法而一，爲定積分。[2] 乃與入氣定盈縮，[3] 皆以盈減、縮加本朔望小餘。不足減者，加日法乃減之。加時在往日，加之，滿日法者去之，則在來日，餘爲定小餘。無食者不須氣盈縮。[4]

角十二度，亢九度，氐十五度，房五度，心五度，尾十八度，箕十一度。

東方七宿七十五度。

斗二十六度，[5] 牛八度，女十二度，虛十度，危十七度，室十六度，壁九度。

北方七宿九十八度。

奎十六度，婁十二度，胃十四度，昴十一度，畢十六度，觜二度，參九度。

西方七宿八十度。

井三十三度，鬼四度，柳十五度，星七度，張十八度，翼十八度，軫十七度。

南方七宿百一十二度。

[1]朔望加時定日及小餘：即定朔、望時刻，古曆一般用"定時"表示由"平時"（均勻運動對應的時間）經過改正算法而得到的相應時間。定日及小餘，定朔、望時刻包含的整日數及其小分。小餘，一般用時刻制換算成時和刻（即現代的鐘點）叫"加時"。

[2]爲定積分：後衍"如差法"三字，今依中華本删。此入曆"定積分"爲月亮改正，定積分＝（盈縮積分 ± 入曆日餘 × 損益率）/差法。

[3]入氣定盈縮：即爲太陽改正入，入氣日定盈縮＝盈縮數 ± 入氣日 × 損益率/15。可見，《大業曆》的定朔演算法是綜合考慮月亮不均勻運動和太陽不均勻運動而設計的演算法。關於張胄玄對定朔演算法的認識，本書卷七八《張胄玄傳》稱："胄玄以爲加時先後，逐氣參差，就月爲斷，於理未可。乃因二十四氣，列其盈縮所出，實由日行遲，則月逐日易及，令合朔加時早。日行速，則月遂日少遲，令合朔加時晚。檢前代加時早晚，以爲損益之率。日行，自秋分已後至春分，其勢速。計一百八十二日而行一百八十〔八〕度；自春分已後至秋分，日行遲，計一百八十二日而行一百七十六度。每氣之下，即其率也。"

[4]無食者不須氣盈縮：此指《大業曆》的定朔演算法主要是爲了交食計算，對沒有日月食發生的月份，直接用何承天以來的月亮改正演算法即可。其實，中國古代圍繞定朔問題有長期的爭論，

引入定朔演算法的曆法大多都是爲交食計算而設，唐代李淳風《麟德曆》首先使用定朔注曆，但編制曆譜仍用平朔，民用曆書用定朔推算則直到清代《時憲曆》，那是用西方天文學系統了。

[5]斗二十六度：其後應有"斗分一萬八百六十六"，但各本皆無。不過，下文有多處"經斗去其分"。

推日度術：

置入元至所求年，以歲分乘之，爲通實，滿周天分去之，餘如度法而一，爲積度，不盡爲度分。命度以虛七度，宿次去之，經斗去其分，度不滿宿，算外，[1]即所求年天正冬至日所在度及分。以冬至去朔日，以減分度數，分不足減者，減度一，加度法，乃減之，命如前，即天正朔前夜半日所在度及分。須求朔共度者，用去定用日數減之，俟後所須。

求次月：

大月加度三十，小月加度二十九，宿次去之，經斗去其分。[2]

求次日：加度一，去命如前。

[1]算外："算外"二字之前各本皆有"度以虛七度宿次去之經斗去其分度不滿宿"十八字，中華本認爲是衍文但未删，今删。

[2]宿次去之，經斗去其分：各本皆作"宿次去去其分"，文意不通，今依中華本校補。

求朔望加時日所在度術：

各以定小餘乘章歲，滿十一爲度分，以加其前夜半度分，滿之去如前。凡朔加時，日月同度。

求轉分：以千四十約度分，不盡爲小分。

求望加時月所在度術：

置望加時日所在度及分，加度一百八十二，轉分二十五，小分七百五十三，小分滿千四十從轉分一，轉分滿四十一從度，去命如前。經斗去轉分十，小分四百六十六。[1]

求月行遲疾日轉定分術：

以夜半入曆日餘乘轉差，滿周法得一，爲變差。以進加、退減日轉分，爲定分。

推朔望夜半月定度術：

以定小餘乘所入曆日轉定分，滿日法得一，爲分，分滿四十一爲度。各以減加時月所在度，即各其前夜半定度。

求次日：

以日轉定分加轉分，滿四十一從度，去命如前。朔日不用前加。

---

　[1]"求朔望加時日所在度術"至"小分四百六十六"：以定小餘乘章歲，滿十一爲度分是因爲：度法/日法 = 章歲/11，即 $42640/1144 = 410/11$。而求"轉分"時用：度法 $42640 = 1040 \times 41$，故半周天 $= 7787233/42640 = 182\dfrac{25\frac{753}{1040}}{41}$。又因爲，斗分 $= \dfrac{10866}{42640} = \dfrac{10\frac{466}{1040}}{41}$，所以，"經斗去轉分十，小分四百六十六"。

推五星術:[1]

木數，千七百萬八千三百三十二四分。

火數，三千三百二十五萬六千二十六。

土數，千六百一十二萬一千七百六十七。

金數，二千四百八十九萬八千四百一十七。

水數，四百九十四萬一千九十八。

木終日，三百九十八，日分，三萬七千六百一十二，四分。

火終日，七百七十九，日分，三萬九千四百六十六。

土終日，三百七十八，日分，三千八百四十七。

金終日，五百八十三，日分，三萬九千二百九十七。晨見伏，三百二十七日，分同。夕見伏，二百五十六日。[2]

水終日，百一十五，日分，三萬七千四百九十八。晨見伏，六十三日，分同。夕見伏，五十二日。[3]

[1]推五星術:以下給出的是《大業曆》五星基本數據，即《大業曆》所取五星會合周期值。其中，“木數”“火數”等是五星會合周期分值，分母爲度法（42640）。“木終日”“火終日”等即是它的曆取五星會合周期值，其木、火、土、金、水星的會合周期依次爲：398.8821日、779.9256日、378.0902日、583.9216日、115.8794日，誤差分別爲2.8分鐘、15.1分鐘、2.4分鐘、0.3分鐘、2.8分鐘，平均誤差爲4.7分鐘。由此可見，《大業曆》土星會合周期精度特別出色，五星會合周期的平均精度水準在古代傳統曆法中算得上是佼佼者。

[2]“晨見伏”至“二百五十六日”:因爲地内行星一個會周之内兩次與日相合，即上合與下合。古曆把“上合→東大距→下合”區段稱爲“夕見伏”，“下合→西大距→上合”稱爲“晨見

伏"。其中，金、水的晨見伏下皆有"分同"字樣，是二星會合周期皆有餘分，該餘分都被放在晨見伏區段了。

[3]古代各曆金水二星的會合周期分爲晨見伏與夕見伏兩段，且一般都符合這樣的規律：晨見伏：夕見伏≈9：7。

求星見術：[1]

置通實，各以數去之，餘以減數，其餘如度法得一，爲日，不盡爲日分。即所求年天正冬至後晨平見日及分。其金、水，以夕見伏日去之，得者、餘爲夕平見日及分。

求平見見月日：[2]

置冬至去朔日數及分，各以冬至後日數及分加之，分滿度法從日。起天正月，依大小去之，不滿月者爲去朔日，命日算外。即星見所在月日及分。

求後見：

各以終日及分加之，滿去如前。其金、水各以晨夕加之，滿去如前。加晨得夕，加夕得晨。

[1]求星見術：《大業曆》五星演算法分爲兩個主要層次，先求五星的平運動，再進行不均勻運動的改正，這也是之後中國古曆的慣例。前者就是此"求星見術"，後者放在下文的"行五星法"中。五星運動的不均勻性是由張子信首先發現的，同時被劉焯和張胄玄引入到各自的曆法計算中。又，從此"求星見術"的演算法可以看出，《大業曆》五星會合周期從"晨始見"起算，故在其曆法的上元時刻，五星皆應"晨始見"。而所求年天正冬至後的晨始見當爲五星的近距離起算點。

[2]平見見月日：所求星按勻速運動，其晨始見的時刻所在的月與日及其餘分，"即星見所在月日及分"。

木：[1]平見，在春分前者，以三千三百四十乘去大寒後十日數，以加平見分，滿法去之，以爲定見日及分。立秋後者，以四千二百乘去寒露日，加之，滿同前。春分至清明均加四日，後至立夏五日，以後至芒種加六日，均至立秋。小雪前者，以七千四百乘去寒露日數，以減平見日分。冬至後者，以八千三百乘去大寒後十日數，以減之。小雪至冬至均減八日，爲定日數。初見伏去日各十四度。

火：平見，在雨水前，以二萬六千八百八十乘去大寒日數；在立夏後，以萬三千四百四十乘去立秋日數，以加見日分，滿去如前。雨水至立夏，均加二十九日。小雪前，以萬一千五百八十乘去處暑日數；冬至後，以三萬四千三百八十乘去大寒日數，滿去如前，以減之。小雪至冬至，均減二十五日。初見伏去日各十七度。

土：平見，在處暑前，以萬二千三百七十乘去大暑日數；白露後，以八千三百四十乘去霜降日數，以加見日分，滿去如前。處暑至白露均加九日。小寒前，以四千九百八十乘去霜降日數，小寒至立春均減九日，立春後減八日，啓蟄後去七，氣別去一，至穀雨去三，夏至後十日去一，至大暑去盡。初見伏去日各十七度。

金：晨平見，在立春前者，以四千一百二十乘去小寒日數；小滿後，以四千一百二十乘去夏至日數，以加見日分，滿去如前。立春至小滿均加三日。立秋前，以四千一百二十乘去小暑日數，小雪後以四千一百二十乘去冬至日數，滿去如前，以減之。立秋至小雪均減三日。[2]夕平見，在啓蟄前，以六千二百九十乘去小雪日數。清明後，以六千二百九十乘去芒種日數，滿去如前，以減之。啓蟄至清明均減九日。處暑前，以六千二百九十乘去夏至日數，寒露後，以六千二百九十乘去大雪日數，以加之。處暑至寒露均加九日。初見伏去日各十一度。

水：晨平見，在雨水後、立夏前者，應見不見。啓蟄至雨水，去日十八度外、三十六度内，晨有木、火、土、金一星已上者，見。無者不見。立夏至小滿，去日度如前，晨有木、火、土、金一星已上者，見。無者亦不見。從霜降至小雪加一日，冬至至小寒減四日，立春至雨水減三日。冬至前，一去三，二去二，三去一。夕平見，在處暑後、霜降前者，應見不見。立秋至處暑，夕有星，去日如前者，見。無者亦不見。霜降至立冬，夕有星，去日如前者，見。無者亦不見。從穀雨至夏至減二日。初見伏去日各十七度。

[1]木：求得行星平見時刻之後，需對平見日進行修正（行星改正），從而得定見日。有：定見時刻＝平見時刻±行星改正。本術以下就是《大業曆》關於木星的"行星改正"演算法。張胄玄的行星改正演算法的思路是，分別對五星按節氣分八段做經驗性的改正，被叫做"入氣加減法"。其實張子信以後，天文曆法家發現實際觀測到的五星晨見東方真實時間較推算出來的平見時間往往有後延或超前（這一現象的産生部分原因是由於行星本身運動的軌道爲橢圓形軌道所致，日、月運動不均勻性的原理同此，這種因橢圓

而非圓形軌道引起的不均勻運動改正一般叫做中心差），於是，古人不斷探索測算這些不均勻運動的改正演算法。張胄玄的入氣加減法雖然僅是經驗性的方法，但改正的效果明顯，以木星爲例，其入氣加減差曲綫與理論曲綫的比較見圖3。

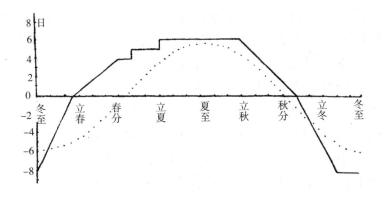

圖3　《大業曆》木星入氣加減差曲綫

[2]"晨平見"至"均減三日"：這段文字是爲金星的晨平見部分的動態表，包括了相關的"入氣加減差"算法，其中的數據有較多舛誤，好在此晨平見段與其夕平見段的算法及其數據是對稱的，所以不難通過核算予以校正。中華本指出了其中的錯脱但未改正，今依算理改正。百衲本此段原文爲："晨平見，在立春前者，以四千一百二十乘去小滿後，以乘去夏至日數，以加見日分，滿均加三日。立秋前，以乘去冬至日數，滿去如前，以減之，立秋至小雪均減三日。"

行五星法：[1]

置星定見之前夜半日所在宿度算及分，各以定見日分加其分，滿度法從度。又以星初見去日度數，晨減、夕加之，滿去如前，即星初見所在度及分。

求次日：

各加一日所行度及分，有小分者，各日數爲母，小分滿其母去從分，分滿度法從度。其行有益疾遲者，副置一日行分，各以其分疾益遲損之。[2] 留者因前，退則減之，伏不注度，順行出斗去其分，退行入斗先加分。訖，皆以千四十約分，爲大分。以四十一爲母。

木：初見，順，日行萬六百一十八分，日益遲六十分，一百一十四日行十九度、萬三千八百三十二分而留。二十六日乃退，日六千一百一分，八十四日退十二度、八百四分。又留二十五日、三萬七千六百一十二分、小分四，乃順。初日行三千八百三十七分，日益疾六十分，百一十四日行十九度、萬三千七百一十八分而伏。

土：初見，順，日行三千八百一十四分，八十三日行七度、萬八千八十二分而留。三十八日乃退，日二千五百六十三分，百日退六度、四百六十分。又留三十七日、三千八百四十七分乃順，日三千八百一十三分，八十三日行七度、萬七千九百九十九分，如初乃伏。[3]

火：初見已後，各如其法。[4]

損益日度各一	冬至初一日	二百四十一日	行百六十三度
二日損一	盡百二十八日	百七十七日	行九十九度 盡百六十一日同

三日損一	盡百八十二日	百七十日	行九十二度盡百八十八日同
三日益一	盡二百二十七日	百八十三日	行一百五度
二日益一	盡二百四十九日	百九十四日	行百一十六度
一日益一	盡三百一十日	二百五十五日	行百七十七度盡三百三十七日同
二日損一	盡三百六十五日	復二百四十一日	行百六十三度

見在雨水前，以見去小寒日數，小滿後，以去大暑日數，三約之，所得減日，爲定日。雨水至小滿，均去二十日爲定日。已前，皆前疾日數及度數。各計冬至後日數，依損益之，爲定日數及度數。以度法乘定度，如定日得一，即平行一日分，不盡爲小分。大寒至立秋差行，餘平行。處暑至白露，皆去定日，定度六。[5]白露至寒露，初日行半度，四十日行二十度，餘日及餘度續同前。置日數減一，以三十乘之，加平行一日分，爲初日分。差行者，日益遲六十分，各盡其日度而遲。初日行二萬六百分，日益遲百分，六十日行二十四度、三萬五千六百四十分其前疾去度六者，此遲初日加四千二百六十四分，六十日行三十度，分同。而留。十三日前去日者，分、日於二留，奇從後留。乃退，日萬二千八十二分，六十日退十七度、四十分。又留，十二日三萬九千四百六十六分。又順，遲，初日行萬四千

七百分，日益疾百分，六十日行二十四度，分同前，此遲在立秋至秋分加一日，行分四千二百六十四，六十日行四十度，分同前。而後疾。

損益	冬至初	二百一十四日	行百三十六度
一日損一	盡三十七日	百七十七日	行九十九度
二日損一	盡五十七日	一百六十七日	行八十九度 盡七十九日同
三日益一	盡百三十日	百八十四日	行百六度
二日益一	盡百四十四日	百九十一日	行百一十三度[6]
一日益一	盡百九十日	二百三十七日	行百五十九度
一日益二	盡二百日	二百五十七日	行百七十九度
一日益一	盡二百一十三日	二百六十七日	行百八十九度 盡二百五十九日同
二日損一	盡三百六十五日	復二百一十四日	行百三十六度

後遲加六度者，此後疾去度爲定度，已前，皆後疾日數及度數。其在立夏至小暑，日行半度，盡六十日，

行三十度。[7]小暑至立秋，盡四十日，行二十度。計餘日及度，從前法。前法皆平行。求行分亦如前。各盡其日度而伏。

金：[8]晨初見，乃退，日半度，十日退五度而留。九日乃順，遲，差行，先遲日益五百分，四十日行三十度。小暑前，以去芒種日數，十日減一度；立冬後，以去大雪日數，十日減一度；小暑至立冬，均減三度爲定度。大雪至芒種不加減。求初日，以三十乘度法，四十得一，爲平分。又以三十九乘二百五十，以減平分，爲初日行分。平行，日一度，十五日行十五度。小寒後十日，益日度各一，至雨水二十一日，行二十一度。均至春分後十日減一，至小滿，復十五日行十五度。其後六日減一，至處暑，日及度皆盡。至霜降後，四日益一，至冬至，[9]復十五日行十五度。疾，百七十日行二百四度。前順遲減度者，計減數益此度，爲定度。求一日行度分者，以百七十日，日一度，以減定度，餘乘度法，如百七十得一，爲一日平行度分。晨伏東方。夕初見，順，疾，百七十日行二百四度。夏至前，以見去小滿日數，六日加一度。小暑後，以去立秋日數，六日加一度。夏至至小暑均加五度，爲定度。白露至清明，差行，先疾，日益遲百分。清明至白露，平行，求一日平行，同。晨疾，求差行，以五十乘百六十九，加之，爲初日行度分。平行，日一度，十五日行十五度。冬至後十日減日度各一，至啓蟄九日行九度。均至夏至後五日益一，至大暑復十五日行十五度。均至立秋後六日益一，至寒露二十五日行二十五度。後六日減一，至大雪復十五日行十五度，均至冬至。順，遲，差行，先疾，日益五百分，四十日行三十度。前加度者，此依數減之，求初日行分，如晨遲，唯減者爲加之。又留，九日乃退，日半度，十日退五度，而夕伏西方。

水：晨初見，留六日。順，遲，日行萬六百六十分，四日行一度。大寒至雨水，不須此遲行。平行，日一度，十日行十度。大寒後二日，去日度各一，盡二十日，日及度俱盡。疾，日行一度三萬八千三百七十六分，十日行十九度，前無遲行者，減此分萬二千七百九十二分，十日行十六度。晨伏東方。夕初見，順，疾，日行一度三萬八千三百七十六分，十日行十九度。小暑至白露，減萬二千七百九十二分，十日行十六度。平行，日一度，十日行十度。大暑後二日，去日度各一，盡二十日，日及度俱盡。遲，日行萬六百六十分，四日行一度。疾減萬二千七百九十二分者，不須此遲。行又留。六日，夕伏西方。

[1]行五星法：即先根據經過前術改正得到的“星定見”位置，推算出其“真”的初位置，以真初位置爲基準描述五星各自動態。接下來的術文就是分別描述五星在其一會合周期內的動態，即視運動的情況。關於五星的動態描述，李淳風在本志中給出了基本合於現代天文觀念的解釋，反映出在隋唐之際中國古代曆家的認識已經有相當高的水準。據《大業曆》的“行五星法”，其地外行星的動態可歸納爲：合→順，先疾漸遲→留→逆行→留→順，先遲漸疾→合（見圖4）。《大業曆》在此術中還對木星在初順段先疾後遲以及後順段先遲後疾的速度變化，采取等差數列求和的方法進行計算，實際上就是把這兩段的運動看成是匀加速的而進行擬合。土星的術文中也有同樣的擬合。

[2]各以其分疾益遲損之：各本皆作“各以其分疾遲損乃加之”，文意不通。中華本提出了改正意見但未做校改，今依算理改正。

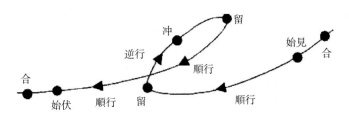

圖 4　地外行星視運動示意圖

[3]古曆對行星動態描述有一個共同的原則"伏不注度"，即
在行星與日相合的時段中不標明行星的行度，這就使得我們難以完
整地考察行星在整個會合週期内的總行度。

[4]火：初見已後，各如其法：對火、金等星，《大業曆》還
採用了一種根據季節來確定行星的不同速度的改正方法，這種改正
演算法被學者稱作"地球改正"。根據相對運動原理，地球運動加
快，地内行星視運動減慢，而地外行星視運動變化同地球速度變化
一致。古曆的太陽不均勻運動改正一般以節氣分段列出日躔表，故
行星的這一改正也與節氣相關，但由於這一改正使得日行度和行星
行度的變化摻雜在一起，表現地較爲繁複，而且尤以火星爲甚。
《大業曆》因此在"行五星法"的火星部分給出兩張數表，其演算
法的意義也比較複雜。李淳風《麟德曆》也有同樣數表，可參見劉
金沂《麟德曆行星運動計算法》，《自然科學史研究》1985 年第 2
期，第 141—158 頁。

[5]皆去定日，定度六：各本皆作"皆去定度度六日"，文意
不通。中華本提出了改正意見但未做校改，今依算理改正。

[6]"二日益一"至"行百一十三度"：本表此行各本脱漏，
中華本指出了此錯脱，並依算理提出補正數據，今依中華本補。

[7]小暑，日行半度，盡六十日，行三十度：此十四字，各本
脱漏。中華本指出了此脱誤而未補，當依算理校補。

[8]金：金、水二星爲地内行星，它們在一個會合週期内又有

上合和下合，地球上觀測者看到的視運行情況大概是：上合之後，金水二星偏離太陽向東，因而每天日落後出現在西方（即昏星），此後與太陽角距漸漸增大，至東大距後慢慢靠近太陽，再與日相合（即下合）；下合之後地內行星偏離太陽往西，先於太陽落山，傍晚不見，但先於太陽升起，黎明可見（即晨星），當角距增至到西大距之後，又一天天靠近太陽與日相合。故地內行星運行動態如下：上合→夕見→順行漸遲→留→逆行→下合（夕伏）；下合→晨見→逆行→留→順行漸疾→上合（晨伏）。圖5爲2004年水星在恒星間的一個會合周期的視運動。

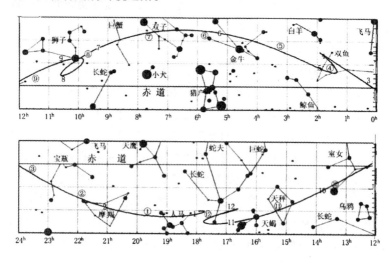

圖5　2004年水星在星座間的視運動

　　[9]至冬至：各本脱"冬至"二字。按照上下文，霜降後"四日益一"，依此比率增加到"復十五日行十五度"，總共需要60日，所以應補正爲"至冬至"。

推交會術：[1]

會通，千六十四萬六千七百二十九。

朔差，九十萬七千五十七。

望差，四十五萬三千五百二十八半。

單數，五百三十二萬三千三百六十四半。

時法，三萬二千六百四。

望數，五百七十七萬六千八百九十三。

外限，四百八十六萬九千八百三十六。

內限，千一十九萬三千二百半。

中限，五百六十四萬九千四百四半。

次限，千三十二萬六百八十九。

[1]推交會術：此段給出了《大業曆》交食計算的基本數據，包括：交食週期、交點月、交點年、食限等。《大業曆》的這些數值都是"分"值，所以數字比較大，且應特別注意這些分值相應的分母。比如，"會通千六十四萬六千七百二十九"是交點月長度的分值，交點月 $= \dfrac{會通}{342 \times 1144} = 27\dfrac{242\frac{269}{342}}{1144}$ 日 $= 27.212226$ 日。其中，1144 是日法，前面已給出，但 342《大業曆》沒有給出，可以根據交點月、朔望月和交食週期的關係推導出來。其他數據的意義如下：

$朔差 = 342 \times 月法 - 會通 = 2\dfrac{364\frac{73}{342}}{1144}$ 日，$望差 = \dfrac{1}{2}朔差$，即為白道食限。

$單數 = \dfrac{1}{2}會通 = 13\dfrac{693\frac{134.5}{342}}{1144}$ 日，$望數 = \dfrac{1}{2}月法 \times 342 = 14$

$\frac{875.5}{1144}$ 日，外限 = 單數 - 望差 = $12\frac{511\frac{98}{342}}{1144}$ 日，内限 = 會通 - 望差 =

$26\frac{60\frac{323.5}{342}}{1144}$ 日，中限 = 單數 + 時法 × 10，次限 = 會通 - 時法 × 10。

而，時法 = $\frac{342 \times 1144}{12}$。

推入交法：[1]

以會通去積月，餘以朔望差乘之，滿會通又去之，餘爲所求年天正朔入交餘。

求望：望數加之，滿去如前。[2]

求次月：以朔差加之，滿去如前。

[1]推入交法：是要推算所求年天正（十一月）的"朔"離黄道與白道交點的距離，目的是先找到交會算法的近距離起點。

[2]滿去如前：其中"滿去"（或"去命"）是一種算法，即前注文中我們説過的拿某種周期值作爲尺度去"量"積日數，若用"六十甲子周"作尺度，則所剩餘數即甲子序號。其實，這種算法就是現代數學中的同餘式算法。中國古代曆法中的這種算法是十分巧妙的，一般還會避免用天文周期中的複雜分數作爲"尺度"（同餘式的模），而是先用分值爲尺度滿去，求出不足一個周期的部分的分值，再化爲整日數和小餘。

推交道内外及先後去交術：[1]

其朔望在啓蟄前，以一千三百八十乘去小寒日數，在穀雨後，以乘去芒種日數，爲氣差，以加之。啓蟄至穀雨，均加六萬三千六百。滿會通去之，餘爲定餘。其

小寒至春分、立夏至芒種，朔值盈二時已下，皆半氣差而加之，二
時已上，皆不加。朔入交餘如望差、望數已下，中限已上，有星
伏，木、土去見十日外，火去見四十日外，金、晨伏去見二十二日
外，有一星者，不加氣差。朔望在白露前者，以九百乘去小
暑日數，在立冬後者，以千七百七十乘去大雪日數，以
減之。白露至立冬，均減五萬五千，不足減者，加會通
乃減之，餘爲定餘。朔入交餘如外限、內限已上，單數、次限
已下，有星伏，如前者，不減氣差。定餘不滿單數者，爲在
外，滿去之，餘在內。其餘如望差已下、外限已上，望
則月食。在內者，朔則日食。其餘如望差已下者，即爲去先
交餘。如外限已上者，以減單數，餘爲去後交餘。如時法得一，然
爲去交時數。

[1]推交道內外及先後去交術：這是兩個計算問題合在一起。
推交道內外，是推算所求的朔、望時刻月亮與黃道的相對位置，考
慮月亮在日道內（南）還是在外（北），是考慮月亮視差對交食的
影響問題（詳見下文注）。推先後去交術，則是計算所求朔、望時
刻離交點的距離。《大業曆》此算法中“入交日”再次考慮了太陽
不均勻運動的改正（即計算太陽中心差），但此處是將太陽的周年

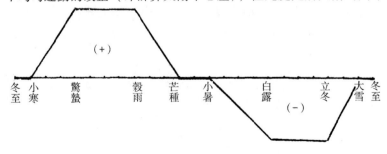

圖6　《大業曆》氣差改正曲綫

運動分了八段，逐段進行經驗性處理，這是張冑玄的改正算法還不成熟的表現。劉焯在《皇極曆》中開創性地給出了相應的改正算法公式，現代天文學史家對劉焯的算法公式給予了高度評價。不過，張冑玄此分段式經驗改正計算出的"氣差"值的分布，却很好地擬合了太陽中心差曲綫（正弦曲綫，見圖6）。特別值得指出的是，《大業曆》二十四節氣中的驚蟄與雨水兩節氣順序倒互。

推月食加時術：[1]

置食定日小餘，三之，如辰法得一辰。命以子算外，即所在辰。不盡爲時餘，四之，如法。無所得爲辰初，一爲少，二爲半，三爲太。又不盡者，三之，如法。得一爲强，以并少爲少强，并半爲半强，并太爲太强。得二强者爲少弱，并少爲半弱，并半爲太弱，并太爲辰末。此加時謂食時月在衝也。[2]

[1]推月食加時術：此及下文的"推日食加時術"都是要把判斷有食的朔、望加時換算成辰刻制。《大業曆》的辰法（286）是日法（1144）的四分之一，所以有：日小餘×3/辰法＝日小餘×12/日法。又，時法（32604）×12＝342×1144，即：1去交日＝12去交時。去交日、去交時是用來判斷是否入食限的數據。從本術文相關計算還可以得出，《大業曆》1刻＝60分，1辰－8刻20分，1日＝12辰。

[2]此加時謂食時月在衝也：按照交食原理，若"此加時"時刻月在"衝"，則這時刻應爲食甚時刻。

推日食加時術：

置食定日小餘，秋三月，内道，去交八時已上，加二十四，十二時，以加四十八；春三月，内道，去交七時已上，加二十四。乃以三乘之，如辰法得一辰。以命子算外，即所在辰。[1] 不盡爲時餘。副置時餘，仲辰不滿半辰，減半辰，已上去半辰，季辰者直加半辰，孟辰者減辰法，餘加半辰，爲差率。

　又，置去交時數，三已下加三，六已下加二，九已下加一，九已上依數，十二已上從十二，以乘差率，如十四得一，爲時差。子半至卯半、午半至酉半，以加時餘；卯半至午半、酉半至子半，以減時餘。加之，滿辰法去之，進一辰，減之若不足，退一辰，[2] 餘爲定時餘。乃如月食法，子午卯酉爲仲，辰戌丑未爲季，寅申巳亥爲孟。日出前，入後各二時外，不注日食。三乘氣時，法得一，命子算外，爲時。

　[1] 以命子算外，即所在辰：此處術文没有明確説明“子”辰的起點（即子初）。從下文日出入表進行核算，可得到《大業曆》的子正應在夜半。

　[2] 減之若不足，退一辰：此八字各本脱漏，今根據中華本的校算補正。

　求外道日食法：[1]

　去交一時内者，食。夏去交二時内，加時在南方三辰者，食。若去分、至十二時内，去交六時内者，亦食。若去春分三日内，後交二時内，秋分三日内，先交二時内者，亦食。先交二時内，值盈二時外，及後交二時内，值縮二時外，亦食。諸去交三時内，星伏如前者，食。

求内道日不食法：

加時南方三辰，五月朔先交十三時外，六月朔後交十三時外，不食。啓蟄至穀雨，先交十三時外，值縮加時在未以西者，不食。處暑至霜降，後交十三時外，值盈加時在巳以東者，不食。

[1]求外道日食法：此術及"求内道日不食法"，這兩個術文是在考慮月亮視差對交食的影響。前面已經指出，月亮視差對交食的影響是張子信的三大發現之一。如圖7，由於觀測者在地面上所見到的月亮視位置，總要比在地心看到的真位置低，月亮視、真位置的高度差叫做月亮視差。同樣，太陽視、真位置的高度差，稱爲太陽視差，祇是它較月亮視差要小得多，在古代的精度水準下可以略而不計。若合朔時刻進入食限，月又在日之北，由於月亮視差的影響，月亮的真位置更接近太陽，所以，必發生日食。若月在日之南，月亮的真位置距離太陽要遠些，於是，雖已入食限，還是可能

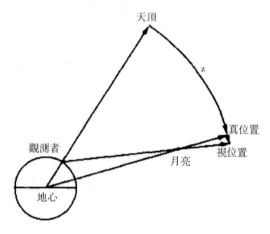

圖7　月亮視差示意圖

不發生日食。《大業曆》在此兩術中，分所在節氣以及所處的方位列出約十種不同的情況，也是在進行經驗性地處理，但大體符合月亮視差對日食是否發生影響的原理。

求月食分：[1]

春後交、秋先交、冬後交，皆去不食餘一時，不足去者，食既。餘以三萬二百三十五爲法，得一，爲不食分。不盡者，半法已上爲半強，已下爲半弱，以減十五，餘爲食分。

推日食分術：[2]

在秋分前者，以去夏至日數乘二千，以減去交餘，餘爲不食餘；不足減者，反減十八萬四千，餘爲不食餘。亦減望差爲定法。其後交值縮，並不減望差，直以望差爲定法。在啓蟄後者，以去夏至日數乘千五百，以減之；秋分至啓蟄，均減十八萬四千，不足減者，如前；大寒至小滿，去後交五時外，皆去不食餘一時。時差減者，先交減之，後交加之，不足減者食既。值加，先交加之，後交減之。[3]不足減者食。

[1]求月食分：此術給出了《大業曆》關於月食食分計算方法，該算法與古曆一般方法不同，是一個新演算法。術文給出的求月食食分的計算公式爲：當月食發生在春分後交、秋分先交、冬至後交時，月食分 $= \dfrac{15（去交餘-32604）}{30235} = \dfrac{望差-去交餘+32604}{望差} \times$ 15；當月食發生在春分先交、秋分後交、冬至先交及夏至先、後交時，月食分 $= 15 \times$ 去交餘$/30235$。又，由此食分算式，令月食分爲0，可得月食食限的數值：去交餘 $= 16.61$ 度，或去交餘 $= 15.50$

度，它們應分別是必不發生月食和必發生月偏食的限度，但此兩值的準確度均不高。

　　[2]推日食分術：《大業曆》的日食食分計算公式爲：日食食分 $= \dfrac{望差 - 不食餘}{望差} \times 15 = \dfrac{望差 - （去交餘 - \triangle）}{望差} \times 15$，其中 $\triangle$ 是與日食所在節氣有關的數值，具體天文意義不明，當是相應的經驗性改正。

　　[3]先交加之，後交減之：各本皆作"先交減之"，中華本指出此處的脱誤而未校改，依算理當補。

　　求所起：

　　内道西北，虧東北。外道西南，虧東南。十三分以上，正左起。虧皆據甚時，月則行上起。

氣	日出	日入[1]
冬至	辰六十分刻之五十	申七刻分刻之三十
小寒大雪	辰三十二分	申七刻四十八分
大寒小雪	卯八刻四十九分	酉一分
立春立冬	卯七刻二十八分	酉五十二分
啓蟄霜降	卯六刻二十五分	酉一刻五十五分
雨水寒露	卯五刻十三分	酉三刻七分
春分秋分	卯三刻五十五分	酉四刻二十五分

清明白露	卯二刻三十七分	酉五刻四十三分
穀雨處暑	卯一刻二十八分	酉六刻五十二分
立夏立秋	卯二十八分	酉七刻五十二分
小滿大暑	寅八刻三分	戌十七分
芒種小暑	寅七刻三十六分	戌四十四分
夏至	寅七刻三十分	戌五十分

[1]此"日出日入"表被認爲是中國古代曆法中第一張日出日入時刻表，表中的驚蟄在雨水前。《皇極曆》的"夜漏表"和此"日出日入表"的作用是相通的。此表及下文"求日出入所在術"，在《大衍曆》規範古曆的結構之後，屬於步晷漏的內容。

求日出入所在術：

以所入氣辰刻及分，與後氣辰刻及分相減，餘乘入氣日算，如十五得一。以損益所入氣，依刻及分爲定刻。

隋書　卷一八

志第十三

律曆下^[1]

　　[1]《隋書·律曆志》下卷載開皇二十年（600）劉焯所造的《皇極曆》及其改曆過程的鬥爭。北魏至北齊間，天文學家張子信在一海島從事天文觀測三十年，發現並測算了太陽和五星的不均勻運動，提出月亮視差對交食計算的影響等，正是張子信的這三大發現，爲隋唐時期的天文曆法發展開創了新局面。

　　開皇二十年，爲了“研著日長之候”，太子徵天下曆算之士，咸集於東宮，却引起了新一輪曆法論爭。劉焯此次帶來了他多年精心打磨的《皇極曆》，欲“駁正胄玄（曆）之短”。太子楊廣雖看重劉焯的曆法，但僅升劉焯爲太學博士，曆法校驗之事一直没排上日程。而劉焯意在取代張胄玄，太學博士頭銜不是他的興趣，不久稱病返鄉。

　　到仁壽四年（604），劉焯再次上書皇太子，歷數《張胄玄曆》六個方面失誤，提議“請徵胄玄答，驗其長短”。次年楊廣繼位，著作郎王劭、諸葛穎二人，趁侍宴之機推薦劉焯，帝曰：“知之久矣，乃下其書與胄玄參校。”張胄玄本也是辯論高手，何況其在曆法方面造詣甚好，知己知彼。於是，他僅攻擊劉焯《皇極曆》采用定朔法。曰："故張衡及何承天創有此意，爲難者執數以校其率，率皆自敗，故不克成。"言下之意，你劉焯何德何能？劉焯雖爲大儒且以雄辯著名，也無能爲力。雙方"互相駁難，是非不決"。劉焯又憤而辭職，再歸故里。這已是他四戰四敗。

大業四年（608），"太史奏曰，日食無效"。隋煬帝又想起劉焯，"召焯，欲行其曆"。但當時袁充是紅人，"左右冑玄，共排焯曆"。袁充，字德符，陳郡陽夏（今河南淮陽縣）人，本書有傳。開皇十四年，袁充因上"晷影漏刻"進入太史院。張冑玄言日長影短之瑞時，袁充極力附會之。開皇二十年廢立太子，"充奏此事深得其宜"，隋文帝順勢改開皇二十一年爲仁壽元年。隋煬帝即位，袁充又奏"去歲冬至，日影愈長"，不久又奏"陛下修德，熒惑退舍"，是以取媚於上。劉焯雖據理力爭，事情就是沒有進展。當年（大業四年）劉焯也抱恨離世。

李淳風對《皇極曆》的評價是"術士咸稱其妙"，今天看來，《皇極曆》的一系列創新對後世曆法産生了極其深遠的影響，《皇極曆》雖未被頒行，李氏仍全文收入本志。這不僅是劉焯也是李淳風對中國天文學史的巨大貢獻。

劉焯去世以後，張冑玄對自己的曆法進行了系統地修改，加入他的新研究成果，也包括消化吸收多年來論戰的啓發，"諸法率更有增損"，從而推出一部新曆法，即《大業曆》。張冑玄早就知道自己曆法尚有不足，曾參考劉孝孫法有過修訂，但被劉焯發現，批評他偷竊。現代研究證明，《大業曆》也是一部優秀的曆法，其中有不少張冑玄的創新。

有隋一代雖然僅三十餘年，但却出現了劉孝孫、劉焯、張冑玄三位曆法大家。他們三人都是張子信的傳人，並且都有所發揚光大，共同開創了隋唐天文曆法的新時代。此三人，兩個學究（二劉）一個學霸（一張）。本志作者李淳風既是同行翹楚又愛恨分明，對學究寄予了深深的同情，對學霸也給予了無情的鞭撻。

開皇二十年，袁充奏日長影短，高祖因以曆事付皇太子，遣更研詳著日長之候。太子徵天下曆算之士，咸集于東宮。劉焯以太子新立，復增修其書，名曰《皇極曆》，駁正冑玄之短。太子頗嘉之，未獲考驗。焯爲太學博士，負其精博，志解冑玄之印，官不滿意，又稱疾罷歸。至仁壽四年，焯言冑玄之誤於皇太子：[1]

其一曰，張冑玄所上見行曆，日月交食，星度見留，雖未盡善，得其大較，官至五品，誠無所愧。但因人成事，非其實錄，就而討論，違舛甚衆。

其二曰，冑玄弦望晦朔，違古且疏，氣節閏候，乖天爽命。時不從子半，晨前別爲後日。日躔莫悟緩急，月逡妄爲兩種，月度之轉，輒遺盈縮，交會之際，意造氣差。七曜之行，不循其道，月星之度，行無出入，應黃反赤，當近更遠，虧食乖準，陰陽無法。星端不協，珠璧不同，盈縮失倫，行度愆序。去極晷漏，應有而無，食分先後，彌爲煩碎。測今不審，考古莫通，立術之疏，不可紀極。今隨事糾駁，凡五百三十六條。

其三曰，冑玄以開皇五年與李文琮於《張賓曆》行之後，本州貢舉，即齎所造曆擬以上應。其曆在鄉陽流布，散寫甚多，今所見行，與焯前曆不異。玄前擬獻，年將六十，非是忽迫倉卒始爲，何故至京未幾，即變同焯曆，與舊懸殊？焯作於前，玄獻於後，捨己從人，異同暗會。且孝孫因焯，胄玄後附孝孫，曆術之文，又皆是孝孫所作，則元本偷竊，事甚分明。恐胄玄推諱，故依前曆爲駁，凡七十五條，并前曆本俱上。

其四曰，玄爲史官，自奏虧食，前後所上，多與曆違，今算其乖舛有一十三事。又前與太史令劉暉等校其疏密五十四事，云五十三條新。計後爲曆應密於舊，見用算推，更疏於本。今糾發并前，凡四十四條。

其五曰，胄玄於曆，未爲精通。然孝孫初造，皆有意徵天推步，[2]事必出生，不是空文，徒爲臆斷。

其六曰，焯以開皇三年，奉敕修造，顧循記注，自許精微，秦漢以來，無所與讓。尋聖人之迹，悟曩哲之心，測七曜之行，得三光之度，正諸氣朔，成一曆象，會通今古，符允經傳，稽於庶類，信而有徵。胄玄所違，焯法皆合，胄玄所闕，今則盡有，隱括始終，謂爲總備。

仍上啓曰：“自木鐸寢聲，緒言成燼，群生蕩析，諸夏沸騰，曲技雲浮，疇官雨絕，曆紀廢壞，千百年矣。焯以庸鄙，謬荷甄擢，專精藝業，耽玩數象，自力群儒之下，冀睹聖人之意。開皇之初，奉敕修撰，性不諧物，功不克終，猶被胄玄竊爲己法，未能盡妙，協時多爽，尸官亂日，實點皇猷。請徵胄玄答，驗其長短。”

焯又造曆家同異，名曰《稽極》。[3]大業元年，著作郎王劭、諸葛穎二人，因入侍宴，言劉焯善曆，推步精審，證引陽明。帝曰：“知之久矣。”仍下其書與胄玄參校。胄玄駁難云："焯曆有歲率、月率，而立定朔，月有三大、三小。案歲率、月率者，平朔之章歲、章月也。以平朔之率而求定朔，值三小者，猶以減三五爲十四；[4]值三大者，增三五爲十六也。校其理實，並非十五之正。故張衡及何承天創有此意，爲難者執數以校其率，率皆自敗，故不克成。今焯爲定朔，則須除其平率，然後爲可。"互相駁難，是非不決，焯又罷歸。

四年，駕幸汾陽宮，太史奏曰："日食無效。"帝召焯，欲行其曆。袁允方幸於帝，左右胄玄，共排焯曆，又會焯死，曆竟不行。[5]術士咸稱其妙，故録其術云。[6]甲子元，距大隋仁壽四年甲子，積一百萬八千八百四十算。

歲率，六百七十六。

月率，八千三百六十一。[7]

朔日法，千二百四十二。

朔實，三萬六千六百七十七。

旬周，六十。

朔辰，百三半。

日干元，五十二。[8]

日限，十一。

盈泛，十六。

虧總，十七。[9]

[1]焯言胄玄之誤於皇太子：劉焯向太子上書中對《張胄玄曆》提出的這六條申述意見，陳美東曾逐條予以分析評價。參見陳美東《中國科學技術史·天文學卷》，科學出版社1997年版，第

315—317頁。

[2]皆有意徵天推步：中華本認爲"皆有意"之後當有脱文。總覽劉焯所提的這六條申述意見，每條都有具體的評價或批評内容，此第五條僅説"胄玄於曆，未爲精通"，没有説具體的事項，此處或許有較多的脱文。

[3]《稽極》：劉焯的《稽極》今不傳，當是一部重要的中國古代曆法理論與曆法史著作。

[4]减三五爲十四：即將十五减小爲十四。三五，即十五。

[5]又會焯死，曆竟不行：這裏劉焯去世之事即在"（大業）四年"下叙述的。

[6]術士咸稱其妙，故録其術云：這實際上是李淳風對《皇極曆》的高度評價，因此把没有頒行的曆法全文收入到正史。其實，李淳風也是在《皇極曆》的基礎上，優化改作而編制成了《麟德曆》，使得《皇極曆》間接地被使用了。《皇極曆》在天文數據、天文表格、天文測算方法，特別是在數學方法運用等方面，都做出了出色的創造，《皇極曆》因而成爲一部劃時代的優秀曆法。也由於《皇極曆》在數學方法上有大量創造，很多算法使用了比較複雜的計算公式，而古代没有引入現代數學符號，用文字叙述這些公式，其複雜性是可以想象的。所以，本卷以後涉及複雜的計算公式時，在注中將按照曆家的原意用現代數學公式形式或符號表述古曆的推算過程，在此一併説明。

[7]歲率：即章歲。 月率：即章月。從而，可得：閏率 = $8361 - 12 \times 676 = 249$，249爲每年的閏衰分，$249/12 = 20\frac{3}{4}$爲每月的閏衰分，每年有249/676個閏月。《皇極曆》的回歸年 = 歲數/氣日法 = $17036466.5/46644 = 365.2445$ 日，朔望月 = 朔實/朔日法 = $36677/1242 = 29.5306$ 日，朔辰 = 朔日法/12 = $1242/12 = 103.5$。又，還有一個數值叫"小周"，下文將會用到但没有在這裏直接給出。"小周"即月亮的每日平行分，有：小周 = 歲率 + 月率 = 9037，

從而，月每日平行度 = （歲率 + 月率）/歲率 = $13\frac{249}{676}$度。

[8]日干元：與下文的"餘通"分別是"氣日法"的兩個因數，即：氣日法 = 日干元×餘通（$46644 = 52 \times 897$）。

[9]盈泛，十六；虧總，十七：盈泛、虧總，又總稱爲"泛總"，這兩個常數是由《皇極曆》最先引入曆法，這裏應該做個介紹。在本志卷中的注中我們曾指出，張子信發現日月五星的不均匀運動後，《皇極曆》首先創造了數學方法把它們引入到曆法推算中。我們知道日月五星的視運動不均匀的主要原因是地球、月球、五星等繞日運動的軌道是橢圓而不是正圓引起的。由於太陽處在地球公轉橢圓軌道的一個焦點上而不是橢圓的中心上，所以與太陽視運動周期相關的二十四節氣（構成回歸年）就不再是均等的了，古曆一般把由回歸年平分成二十四等分而得的節氣叫做"平氣"，經過太陽不均匀運動改正後所得的節氣叫做"定氣"。其中，春分後經夏至到秋分這半年，太陽運行慢，所用時間超過半個回歸年，常稱作"春分後"；秋分後經冬至到春分這半年，太陽運行快，所用時間不到半個回歸年，常稱作"秋分後"。 《皇極曆》取：秋分後（h_1）：春分後（h_2） = 盈泛：虧總 = 16：17，由：

$$\begin{cases} h_1 + h_2 = 365.2445 \\ h_1 : h_2 = 16:17 \end{cases}$$，可得 $h_1 = 177.0882$ 日，$h_2 = 188.1563$ 日。

推經朔術：

置入元距所求年，月率乘之，如歲率而一，爲積月。不滿爲閏衰。朔實乘積月，滿朔日法得一，爲積日。不滿爲朔餘。旬周去積日，不盡爲日，即所求年天正經朔日及餘。

求上下弦、望：

加經朔日七、餘四百七十五小，即上弦經日及餘。

又加得望、下弦及後月朔。就徑求望者，加日十四、餘九百五十半。下弦加日二十二、餘百八十三大。後月朔加日二十九，餘六百五十九。每月加閏衰二十大，即各其月閏衰也。

凡月建子爲天正，建丑爲地正，建寅爲人正。即以人正爲正月，統求所起，本於天正。若建歲曆從正月始，氣、候、月、星所值節度，雖有前却，並亦隨之。其前地正爲十二月，天正爲十一月，并諸氣度皆屬往年。其日之初，亦從星起，晨前多少，俱歸昨日。若氣在夜半之後，量影以後日爲正。諸因加者，各以其餘減法，殘者爲全餘。若所因之餘滿全餘以上，皆增全一而加之，減其全餘，即因餘少於全餘者，不增全加，皆得所求。分度亦爾。凡日不全爲餘，積以成餘者曰秒。度不全爲分，積以成分者曰籛。其有不成秒曰麼，不成籛曰幺。其分、餘、秒、籛，皆一爲小，二爲半，三爲大，四爲全，加滿全者從一。其三分者，一爲少，二爲太。若加者，秒籛成法從分餘，分餘滿法從日度一，日度有所滿，則從去之。而日命以日辰者，滿旬周則亦除。命有連分、餘、秒、籛者，亦隨全而從去。其日度雖滿，而分秒不滿者，未可從去，仍依本數。若減者，秒籛不足，減分餘一，加法而減之。分餘不足減者，加所從去或前日度，乃減之。即其名有總，而日度全及分餘共者，須相加除，當皆連全及分餘共加除之。若須相乘，有分餘者，母必通全內子，乘訖報除。或分餘相并，母不同者，子乘而并之，母相乘爲法。其并，滿法從一爲全，此即齊同之也。既除爲分餘而有不成，若例有秒筬，法乘而又法除，得秒筬數。已爲秒筬及正有分餘，而所不成不復須者，須過半從一，無半棄之。若分餘其母不等，須變相通，以彼所法之母乘此分餘，而此母除之，得彼所須之子。所有秒筬者，亦法乘，不滿此母，又除而得其數。麽幺亦然。其所除去而有不盡全，則謂之不盡，亦曰不如。其不成全，全乃爲不滿分、餘、秒、筬，更曰不成。凡以數相減，而有小及半、太須相加減，同於分餘法者，皆以其母三四除其氣度日法，以半及太、大本率二三乘之，少、小即須因所除之數，隨其分餘而加減焉。秋分後春分前爲盈泛，春分後秋分前爲虧總，須取其數。泛總爲名，指用其時，春分爲主，虧日分後，盈日分前。凡所不見，皆放於此。[1]

　　氣日法，四萬六千六百四十四。

　　歲數，千七百三萬六千四百六十六半。

　　度準，三百三十八。

　　約率，九。

　　氣辰，三千八百八十七。

　　餘通，八百九十七。[2]

　　秒法，四十八。

　　麽法，五。

　　[1]“凡月建子爲天正”至“皆放於此”：劉焯在其《皇極曆》的開頭部分用了這麽大段文字來總體上介紹三個問題：年月日等曆法項目的分界點，曆法數據的奇零部分處理技術，不均勻運動引起周期分段比率的運用。最後還指出《皇極曆》以後術文中遇同類問

題，仿照此論述處理，不一一贅述，"凡所不見，皆放於此"。這種大段的緒論，特別是關於奇零數字處理的説明，在古代曆法和數學典籍中都是十分罕見的記載，因而特別珍貴。

第一，"凡月建子爲天正，建丑爲地正，建寅爲人正"。這是古代天文學常説的"三正"問題。由於古曆有上元的緣故，很多曆法項目計算得從天正開始，但這裏指出"若建歲曆從正月始"，即曆法的"年"還是從正月開始，同時，"氣、候、月、星所值節度，雖有前却，並亦隨之"。所謂"前却"，即"地正爲十二月，天正爲十一月，并諸氣度皆屬往年"的意思。至於"日"，這裏明確説明"日界"爲"夜半"，凡曆法數據出現"晨前多少"，俱歸昨日。而且"氣在夜半之後，量影以後日爲正"。

第二，大量的天文數據都是包含奇零且精度要求很高，《皇極曆》把古代曆算的概念、方法和精度都帶到了新高度，故其對奇零部分的數值處理要求也更高。《皇極曆》很多改正算法涉及的量有時比較小，必須考慮誤差範圍、考慮精度要求或者説考慮系統誤差的控制問題，所以處理奇零小數尤爲重要。中國古代沒有引進十進小數，數學和曆算中的奇零部分數值都是用不同"法度"爲分母的分數表示，其中要考慮的問題比起我們今天面對的情況複雜許多。值得提醒注意的是，應留心並記住這段文字中的一些專有名詞。如：分、秒、麼，餘、篾、幺；小（1/4），半（2/4），大（3/4），全（4/4 = 1）；少（1/3），太（2/3）；少之小（1/12），少之半（2/12），小（3/12），小太、少（4/12），半步（5/12），半（6/12），半太（7/12），大少、太（8/12），大（9/12），大太（10/12），窮辰少（11/12）。又，這裏還有幾個重要的專有名詞值得特別説明。一是"因"，當作"因數"或"小分數"解，不能作原因的"因"理解，如這裏的1/4、2/3 等就是所謂的"因"："諸因加者""若所因之餘滿全餘以上""即因餘少於全餘者"等，在這段術文中有很多這樣用法的"因"字。二是"須"字，當作"奇零"解，不能理解成必須的"須"。如"須相加除""若須相乘""得彼所須之子"，等等。三是"報除"，當是指某些數相乘所得之"積"用某個"法"去除，但除不盡，且要連除成"復分數"，所謂"乘訖報除"即是。這和我們今天除不盡繼續除得數爲十進小數是有區別的，應該仔細去體會。術文中有句"命有連分、餘、秒、篾者，亦隨全而從去"，若按此說，報除的結果應叫"連分數"，但現代

數學連分數有特指，所以我們還是建議把類似 $\dfrac{8154\dfrac{10\frac{2}{5}}{48}}{46644}$ 的分數叫復分數。還應強調指出，《皇極曆》關於奇零小數最終還有"須過半從一，無半棄之"（即"四捨五入"）的規定，以及"強、弱"的約定（見後注），都是關於奇零和誤差處理的重要問題。

第三，從"秋分後春分前爲盈泛"到"皆放於此"，總論盈泛、虧總的意義（見前注）和用法："泛總爲名，指用其時"，在其後的算法公式中當需用盈泛或虧總時，常直接說泛總，不再細分它是春分前或春分後了。

［2］氣日法＝日干元×餘通，即 46644＝52×897；氣日法＝度準×138，氣辰＝氣日法/12。秒法 48 與麻法 5，則是日分制復分數的小分母，其中日分制分爲：日、餘、秒、麻；而度分制分爲：度、分、篾、幺。

推氣術：[1]

半閏衰乘朔實，又度準乘朔餘，加之，如約率而一，所得滿氣日法爲去經朔日，不滿爲氣餘。以去經朔日，即天正月冬至恒日定餘，乃加夜數之半者，減日一，滿者因前，皆爲定日。命日甲子算外，即定冬至日。其餘如半氣辰千九百四十三半以下者，爲氣加子半後也；過以上，先加此數。乃氣辰而一，命以辰算外，

即氣所在辰。十二辰外，爲子初以後餘也。又十二乘辰餘，四爲小太，亦曰少；五爲半少；六爲半；七爲半太；八爲大少，亦曰太；九爲大；[2]十爲大太；十一爲窮辰少。其又不成法者，半以上爲進，以下爲退。退以配前爲強，進以配後爲弱。[3]即初不成一而有退者，謂之沾辰；初成十一而有進者，謂之窮辰。未旦其名有重者，則於間可以加之，命辰通用其餘，辨日分辰而判諸日。因別亦皆準此。因冬至有減日者，還加之。每加日十五、餘萬一百九十二、秒三十七，即各次氣恒日及餘。諸月齊其閏衰，如求冬至法，亦即其月中氣恒日去經朔數。其求後月節氣恒日，如次之。求前節者減之。

月	氣	躔衰	衰總	陟降率	遲速數[4]
十一月	大雪 冬至中	 增二十八	 先端	 陟五十	 速本
十二月	小寒節 大寒中	增二十四 增二十	先二十八 先五十二	陟四十三 陟三十六	速五十 速九十三
正月	立春節 雨水中	增二十 增二十四	先七十二 先九十二	陟三十六 陟四十三	速一百二十九 速一百六十五
二月	驚蟄節 春分中	增二十八 損二十八	先一百一十六 先一百四十四	陟五十 降五十	速二百八 速二百五十八
三月	清明節 穀雨中	損二十四 損二十	先一百一十六 先九十二	降四十三 降三十六	速二百八 速一百六十五

四月	立夏節	損二十	先七十二	降三十六	速一百二十九
	小滿中	損二十四	先五十二	降四十三	速九十三
五月	芒種節	損二十八	先二十八	降五十	速五十
	夏至中	增二十八	後端	陟五十	遲本
六月	小暑節	增二十四	後二十八	陟四十三	遲五十
	大暑中	增二十	後五十二	陟三十六	遲九十三
七月	立秋節	增二十	後七十二	陟三十六	遲一百二十九
	處暑中	增二十四	後九十二	陟四十三	遲一百六十五
八月	白露節	增二十八	後一百一十六	陟五十	遲二百八
	秋分中	損二十八	後一百四十四	降五十	遲二百五十八
九月	寒露節	損二十四	後一百一十六	降四十三	遲二百八
	霜降中	損二十	後九十二	降三十六	遲一百六十五
十月	立冬節	損二十	後七十二	降三十六	遲一百二十九
	小雪中	損二十四	後五十二	降四十三	遲九十三
十一月	大雪節	損二十八	後二十八	降五十	遲五十
	冬至				

[1]推氣術：《皇極曆》的"推氣術"是十分有特色的，它先直接從近距"元"開始計算，近距元處必朔旦、冬至，用閏衰入算，從而有效地達到了省算的目的。在前面"推經朔術"中已經求出所求年十一月平朔大小餘及其閏衰，"閏"把年和月連接起來，所求年年前的冬至與天正朔之間的距離又叫"冬至月齡"，即冬至所在月的閏衰。每個月的閏餘之分值是：閏衰 = 閏率/12 = 20$\frac{3}{4}$（二十大）。從而，按推氣術術文有：

$$\frac{(半閏衰 \times 朔實 + 度準 \times 朔餘) / 約率}{氣日法} = 去經朔日 + \frac{氣餘}{氣日法}$$

於是，天正冬至大餘 = 天正經朔大餘 + 去經朔日，天正冬至小餘 = 氣餘。大餘"命日甲子算外"，小餘換算成辰刻（即現代的鐘點）。

[2]九爲大：各本皆誤爲"九爲太"，當改正。

[3]"半以上爲進"至"進以配後爲弱"：即奇零計算到最後截取定數的時候，大於 1/2 的進 1，小於 1/2 的捨去；取進 1 的得數爲"弱"，取捨去的得數爲"强"。

[4]此表即《皇極曆》的日躔表，該表是用 24 節氣分段的太陽不均勻運動改正數表。其中第一、二欄是各月及其所包含的節氣。躔衰，即相鄰兩節氣初日之間太陽實行度與平行度之差，分母爲日干元（52），爲單位換算性質的因數；衰總，是爲躔衰的累積值，亦即自冬至初日到某節氣初之間的太陽實行度與平行度之差；陟降率，相鄰兩節氣初日間因太陽運動不均勻而產生的應加於平朔望的改正量的日分值；遲速數，是爲陟降率的累積值，亦即某節氣時段因太陽運動不均勻多造成的應加於平朔望的改正量的日分值。由於地球的公轉軌道是橢圓，太陽處在其中一個焦點上而不是在其橢圓軌道的中心，現代天文學把這種地球公轉的實際行度與平均行度之差稱爲中心差。太陽視運動中心差的理論曲綫爲正弦曲綫，《皇極曆》此日躔表中的衰總和遲速數和正弦曲綫是吻合的（見圖1），但圖1左側的躔衰曲綫在春分、秋分兩處有跳躍，這是不符合實際的。又，本日躔表中的數據有若干處舛誤，已經根據校算結果

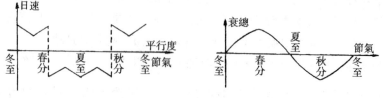

圖1　《皇極曆》躔衰及衰總圖

進行了改正，不一一出注。

推每日遲速數術：[1]

見求所在氣陟降率，并後氣率半之，以日限乘而泛總除，得氣末率。又日限乘二率相減之殘，泛總除，爲總差。其總差亦日限乘而泛總除，爲別差。率前少者，以總差減末率，爲初率，半別差加之。[2]前多者，即以總差加末率，〔半別差減之〕。[3]皆爲氣初日陟降數。以別差前多者日減、前少者日加初數，得每日數。所曆推定氣日隨算其數，陟加、降減其遲速，爲各遲速數。其後氣無同率及有數同者，[4]皆因前末，以末數爲初率，加總差爲末率，及差漸加初率，爲每日數。通計其秒，調而御之。

[1]推每日遲速數術：此術即劉焯關於太陽不均勻運動改正演算法的偉大創造，其中包含著名的二次等間距內插法，因此，這段術文值得逐句分析。依術文有：

$$氣末率 = \frac{所求氣陟降率（\Delta_1）+ 後氣陟降率（\Delta_2）}{2} \times \frac{日限}{泛總}$$

其中（$\Delta_1 + \Delta_2$）/2 就是所求氣與後氣陟降率的平均數，將這個平均值"乘以日限，除以泛總"，即相當於除以節氣的長度 h，h ＝（泛總/日限）×10，乘以 10 在籌算中相當於將算籌"進一等"，在術文中都被省略了。總差 ＝｜所求氣陟降率－後氣陟降率｜×日限/泛總 ＝｜$\Delta_1 - \Delta_2$｜/h，別差（d）＝（總差×日限）/泛總 ＝｜$\Delta_1 - \Delta_2$｜/h^2。實際上，總差即相隔一節氣長度的兩日陟降數之差，亦即氣初率與氣末率之差，別差爲相鄰兩日的陟降率之差（《大衍曆》以後皆稱別差爲日差）。以運動學的概念來看，別差即爲太陽不均勻運動的加速度。術文接着給出：初日陟降數 = 氣末率 + 總差 − 別差/2。此計算步驟的含義是，當陟降率前少時（$\Delta_1 < \Delta_2$），必有末率大於初率，則氣初率（δ_0）= 氣末率（δ）− 總差；$\delta_k = \delta_{k-1} + d$（$\delta_k$ 爲第 k 日陟降率）。從而，$\delta_k = \delta_{k-1} + d = \delta_{k-2} + 2d = \cdots = \delta_1 + (k-1)d$，可見，劉焯這裏是將每日陟降率構造成一個等差數列，求遲速數就變成了等差數列求和，所以，第 n 日的遲速數 $p(x_n)$ 爲

$$p(x_n) = f(x_0) + \sum_{k=1}^{n} \delta_k = f(x_0) + n \cdot \delta_1 + \frac{n(n-1)}{2}d$$

其中 $f(x_0)$ 爲所求氣下的遲速數，可從日躔表中得到。對《皇極曆》推每日遲速數的深入研究參見：王榮彬《劉焯〈皇極曆〉插值法的構建原理》，《自然科學史研究》1994 年第 4 期；劉鈍《〈皇極曆〉中等間距二次插值方法術文釋義及其物理意義》，《自然科學史研究》1994 年第 4 期。

[2]半：傳本誤作“乃”。今依算理改正。

[3]半別差減之：此五字傳本無。但從上下文排比句式來看，亦可認爲此五字爲省文而不必補出，故存括弧內。

[4]其後氣無同率及有數同者：這是對“後氣無同率”和“有數同者”兩種特例的處理，因爲總差 = | $\Delta_1 - \Delta_2$ | /h，若出現 Δ_1 與 Δ_2 正負符號相反（無同率者），或 $\Delta_1 = \Delta_2$（有數同者），則必須有此特殊處理。

求月朔弦望應平會日所入遲速：[1]

各置其經餘爲辰，[2]以入氣辰減之，[3]乃日限乘日、日內辰爲入限，以乘其氣前多之末率、前少之初率，日限而一，爲總率。其前多者，入限減泛總之殘，乘總差，泛總而一，爲入差。并於總差，入限乘，倍日限除，以加總率。[4]前少者，入限再乘別差，[5]日限自乘，倍而除，亦加總率。皆爲總數。乃以陟加、降減其氣遲

速數爲定，即速加、遲減其經餘，各其月平會日所入遲速定日及餘。

[1]求月朔弦望應平會日所入遲速：求平朔、望改正時，平朔望時刻往往不在某氣後的整日子上，就是一般都有朔望大小餘，所以需設計計算任一時刻（包括小餘部分）遲速數的插值公式，此術即爲此目的而設，其造術思路與前術相同，不再詳解。

[2]經餘：即平朔、望到其前甲子日夜半之時距。

[3]入氣辰：即節氣點到甲子日夜半的時距，二者都化爲辰數再相減，所得爲經朔、望到節氣點的距離（氣朔距或氣望距），即術文中的“日、日內辰”（圖2中的t）。

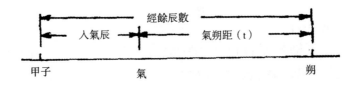

圖2　氣朔距示意圖

[4]以加總率：“加”字傳本脫。今據下文“前少者……亦加總率”句例此，當補。中華本校補爲“加以總率”，似與古算用語不符。

[5]入限再乘別差：意爲入限乘別差二次，原文不誤。中華本補爲“入限自乘，再乘別差”，似無必要。

求每日所入先後：[1]

各置其氣臕衰與衰總，皆以餘通乘之，所乃臕衰如陟降率，衰總如遲速數，亦如求遲速法，即得每所入先後及定數。

求定氣：[2]

其每日所入先後數即爲氣餘，其所曆日皆以先加之，以後減之，隨算其日，通准其餘，滿一恒氣，即爲二至後一氣之數。以加二氣，如法用別其日而命之。又算其次，每相加命，各得其定氣日及餘也。亦以其先後已通者，先減後加其恒氣，即次氣定日及餘。亦因別其日，命以甲子，各得所求。

求土王：[3]

距四立各四氣外，所入先後加減，滿十二日、餘八千一百五十四、秒十、麼二。除所滿日外，即土始王日。

求候日：[4]

定氣即初候日也。三除恒氣，各爲平候日。餘亦以所入先後數爲氣餘，所曆之日皆以先加、後減，隨計其日，通準其餘，每滿其平，以加氣日而命之，即得次候日。亦算其次，每相加命，又得末候及次氣日。

氣	初候	次候	末候	夜半漏	昏去中星[5]
冬至 夜五十九刻八十六分	武始交[6]	芸始生	荔挺出	二十七刻分四十三	八十二度轉分四十七
小寒	蚯蚓結	麋角解	水泉動	二十七刻二十六	八十三度十六
大寒	雁北向	鵲始巢	雉始雊	二十六刻七十六	八十五度六

立春	雞始乳	東風解凍	蟄蟲始振	二十五刻九十八半	八十七度四十九
雨水	魚上冰	獺祭魚	鴻雁來	二十四刻九十六半	九十一度三十六
驚蟄	始雨水	桃始華	倉庚鳴	二十三刻七十七半	九十六度三
春分	鷹化爲鳩	玄鳥至	雷始發聲	二十二刻五十	一百度三十七半
清明	電始見	蟄蟲咸動	蟄蟲啓戶	二十一刻二十二半	百五度二十一
穀雨	桐始華	田鼠爲駕	虹始見	二十刻三半	百九度三十九
立夏	萍始生	戴勝降桑	螻蟈鳴	十九刻一半	百一十三度二十五
小滿	蚯蚓出	王瓜生	苦菜秀	十八刻二十三	百十六度十九
芒種	蘼草死	小暑至	螳蜋生	十七刻六十九	百一十八度十八
夏至 夜四十刻十四分	鵙始鳴	反舌無聲	鹿角解	十七刻五十七	百一十八度四十

小暑	蟬始鳴	半夏生	木菫榮	十七刻六十九	百一十八度十八
大暑	温風至	蟋蟀居壁	鷹乃學習	十八刻二十三	百一十六度十九
立秋	腐草爲螢	土潤溽暑	凉風至	十九刻一半	百一十三度二十五
處暑	白露降	寒蟬鳴	鷹祭鳥	二十刻三半	百九度三十九
白露	天地始肅	暴風至	鴻雁來	二十一刻二十二半	百五度二十一
秋分	玄鳥歸	群鳥養羞	雷始收聲	二十二刻五十	百度三十七半
寒露	蟄蟲附户	殺氣盛	陽氣始衰	二十三刻七十七半	九十六度三
霜降	水始涸	鴻雁來賓	雀入水爲蛤	二十四刻九十六半	九十一度三十六
立冬	菊有黄華	豺祭獸	水始冰	二十五刻九十八半	八十七度四十九
小雪	地始凍	雉入水爲蜃	虹藏不見	二十六刻七十六	八十五度六

大雪　　冰益壯　地始坼　曷旦鳴　二十七刻　八十三度
　　　　　　　　　　　　　　　　二十六　　　十六

[1]求每日所入先後：此術是求太陽改正涉及的距離或者位置的變化量，即“先”或“後”之數。　躔：即“日所行”。其計算方法與前面求“遲速數”術的插值公式完全一樣：“乃躔衰如陟降率，衰總如遲速數，亦如求遲速法。”

[2]求定氣：此術實質上就是在做這樣的公式運算：定氣時刻＝平氣時刻±太陽改正。

[3]求土王：《皇極曆》求土王術與之前各曆含義是一樣的，特別之處在於，之前的古曆推土王都用平氣入算，此術則用定氣，即“所入先後加減”。從而，《皇極曆》“求土王”術給出的算式爲：四立日及餘＋1/6 回歸年 ± 所入先後 ＋（1/5－1/6）回歸年。其中“（1/5－1/6）回歸年”即 4 段土王日中的 1 段，即爲

$$\frac{17036466.5}{46644 \times 30} = 12\frac{8154\frac{10\frac{2}{5}}{48}}{46644}$$ 日。傳本此段術文有脫誤，“滿”字後脫“十”字，“麼”字後脫“二”字，今依算理校補。

[4]求候日：古曆有物候之説，全年分七十二候，則每個節氣包含三候，故“三除恆氣，各爲平候日”，再作“先後”改正。

[5]這個表其實是物候與漏刻的合併表，其中“夜半漏”和“昏去中星”兩欄屬於晷漏，把步晷漏作爲曆法的獨立章節，要等到唐代一行的《大衍曆》。《皇極曆》的晷漏演算法和《大業曆》一樣，還不成系統。

[6]武始交：中華本校勘記指出“武”當作“虎”，唐人諱改。

〔求晝夜刻〕[1]

倍夜半之漏，得夜刻也。以減百刻，不盡爲晝刻。每減晝刻五，以加夜刻，即其晝爲日見、夜爲不見刻數。刻分以百爲母。

求日出入辰刻：

十二除百刻，得辰刻數，爲法。半不見刻，以半辰加之，爲日出實。又加日出見刻，爲日入實。如法而一，命子算外，即所在辰。不滿法，爲刻及分。

求辰前餘數：

氣、朔日法乘夜半刻，百而一，即其餘也。

求每日刻差：[2]

每氣準爲十五日，全刻二百二十五爲法。其二至各前後於二分，而數因相加減，間皆六氣。各盡於四立，爲三氣。至與前日爲一，乃每日增太；又各二氣，每日增少；其末之氣，每日增少之小；而末六日，不加而裁焉。二至前後一氣之末日，[3]終於十少；二氣初日，稍增爲十一半步，終於二十大；[4]三氣初日，二十一，終於三十少；四立初日，三十一，終於三十五太；五氣亦少增，初日三十六太，終四十一少；末氣初日，四十一少，終於四十二。每氣前後累算其數，又百八十乘爲實，各泛總乘法而除，得其刻差。隨而加減夜刻而半之，各得入氣夜半定刻。其分後十五日外，累算盡日，乃副置之，百八十乘，虧總除，爲其所因數。以減上位，不盡爲所加也。不全日者，隨辰率之。

求晨去中星：

加周度一，各昏去中星減之，不盡爲晨去度。[5]

求每日度差：

準日因增加裁，累算所得，百四十三之，四百而一，亦百八十乘，泛總除，爲度差數。滿轉法爲度，隨日加減，各得所求。分後氣間，亦求準外與前求刻，至前加減，皆因日數逆算求之。亦可因至向背其刻，冬減夏加，而度冬加夏減。若至前，以入氣減氣間，不盡者，因後氣而反之，以不盡日累算乘除所定，從後氣而逆以加減，皆得其數。此但略校其總，若精存于《稽極》云。[6]

[1]求晝夜刻：此四字底本脱，查《皇極曆》各術皆有名稱，獨此求晝夜刻數之術無術名，或爲脱漏，當補正。今存方括號内。

[2]求每日刻差：日出入辰刻和晝刻、夜刻是關於晝夜長短的問題，這是由於地球的自轉軸與公轉軌道面有夾角引起的，冬至夜刻最大，夏至夜刻最小。此"求每日刻差"術則是要給出一年中每相鄰兩日的夜刻（或晝刻）的差，以便推求每日的晝、夜刻。但學者認爲這段文字有錯漏，術文的意義不容易理解。其實，本術可分爲三層意思，僅有個別文字錯漏。第一層次從"每氣準爲十五日"到"不加而裁焉"，說明全年刻差構造的方法和總體情況：1年分成4段，每段包含6個節氣，如圖3左。第二層次從"二至前後"到"終於四十二"，給出每段的各個節氣的初、末數及其公差，從而各自構造出一個等差數列，作爲各氣内的每日刻差的增量，見圖3右和表1。第三層次從"每氣前後累算其數"到本術結尾，用等差數列求和的方法推算每日刻差，實際上是得出了每日刻差爲匀加速變化的，如下二次多項式，原理和太陽不均匀運動改正的二次内插法如出一轍。

$$入氣定刻 = \frac{1}{2}\Big[夜刻 + \frac{180}{225 \times 泛總} \sum_1^t (a + (t-1)\, d_i) \Big]，其中 a$$

爲初數，d_i 爲表1中數列，t 爲所求入氣時刻。若 t 爲春秋分後 15 日之外，則入氣定刻 $= \dfrac{1}{2}\left[\text{夜刻} + \dfrac{180-\text{虧總}}{\text{虧總}}\sum_1^t\left(a+(t-1)\,d_i\right)\right]$。

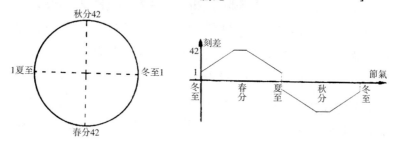

圖3　《皇極曆》刻差示意圖

表1　《皇極曆》每日刻差表

冬至		小寒		大寒		立春		驚蟄		雨水	
1	1	1	$11\frac{5}{12}$	1	21	1	31	1	$36\frac{2}{3}$	1	$41\frac{5}{12}$
2	$1\frac{2}{3}$	2	$12\frac{1}{12}$	2	$21\frac{2}{3}$	2	$31\frac{1}{3}$	2	37	2	$41\frac{6}{12}$
3	$2\frac{1}{3}$	3	$12\frac{3}{4}$	3	$22\frac{1}{3}$	3	$31\frac{2}{3}$	3	$37\frac{1}{3}$	3	$41\frac{7}{12}$
4	3	4	$13\frac{5}{12}$	4	23	4	32	4	$37\frac{2}{3}$	4	$41\frac{8}{12}$
5	$3\frac{2}{3}$	5	$14\frac{1}{12}$	5	$23\frac{2}{3}$	5	$32\frac{1}{3}$	5	38	5	$41\frac{9}{12}$
6	$4\frac{1}{3}$	6	$14\frac{3}{4}$	6	$24\frac{1}{3}$	6	$32\frac{2}{3}$	6	$38\frac{1}{3}$	6	$41\frac{10}{12}$
7	5	7	$15\frac{5}{12}$	7	25	7	33	7	$38\frac{2}{3}$	7	$41\frac{11}{12}$
8	$5\frac{2}{3}$	8	$16\frac{1}{12}$	8	$25\frac{2}{3}$	8	$33\frac{1}{3}$	8	39	8	42
9	$6\frac{1}{3}$	9	$16\frac{3}{4}$	9	$26\frac{1}{3}$	9	$33\frac{2}{3}$	9	$39\frac{1}{3}$	9	42
10	7	10	$17\frac{5}{12}$	10	27	10	34	10	$39\frac{2}{3}$	10	42

冬至		小寒		大寒		立春		驚蟄		雨水	
11	$7\frac{2}{3}$	11	$18\frac{1}{12}$	11	$27\frac{2}{3}$	11	$34\frac{1}{3}$	11	40	11	42
12	$8\frac{1}{3}$	12	$18\frac{3}{4}$	12	$28\frac{1}{3}$	12	$34\frac{2}{3}$	12	$40\frac{1}{3}$	12	42
13	9	13	$19\frac{5}{12}$	13	29	13	35	13	$40\frac{2}{3}$	13	42
14	$9\frac{2}{3}$	14	$20\frac{1}{12}$	14	$29\frac{2}{3}$	14	$35\frac{1}{3}$	14	41	14	42
15	$10\frac{1}{3}$	15	$20\frac{3}{4}$	15	$30\frac{1}{3}$	15	$35\frac{2}{3}$	15	$41\frac{1}{3}$	15	42

[3]二至前後：傳本作“二望至前後”，依中華本改。

[4]稍增爲十一半步，終於二十大：傳本作“稍增爲十二半，終於二十大”，中華本改作“稍增爲十二半，終於二十太”，按照表1中的數列構造，中華本的校改與初、末數和“每日增太”數字不合。所以王應偉在《中國古曆通解》（遼寧教育出版社1998年版）中又依據後氣初數分別爲二十一、三十一等，將“十二半”改作“十一”，依中華本改“二十大”爲“二十太”，顯然也不妥。

[5]“求晨去中星”至“不盡爲晨去度”：所謂晨去中星或昏去中星是指日出或日没時太陽去中天（子午圈）的弧度。如圖4，

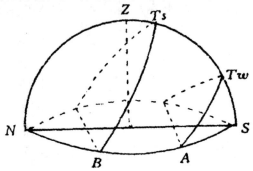

圖4　晨（昏）去中星示意圖

AT$_w$ 和 BT$_s$ 分别爲冬至和夏至日的晨去中星度，可見，晨（昏）去中星與晝（夜）漏刻緊密關聯。《皇極曆》此術的算法思路就是：根據前術求出的刻差，將之換算成度差而求去中星度，有

$$每日晨去中星 = 氣初晨去中星 \pm \frac{143}{400} \times 所求日刻差$$

[6] 若精存于《稽極》云：這是本志第二次提及《稽極》，可見《稽極》既有總結前代諸家曆法的內容，又存録有一些曆法算法的詳細演算過程。

　　轉終日，二十七；餘，千二百五十五。
　　終法，二千二百六十三。
　　終實，六萬二千三百五十六。
　　終全餘，千八。
　　轉法，五十二。
　　筴法，八百九十七。
　　閏限，六百七十六。[1]
　　推入轉術：
　　終實去積日，不盡，以終法乘而又去，不如終實者，滿終法得一日，不滿爲餘。即其年天正經朔夜半入轉日及餘。
　　求次日：
　　加一日，每日滿轉終則去之，其二十八日者，加全餘爲夜半入初日餘。
　　求弦望：
　　皆因朔加其經日，各得夜半所入日餘。
　　求次月：
　　加大月二日，小月一日，皆及全餘，亦其夜半

所入。

求經辰所入朔弦望：

經餘變從轉，不成爲秒，加其夜半所入，皆其辰入日及餘。因朔辰所入，每加日七、餘八百六十五、秒千一百六十大，秒滿日法成餘，亦得上弦。[2] 望、下弦、次朔經辰所入徑求者，加望日十四、餘千七百三十一、秒千七十九半，下弦日二十二、餘三百三十四、秒九百九十八小，次朔日一、餘二千二百八、秒九百一十七。亦朔望各增日一，減其全餘，望五百三十一、秒百六十二半，朔五十四、秒三百二十五。

求月應平會日所入：[3]

以月朔弦望會日所入遲速定數，亦變從轉餘，乃速加、遲減其經辰所入餘，即各平會所入日餘。

轉日	速分	速差	加減	朓朒積[4]
一日	七百六十四	消七	加六十八	朓初
二日	七百五十七	消八	加六十一	朓百二十三
三日	七百四十九	消十一	加五十三	朓二百三十四
四日	七百三十八	消十二	加四十二	朓三百三十一
五日	七百二十六	消十三	加三十一	朓四百八
六日	七百一十三	消十三	加十八	朓四百六十四

七日	七百	消十二	加五　八加 减秒太　一减	朓四百九十六
八日	六百八十八	消十四	减七	朓五百五
九日	六百七十四	消十四	减二十一	朓四百九十二
十日	六百六十	消十二	减三十四	朓四百五十四
十一日	六百四十八	消九	减四十六	朓三百九十一
十二日	六百三十九	消七	减五十五	朓三百七
十三日	六百三十二	消六	减六十二	朓二百七
十四日	六百二十六	息二	减五十六 七减　加十 六　二加	朓九十四
十五日	六百二十八	息七	加六十六	朒二十八
十六日	六百三十五	息九	加五十九	朒百四十八
十七日	六百四十四	息十一	加五十	朒二百五十六
十八日	六百五十五	息十一	加三十九	朒三百四十七
十九日	六百六十六	息十三	加二十九	朒四百一十九
二十日	六百七十九	息十四	加十六	朒四百七十一

二十一日	六百九十三	息十二	加三減大 六加三減	朒五百
二十二日	七百五	息十四	減十	朒五百五當日自減，減見爲五百四。
二十三日	七百一十九	息十三	減二十三	朒四百八十七
二十四日	七百三十二	息十二	減三十六	朒四百四十六
二十五日	七百四十四	息十	減四十八	朒三百八十一
二十六日	七百五十四	息七	減五十八	朒二百九十三
二十七日	七百六十一	息五 籤四	減六十五	朒百八十八
二十八日	七百六十六 籤四	平五息 四消	減七十三 十八少終餘三十一太全餘	朒七十

　　[1]"轉終日"至"六百七十六"："轉終"是相當於近點月的數據，近點月＝終實/終法＝62356/2263＝27＋1255/2263＝27.55457日，終全餘＝終法－1255＝1008。《皇極曆》的近點月長度與理論值之差僅0.8秒，在傳統曆法中其精度乃屬上乘。轉法×籤法＝氣日法，"閏限"數值和歲率相同，閏限＝小周－月率＝歲率，前注已經給出：小周＝歲率＋月率。

　　[2]"經餘變從轉"至"亦得上弦"：月亮改正相當於月亮運

動的中心差。中心差以近點月爲周期計算，而近點月則是以月亮運動軌道的近（或遠）地點爲基準，月亮連續兩次經過近地點所需的時間。所以，做月亮改正計算時先要求出合朔時刻入近點月的位置，從而需"經餘變從轉"，經餘，即經朔大小餘；從轉，即換算成入轉日及分。以四分之一朔望月 $7\frac{475\frac{1}{4}}{1242}$ 爲例，設 $\frac{475\frac{1}{4}}{1242}=\frac{x}{2263}$，則 $x=865\frac{1160\frac{9}{12}}{1242}$。所以求上弦的術文曰"餘八百六十五、秒千一百六十大"。以下求望、下弦和次月同此算理。

[3]求月應平會日所入：傳本皆作"求月平應會日所入"。以之前推太陽改正時的"求月朔弦望應平會日所入遲速"術例此，平、應二字誤倒，當改。《皇極曆》推月亮改正的思路是，先按"推入轉術"確定平朔、弦、望時入近點月的位置，再由此"求月應平會日所入"術計算經過太陽改正後的朔、弦、望過近地點後的日數及餘分。其整日部分的月亮改正由下文月離表的朓朒積欄直接查出，"入餘"部分的改正將由下文插值法計算。

[4]此數表即《皇極曆》的月離表。其中，轉日＝月過近點後的日數，速分＝月亮實行度×轉法（52），速差＝次日速分－本日速分，加減數＝月實行分－月平行分，朓朒積＝∑（加減數×2263/1242）。其中 1242 爲朔日法，2263 爲終法，一乘一除即將"加減數"原朔分值化爲轉終分值。又，此月離表中的數據亦有若干錯訛，已經根據算理校算改正，不一一出注。

推朔弦望定日術：[1]

各以月平會所入之日加減限，限并後限而半之，爲通率。又二限相減，爲限衰。前多者，以入餘減終法，殘乘限衰，終法而一，并於限衰而半之。前少者，半入

餘乘限衰，亦終法而一，〔減限衰〕。[2]皆加通率，入餘
乘之，日法而一，所得爲平會加減限數。其限數又別從
轉餘爲變餘，朓減、朒加本入餘。限前多者，朓以減與
未減，朒以加與未加，皆減終法，并而半之，以乘限
衰。前少者，亦朓朒各并二入餘，半之，以乘限衰。皆
終法而一，加於通率，變餘乘之，日法而一。所得以朓
減、朒加限數，加減朓朒積而定朓朒。乃朓減、朒加其
平會日所入餘，滿若不足進退之，即朔弦望定日及餘。
不滿晨前數者，借減日算，命甲子算外，各其日也。不
減與減，朔日立算與後月同。若俱無立算者，月大，其
定朔算後加所借減算。閏衰限滿閏限，定朔無中氣者爲
閏。滿之前後，在分前若近春分後、秋分前，而或月有
二中者，皆量置其朔，不必依定。其後無同限者，亦因
前多，以通率數爲半衰而減之。[3]前少，即爲通率。其
加減變餘進退日者，分爲一日，隨餘初末如法求之，所
得并以加減限數。凡分餘秒筭，事非因舊，文不著母
者，皆十爲法。若法當求數，用相加減，而更不過通
遠，率少數微者，則不須算。其入七日餘二千一十一、
十四日餘千七百五十九、二十一日餘千五百七、二十八
日始終餘，以下，爲初數，各減終法。以上，爲末數。
其初、末數皆加減相返，其要各爲九分。初則七日八
分，十四日七分，二十一日六分，二十八日五分；末則
七日一分，十四日二分，二十一日三分，二十八日四
分。雖初稍弱而末微强，餘差止一，理勢兼舉。皆今有
轉差，各隨其數。若恒算所求，七日與二十一日得初衰

數，而末、初加隱而不顯，且數與平行正等。亦初末有數而恒算所無，其十四日、二十八日既初、末數存，而虛衰亦顯，其數當去，恒法不見。

求朔弦望之辰所加：[4]

定餘半朔辰五十一大以下，爲加子過。以上，加此數，乃朔辰而一，亦命以子，十二算外。又加子初。以後其求入辰強弱，如氣。[5]

[1]推朔弦望定日術：其術文給出了月亮改正公式，它是《皇極曆》最重要的術文之一，詳解如下。月平會所入之日，即經太陽改正後的朔（弦、望）過近地點後的時日。通率 =（所求日限 + 後日限）/2，即爲平均算子；限衰 = ∣所求日限 − 後日限∣，是爲朓朒積的二階差分。平會加減限數，指平會時刻入近點月的"入餘"部分的月亮改正（Δt）。依術文其計算公式爲：

$$\Delta t = \begin{cases} \left[通率 + \dfrac{1}{2}\left(\dfrac{終法 - 入餘}{終法} \cdot 限衰 + 限衰 \right) \right] \cdot \dfrac{入餘}{日法} & （前多） \\[3mm] \left(通率 + \dfrac{1}{2}\dfrac{入餘}{終法} \cdot 限衰 - 限衰 \right) \cdot \dfrac{入餘}{日法} & （前少） \end{cases}$$

入餘是入近點月的不足整日部分的分值，近點月的法度爲終法，並非日法，故有：入餘/日法 =（入餘/終法）·（終法/日法）。從而上式前多時即爲：

$$\Delta t = \left(通率 + 限衰 - \dfrac{1}{2}\dfrac{入餘}{終法} \cdot 限衰 \right) \cdot \dfrac{入餘}{終法} \cdot \dfrac{入餘}{日法} \quad （前多）$$

$$= \left(通率 \cdot \dfrac{入餘}{終法} + 限衰 \cdot \dfrac{入餘}{終法} - \dfrac{1}{2}\dfrac{入餘}{終法} \cdot 限衰 \cdot \dfrac{入餘}{終法} \right) \cdot \dfrac{終法}{日法}$$

$$= \left(日末率 + 總差 - \dfrac{1}{2}\dfrac{入餘}{終法} \cdot 總差 \right) \cdot \dfrac{終法}{日法}$$

意爲先將日末差加總差移至日初率，再將之向後移"$\frac{1}{2} \cdot$

$\frac{入餘}{終法}$"段，得入餘段的加減限數。"前少時"公式中正負號相反。

上述求 Δt 的算法，僅爲月亮改正的一級改正。考慮到月亮每日行度達 13 度有餘，則在改正值 Δt 時段上，月亮的行度亦爲可觀，爲減小誤差，《皇極曆》又設計了二級改正。取：變餘 = Δt，對變餘如上法再求其月亮改正 $\Delta t'$，即"變餘加減限數"。當其加減限前多時，取 [終法 － （入餘 ± Δt） ＋ （終法 － 入餘）] /2 ＝ 終法 － （入餘 ± Δt/2）；前少時，取 （2 入餘 ± Δt） /2 ＝ （入餘 ± Δt/2）。則（$\Delta t'$）爲：

$$\Delta t' = \begin{cases} \left\{ 通率 + \dfrac{\left[終法 - \left(入餘 \pm \dfrac{\Delta t}{2} \right) \right] \cdot 限衰}{終法} \right\} \cdot \dfrac{變餘}{日法} & （前多） \\[4ex] \left[通率 + \dfrac{\left(入餘 \pm \dfrac{\Delta t}{2} \right) \cdot 限衰}{終法} \right] \cdot \dfrac{變餘}{日法} & （前少） \end{cases}$$

$$= \begin{cases} \left(通率 \cdot \dfrac{變餘}{終法} + 限衰 \cdot \dfrac{變餘}{終法} - \dfrac{入餘 \pm \dfrac{\Delta t}{2}}{終法} \cdot \dfrac{限衰 \cdot 變餘}{終法} \right) \cdot \dfrac{終法}{日法} & （前多） \\[4ex] \left(通率 \cdot \dfrac{變餘}{終法} + \dfrac{入餘 \pm \dfrac{\Delta t}{2}}{終法} \cdot \dfrac{限衰 \cdot 變餘}{終法} \right) \cdot \dfrac{終法}{日法} & （前少） \end{cases}$$

$$= \begin{cases} \left(日末率 + 總差 - \dfrac{入餘 \pm \dfrac{\Delta t}{2}}{終法} \cdot 總差 \right) \cdot \dfrac{終法}{日法} & （前多） \\[4ex] \left(日初率 + \dfrac{入餘 \pm \dfrac{\Delta t}{2}}{終法} \cdot 總差 \right) \cdot \dfrac{終法}{日法} & （前少） \end{cases}$$

綜合以上推算，定朔（弦、望）的月亮改正爲：

定朓朒 = 朓朒積 ± 平會加減限數（Δt） ± 變餘加減限數（$\Delta t'$）

最後，以定朓朒加減平會日及餘即得定朔（弦、望）之日及餘。

〔2〕減限衰：三字傳本無，中華本補。依算理“減限衰”乃將末率移至初率位置。李善蘭有種理解：“後限”即指比所求限少之限，因而當前少時，“後限”當爲所求限之前一日之限。如此理解，則通率除以終法即爲初率而不必再減限衰做移動了。考慮到《麟德曆》《大衍曆》相應處皆無此三字，以及《皇極曆》下文的“月亮極黃緯”同類演算法中亦有相同的情況，李善蘭的理解當爲可信，故僅存括弧內。

〔3〕亦因前多，以通率數爲半衰而減之：文意可通。中華本認爲當校改爲“亦因前限，前多，以通率爲初數，半衰而減之”，無必要。

〔4〕求朔弦望之辰所加：是把定朔弦望的小餘換算成辰刻。此術再次明確指出了《皇極曆》的日界（子初）爲夜半。

〔5〕如氣：即和步算節氣時推算加時的方法一樣。

求入辰法度：[1]

度法，四萬六千六百四十四。

周數，千七百三萬七千七十六。

周分，萬二千一十六。

轉，十三。

篾，三百五十五。

周差，六百九半。

在日謂之餘通，在度謂之篾法，亦氣爲日法、爲度法，隨事名異，其數本同。女末接虛，謂之周分。[2]變周從轉，謂之轉。晨昏所距日在黃道中，準度赤道計之。

斗二十六，牛八，女十二，虛十，危十七，室十六，壁九。

北方玄武七宿九十八度。

奎十六，婁十二，胃十四，昴十一，畢十六，觜二，參九。

西方白虎七宿八十度。

井三十三，鬼四，柳十五，星七，張十八，翼十八，軫十七。

南方朱雀七宿百一十二度。

角十二，亢九，氐十五，房五，心五，尾十八，箕十一。

東方蒼龍七宿七十五度。

前皆赤道度，其數常定，紘帶天中，儀極攸準。

[1]求入辰法度：由周數、度法，給出周天度數：周天 = $\dfrac{周數}{度法}$ = $365\dfrac{12016}{46644}$ = 365.2576 度，12016 即周分，度法和氣日法相同。周差即歲差的分值，周差 = 周數 - 歲數 = 609.5。

[2]女末接虛，謂之周分：是説周天不滿整度的奇零分（周分）放在女宿末。

推黃道術：[1]

準冬至所在爲赤道度，後於赤道四度爲限。初數九十七，每限增一，以終百七。其三度少弱，平。乃初限百九，亦每限增一，終百一十九，春分所在。因百一十九每限損一，又終百九。亦三度少弱，平。乃初限百七，每限損一，終九十七，夏至所在。又加冬至後法，得秋分、冬至所在數。各以數乘其限度，百八而一，累而總之，即皆黃道度也。度有分者，前後輩之，宿有前却，度亦依體，數逐差遷，道不常定，準令爲度，見步天行，歲久差多，隨術而變。

斗二十四，牛七，女十一半，虛十，危十七，室十七，壁十。

北方九十六度半。

奎十七，婁十三，胃十五，昴十一，畢十五半，觜二，參九。

西方八十二度半。

井三十，鬼四，柳十四半，星七，張十七，翼十九，軫十八。

南方一百九度半。

角十三，亢十，氐十六，房五，心五，尾十七，箕十半。

東方七十六度半。

前皆黃道度，步日所行。月與五星出入，循此。

[1]推黃道術：即由赤道度求黃道度。依本術文，將赤道從冬至到春分這一個象限，每4度分爲"一限"，共22限，分兩段各11限，每限增1，中間放了一個3.3144度（三度少弱）的特別的"平限"，爲減少小數計算，將它移到最後。根據從"於赤道四度爲限"到"得秋分冬至所在數"這段術文，可以構造出一個黃赤道差數表，以冬至到春分象限爲例，見表2。春分到夏至也爲一個象限，可以構造同樣的數表，但第三列"增"改爲"損"。又"加冬至後法"，即言同理可得夏至到秋分、秋分到冬至兩個象限的數

表。"累而總之"即可得黃赤道度的差：$\Delta = \Sigma 數 \times \dfrac{限度}{108}$，則：黃

道度 = 冬至赤道度 $\pm \Delta$。式中的 108 乃由第三列的"限"88，以及

第三列"增"的總和 20 而得；式中的"數"即表 2 第四列各項，

構成一等差數列。第三列各數相等，它們分別是第四列各相鄰兩數

的差，這種算法被稱爲"二次差内插法"。

表2　冬至到春分象限黃赤道差

赤道	限	增	數	赤道	限	增	數
4	初	0	97	48	初	0	109
8	二	1	98	52	二	1	110
12	三	1	99	56	三	1	111
16	四	1	100	60	四	1	112
20	五	1	101	64	五	1	113
24	六	1	102	68	六	1	114
28	七	1	103	72	七	1	115
32	八	1	104	76	八	1	116
36	九	1	105	80	九	1	117
40	十	1	106	84	十	1	118
44	十一	1	107	88	十一	1	119
				91.3144	平		

推月道所行度術：[1]

準交定前後所在度半之，亦於黃道四度爲限，[2]初

十一，每限損一，以終於一。其三度强，平。乃初限數

一，每限增一，亦終十一，爲交所在。即因十一，每限

損一，以終於一。亦三度强，平。又初限數一，每限增

一，終於十一，復至交半。返前表裏。仍因十一增損，

如道得後交及交半數。各積其數，百八十而一，即道所行每與黃道差數。其月在表，半後交前，損減增加，交後半前，損加增減於黃道。其月在裏，各返之，即得月道所行度。其限未盡四度，以所直行數乘入度，四而一。若月在黃道度，增損於黃道之表裏，不正當於其極，可每日準去黃道度，增損於黃道，而計去赤道之遠近，準上黃道之率以求之。遟伏相消，朓朒互補，則可知也。積交差多，隨交爲正。其五星先候，在月表裏出入之漸，又格以黃儀，準求其限。若不可推明者，依黃道命度。

[1]推月道所行度術：是由黃道度推白道度的演算法，其方法和前注"推黃道術"相同。根據從"亦於黃道四度爲限"到"如道得後交及交半數"術文，可構造出計算黃白道差的數表，以先交到交半象限爲例，見表3。依術文有：$\Delta = \dfrac{\sum 數}{180}$，白道度 = 黃道度 $\pm \Delta$。"$\pm$"號的取法爲"其月在表，半後交前，損減增加；交後半前，損加增減於黃道。其月在裏，各返之"，如圖5，其中的①段即爲月在表的半後交前，②段爲月在表的交後半前，當"損加增減"，③則爲月在裏的半後交前，④爲月在裏的交後半前，當返之爲"損減增加"。

表3　先交到交半象限黃白道差

黃道	限	損	數	黃道	限	增	數
4	初	0	11	48	初	0	1
8	二	1	10	52	二	1	2
12	三	1	9	56	三	1	3

黄道	限	損	數	黄道	限	增	數
16	四	1	8	60	四	1	4
20	五	1	7	64	五	1	5
24	六	1	6	68	六	1	6
28	七	1	5	72	七	1	7
32	八	1	4	76	八	1	8
36	九	1	3	80	九	1	9
40	十	1	2	84	十	1	10
44	十一	1	1	88	十一	1	11
				91.3144	平		

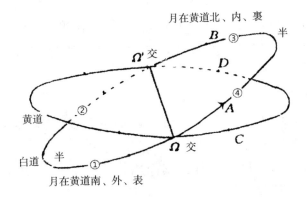

月在黄道北、内、裏

月在黄道南、外、表

圖5　黄白道差示意圖

[2] 黄道：各本"黄"字皆誤作"赤"，當改正。因本術是在由黄道推月道，即推算黄白道差，本術下文求出了黄白道差度時則曰"即道所行每與黄道差數"，可爲證。

推日度術：

置入元距所求年，歲數乘之，爲積實，周數去之，不盡者，滿度法得積度，不滿爲分。以冬至餘減分，命積度以黃道起於虛一，[1]宿次除之，不滿宿算外，即所求年天正冬至夜半日所在度及分。

[1]黃道起於虛一：《皇極曆》上元和近距元時刻，日月在黃道虛宿 1 度。

求天正定朔度：[1]

以定朔日至冬至每日所入先後餘爲分，日爲度，加分以減冬至度，即天正定朔夜半日所在度分。亦去朔日乘衰總已通者，以至前定氣除之。又如上求差加，以并去朔日，乃減度，亦即天正定朔日所在度。皆日爲度，餘爲分。其所入先後及衰總用增損者，皆分前增、分後損其平日之度。

求次日：

每日所入先後分增損度，以加定朔度，得夜半。

求弦望：

去定朔每日所入分，累而增損去定朔日，乃加定朔度，亦得其夜半。

求次月：

曆算大月三十日，小月二十九日，每日所入先後分增損其月，以加前朔度，即各夜半所在。至虛去周分。

求朔弦望辰所加：

各以度準乘定餘，約率而一，爲平分。又定餘乘其日所入先後分，日法而一，乃增損其平分，以加其夜半，即各辰所加。其分皆籤法約之，爲轉分，不成爲篋。凡朔辰所加者，皆爲合朔日月同度。[2]

[1]求天正定朔度：各本作"求年天正定朔度"，其中"年"字爲衍文，當删。　即天正定朔夜半日所在度分：各本"日所在度分"皆作"日在所度分"，文意欠通。以下文"亦即天正定朔日所在度"例此，當改正。此術計算"所求年"天正（十一月）朔的真時間，即定朔。有：

定朔時刻＝平朔時刻±太陽改正±月亮改正

其中，太陽改正、月亮改正已經在之前推算出來了，加减後再"去命"而得定大小餘。這種同時考慮日與月不均勻運動對真合朔時間影響的改正算法，在中國傳統曆法史上，是劉焯首創的，這個創造是劉焯《皇極曆》諸多創新中最重要的成就。

[2]凡朔辰所加者，皆爲合朔日月同度：此術所求的"朔辰所加"即爲定朔時刻换算成的時辰，《皇極曆》在此明確指出，定朔時刻必爲日、月同度，這是有了以上真正的定朔算法的結果。以下求朔、弦、望即可計算日、月同黄經或日、月相距四分之一周或日、月相距半周，"推月而與日同度術"與"求月弦望定辰度"正是用這樣的思路。

推月而與日同度術：

各以朔平會加减限數加减朓朒，爲平會朓朒。以加减定朔，度準乘，約率除，以加减定朔辰所加日度，即平會辰日所在。又平會餘乘度準，約率除，减其辰所在，爲平會夜半日所在。乃以四百六十四半乘平會餘，亦以周差乘，朔實除，從之，以减夜半日所在，即月平會夜半所在。三十七半乘平會餘，增其所减，以加减半，得月平會辰平行度。五百二乘朓朒，亦以周差乘，朔實除而從之，朓減、朒加其平行，即月定朔辰所在度，而與日同。若即以平會朓朒所得分，加減平會辰所在，亦得同度。

求月弦望定辰度：

各置其弦望辰所加日度及分，加上弦度九十一，轉分十六，籤三百一十三；望度百八十二，轉分三十二，籤六百二十六；下弦度二百七十三，轉分四十九，籤四十二。皆至虛，去轉周求之。

定朔夜半入轉：

經朔夜半所入準於定朔日，有增損者，亦以一日加減之；否者，因經朔爲定。其因定求朔次日、弦、望、次月夜半者，如於經月法爲之。

推月轉日定分術：[1]

以夜半入轉餘乘逡差，終法而一，爲見差。以息加、消減其日逡分，爲月每日所行逡定分。

求次日：

各以逡定分加轉分，滿轉法從度，皆其夜半。因日轉若各加定日，皆得朔、弦、望夜半月所在定度。其就辰加以求夜半，各以半逡差減逡分，消者，定餘乘差，終法除，并差而半之；息者，半定餘以乘差，終法而一。皆加所減，乃以定餘乘之，日法而一，各減辰所加度，亦得其夜半度。因夜半亦如此求逡分，以加之，亦得辰所加度。諸轉可初以逡分及差爲籤，而求其次，皆訖，乃除爲轉分。因經朔夜半求定辰度者，以定辰去經朔夜半減，而求其增損數，乃以數求逡定分，加減其夜半，亦各定辰度。

[1]推月轉日定分術：此術及下術中出現了"遟差""遟分"和"遟定分"等術語，但本卷之前和之後皆沒有這些術語的交待或具體數據。其實，在前面劉焯給皇太子的上書中，把月遟與日躔並列，則遟與躔同義。因此這裏的"遟差""遟分"和"遟定分"當爲與近點月相關的數據，它們可以理解成：轉差、轉分、轉定分。

求月晨昏度：[1]
如前氣與所求每日夜漏之半，以遟定分乘之，百而一，爲晨分。減遟定分，爲昏分。除爲轉度，望前以昏，後以晨，加夜半定度，得所在。
求晨昏中星：[2]
各以度數乘夜半定度，[3]即中星度。其朔、弦、望，以百刻乘定餘，滿日法得一刻，即各定辰近入刻數。皆減其夜半漏，不盡爲晨，初刻不滿者屬昨日。

[1]月晨昏度：在有了每日夜漏數以及月亮改正後，可求出每日月實行分（遟定分），將二者相乘並進行單位換算，可得月亮從每日夜半到晨時時段的行度。接下來，再把這求得的每日月夜刻"行度"加到夜半時月亮所在的宿度，即可求得每日晨時月亮所在宿度。
[2]晨昏中星：是指晨或昏時與中天的距離，用度值（參見圖4）。本術的算式爲：中星度＝1/2（周天度×夜定漏數）。
[3]各以度數乘夜半定度："乘"字各本訛作"加"，依算理當改。又，李淳風《麟德曆》的"求昏旦去中星度術"不誤，可證此。其術曰："每日求其晝漏刻數，以乘期實，二百乘總法而除之，

得昏去中星度。”“期實/總法”即《麟德曆》的周天度值。

　　復月，五千四百五十八。

　　交月，二千七百二十九。

　　交率，四百六十五。

　　交數，五千九百二十三。

　　交法，七百三十五萬六千三百六十六。

　　會法，五十七萬七千五百三十。

　　交復日，二十七；餘，二百六十三；秒，三千四百三十五。

　　交日，十三；餘，七百五十二；秒，四千六百七十九。

　　交限，日，十二；餘，五百五十五；秒，四百七十三半。

　　望差，日，一；餘，百九十七；秒，四千二百五半。

　　朔差，日，二；餘，三百九十五；秒，二千四百八十八。

　　會限，百五十八；餘，六百七十六；秒，五十半。

　　會日，[1]百七十三；餘，三百八十四；秒，二百八十三。

　　[1]“復月”至“會日”：這些項目給出了《皇極曆》關於交食計算的一系列基本數據。其中，交點月 = $\dfrac{復月}{交數} \times \dfrac{朔實}{朔日法} = 27$

$263\dfrac{\frac{3435}{5923}}{1242}$ 日；交點年 $=\dfrac{復月}{交率}\times\dfrac{朔實}{朔日法}=346\dfrac{\frac{769\frac{101}{465}}{1242}$ 日；會限 $=$（交

點年 $-$ 朔望月）$/2=$（$346\dfrac{769\frac{101}{465}}{1242}-29\dfrac{659}{1242}$）$/2=158\dfrac{676\frac{50.5}{465}}{1242}$ 日。

這裏要特別注意，$\dfrac{交數}{交率}=\dfrac{交點年}{交點月}$ 是理解下文推月行入交術和日行入會術的關鍵，參見"求定朔望入交定日"注。

推月行入交表裏術：

置入元積月，復月去之，不盡，交率乘而復去，不如復月者，滿交月去之，爲在裏數，不滿爲在表數，即所求年天正經入交表裏數。

求次月：

以交率加之，滿交月去之，前表者在裏，前裏者在表。

入交日	去交衰	衰積[1]
一日	進十四	衰始
二日餘百九十八以下食限[2]	進十三	十四
三日	進十一半	二十七
四日	進九半	三十八半
五日	進七	四十八
六日	進四	五十五

入交日		
七日	進二退一 五分 四進强一退弱	五十九
八日	退二	六十六十又一分 一分當日退
九日	退五	五十八
十日	退八	五十三
十一日	退十半	四十五
十二日	退十二半	三十四半
十三日 餘五百五十五以上食限	退十三半	二十二
十四日	退十四小 三退强二進弱	八半

[1]此表即爲交點月改正算法的數表，以“入交日”爲數表的行，説明該數表以距離交點的時間爲引數，交點月爲27度多，黄白道有兩個交點，把每個交點月分成兩半，故本表分14行。

[2]餘百九十八以下食限：此處及下文的“餘五百五十五以上食限”，分別爲交點後（圖5中的 $\Omega'A$）和交點前（$B\Omega'$）的食限。

推月入交日術：

以朔實乘表裹數，爲交實，滿交法爲日。不滿者交數而一，爲餘，不成爲秒。命日算外，即其經朔月平入交日餘。

求望：[1]

以望差加之，滿交日去之，則月在表裏與朔同，不滿者與朔返。其月食者，先交與當月朔，後交與月朔表裏同。

求次月：

朔差加月朔所入，滿交日去之，表裏與前月返，不滿者與前月同。

求經朔望入交常日：

以月入氣朔望平會日遲速定數，速加、遲減其平入交日餘，爲經交常日及餘。

求定朔望入交定日：[2]

以交率乘定朓朒，交數而一，所得以朓減、朒加常日餘，即定朔望所入定日及餘。其去交如望差以下、交限以上者月食，月在裏者日食。

推日入會日術：

會法除交實爲日，不滿者，如交率爲餘，不成爲秒。命日算外，即經朔日入平會日及餘。

求望：

加望日及餘，次月加經朔，其表裏皆準入交。

求入會常日：[3]

以交數乘月入氣朔望所平會日遲速定數，交率而一，以速加、遲減其入平會日餘，即所入常日餘。亦以定朓朒，而朓減、朒加其常日餘，即日定朔望所入會日及餘。皆滿會日去之，其朔望去會，如望以下、會限以上者，亦月食。月在日道裏則日食。

求月定朔望入交定日夜半：

交率乘定餘，交數而一，以減定朔望所入定日餘，即其夜半所定入。

求次日：

以每日遲速數，分前增、分後損定朔所入定日餘，以加其日，各得所入定日及餘。

求次月：

加定朔，大月二日，小月一日，皆餘九百七十八，秒二千四百八十八。各以一月遲速數，分前增、分後損其所加，爲定。其入七日，餘九百九十七，秒二千三百三十九半以下者，進。其入此以上，盡全餘二百四十四，秒三千五百八十三半者，退。其入十四日，如交餘及秒以下者，退。其入此以上，盡全餘四百八十九，秒千二百四十四者，進而復也。其要爲五分，初則七日四分，十四日三分，末則七日後一分，十四日後二分。雖初强末弱，衰率有檢。

求月入交去日道：[4]

皆同其數，以交餘爲秒積，以後衰并去交衰，半之，爲通數。進則秒積減衰法，以乘衰，交法除，而并衰以半之。退者，半秒積以乘衰，交法而一。皆加通數，秒積乘，交法除，所得以進退衰積，十而一爲度，不滿者求其强弱，則月去日道數。月朔望入交，如限以上，減交日，殘爲去後交數。如望差以下，即爲去先交數。有全日同爲餘，各朔辰而一，得去交辰。其月在日道裏，日應食而有不食者；月在日道表，日不應食而亦有食者。

[1]先交："先交"古曆又稱爲"交初"或"正交"，即現代天文學所謂的升交點（上元時刻在升交點的曆法）。 後交：又叫"交終"或"交中"，即降交點，從先交到後交之間的中點叫"交半"（見圖5）。此術前後多處出現"入交表、裏"概念，表、裏又叫南、北或外、內，是指日、月運行所在的位置相對黃白交點的關係，參見圖5。黃白交點以及黃道與白道的交角都是不斷變化的，這些變化對交食計算影響很大，比較複雜，是交食計算的難點所在。

[2]求定朔望入交定日：記月亮運行到某個位置與黃白交點的距離爲 P，即本術所要推算的"定朔望入交定日"，同時再記之前的太陽改正爲 T_1，月亮改正爲 T_2，則先經過上文的"求經朔望入交常日"，再由此"求定朔望入交定日"所做計算，相當於公式：

$$P = 月入交平日及餘\ P_1 \pm T_1 \pm T_2 \times \frac{交率}{交數}。$$

其中，T_2 乘以交率、除以交數，涉及對交點退行的正確認識。總而言之，劉焯這一算法既考慮了日、月運動不均勻性的影響，又慮及黃白交點退行的因素，具有深刻的天文意義，被後世曆法繼承。關於這個算法的解釋參見（日）藪內清著，杜石然譯《中國的天文曆法》，北京大學出版社 2017 年版；劉金沂《隋唐曆法中入交定日術的幾何解釋》，《自然科學史研究》1983 年第 4 期。

[3]求入會常日：此"入會常日"和"定朔望所入會日及餘"是關於太陽運行到某個位置與黃白交點的距離的計算問題。記太陽與黃白交點的時距爲 Q，T_1、T_2 的含義如上注，從而，Q = 日入會平日及餘（Q_1）$\pm T_1 \times \dfrac{交率}{交數} \pm T_2$。由於有了以上劉焯關於月入交和日入會這兩個算法的創造，已經基本解決了交食推算的重要參量 P、Q 計算的嚴密性問題，對交食推算精度的提高具有重要的意義。

[4]求月入交去日道：此術即計算所謂的"月亮極黃緯"。它是中國古曆中的一個很特別的概念，中國古代天文的黃道座標沒有黃極，黃道座標和赤道座標共用一個"極"，乃赤道的極。就是説

黄道坐標系的緯度是沿着赤經綫度量的，不是真正的黄緯，被天文史家稱爲"極黄緯"。從而"月入交去日道"就是月亮離開交點後在黄道内、外（或表、裹），離開黄道的距離（以度數計量），如圖6中的MM'。顯然，MM'是沿着赤經圈PM"度量的。至於本術叙述的算法，其方法和原理與月亮改正的二次内插相同，不再詳解。

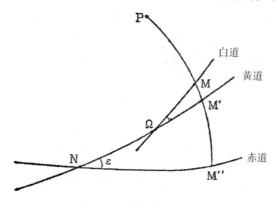

圖6　月亮極黄緯示意圖

推應食不食術：[1]

朔先後在夏至十日内，去交十二辰少；二十日内，十二辰半；一月内，十二辰大太；[2]閏四月、六月，十三辰以上，加南方三辰。[3]若朔在夏至二十日内，去交十三辰，以加辰、申半以南四辰。閏四月、六月，亦加四辰。穀雨後、處暑前，加三辰；清明後、白露前，加巳半以西、未半以東二辰；春分、秋分前後，[4]加午一辰。[5]皆去交十三辰半以上者，並或不食。

[1]推應食不食術：此術和下面的"推不應食而食術"，是關

於日食是否發生的更深層次的判別方法。一方面，日去黃白交點的度數已小於可能發生日偏食的限度，但在某種條件下却無日食。另一方面，雖然日在黃道南，理不應食，但在某種條件下却發生日食現象。"推應食不食術"共列出了九種日應食不食的判據，"推不應食而食術"則列出了七種日不應食而食的判據，每一種判據均與定朔時日月去黃白交點的度數、所在節氣以及距午正的時刻等三個因素相關。研究者分析了劉焯這十六種判據，認爲它們都定性地與月亮視差對日食影響的原理相符合。參見陳美東《古曆新探》，遼寧教育出版社 1995 年版，第 377—382 頁。

[2]十二辰大太：各本脱漏"太"字，依算理當補。

[3]南方三辰：本術及下文中的"南方三辰""加辰""以南四辰"等用語的含義可參見圖 7 所示。其中加辰的"辰"是指與午正的距離。

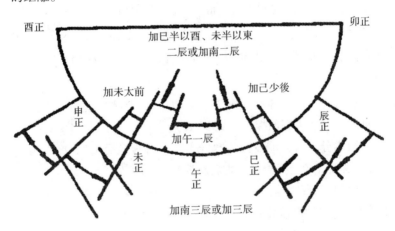

酉正　　　　　　　　　　　　卯正
加巳半以酉、未半以東
二辰或加南二辰
加未太前　　　　　　加巳少後
申正　　　　　　　　　　　　辰正
加午一辰
未正　　　　　巳正
午正
加南三辰或加三辰

圖 7　陳美東《古曆新探》"加辰"方法的示意圖

[4]春分、秋分前後：各本皆作"春分前"，今依陳美東的校算補正（參見陳美東《古曆新探》，第 379 頁）。

[5]加午一辰：本術的加辰之數值（即去午正）與發生交食時所

在的節氣有關，就是説《皇極曆》在考慮應食不食、不應食而食問題時，進一步分析了合朔時刻日、月的天頂距以及其所在節氣的位置，這兩點的天文意義見下注。節氣因素的考量方法可如圖8所示。

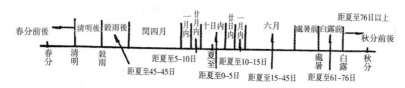

圖8　陳美東《古曆新探》應食不食的節氣因素

推不應食而食術：

朔在夏至前後一月內，去交二辰；四十六日內，一辰半，以加二辰。又一月內，亦一辰半，加三辰。去交一辰，[1]與四十六日內，加三辰。穀雨後、處暑前，加巳少後、未太前；清明後、白露前，加二辰；春分、秋分前後，[2]加一辰。[3]皆去交半辰以下者，並得食。

[1]去交一辰：各本誤作“及加四辰”，今依陳美東校算改正（參見陳美東《古曆新探》，第380頁）。

[2]春分、秋分前後：各本皆作“春分後秋分前”，今依陳美東校算改正（參見陳美東《古曆新探》，第380頁）。

[3]加一辰：本術中的加辰數值和上術一樣，與合朔時刻所在節氣相關，其對應關係如圖9所示。

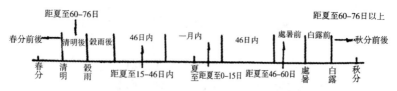

圖9　陳美東《古曆新探》不應食而食的節氣因素

推月食多少術：[1]

望在分後，以去夏至氣數三之；其分前，又以去分氣數倍而加分後者。皆又以十加去交辰倍而并之，減其去交餘，爲不食定餘。乃以減望差，殘者九十六而一，不滿者求其强弱，亦如氣辰法，以十五爲限，命之，即各月食多少。

[1]推月食多少術：此術乃計算月食的食分。記月食食分爲 G_1，此術給出了如下計算公式：

$$G_1 = \frac{望差 - \{去交日分 - [3K_1 + 2(10 + S) + 2K_2]\}}{96}$$

其中，望差 $= \frac{1}{2} \cdot$ 朔差 $= \frac{1}{2}$（朔望月－交點月），去交日分即前注的 P 值，S 爲去交日分所對應時辰數（0－14），K_1 爲發生在春分（或秋分）前後的"望"所在節氣距夏至的節氣數（0－12），K_2 爲發生在春分（或秋分）前的"望"所在節氣距春分（或秋分）的節氣數（0－6），若"望"在春分（或秋分）後，$K_2 = 0$。又，望差 $= 1439\frac{4205.5}{5923} \approx 96 \times 15$，則上式可以改寫爲：

$$G_1 = \frac{望差 - P}{望差} \times 15 + \frac{3K_1 + 2K_2}{96} + \frac{2S}{96} + \frac{20}{96}$$

該式右邊首項分式的天文學含義是：月面直徑被遮掩部分與月面直徑的比，15 係月面直徑的總份數。這一項與《皇極曆》以前曆家的傳統算法是等價的，是劉焯對前人工作的繼承。第二項是與"望"所在節氣有關的食分改正值，它實際上是考慮了發生月食時，太陽與近地點（或遠地點）相對位置不同對月食食分的影響，這是一個非常重要的發現。而第三項改正則是一個問題了，因爲 S 大時，G_1 理當小，此項改正的效果適得其反，或許此處術文的加減

符號舛誤。若令 $G_1 = 15$，K_1、K_2、S 均爲 0，代入上式可得 $P = 20$

分 $= \dfrac{20}{1242}$ 日 $= \dfrac{20}{1242} \times 13.36879$ 度 $= 0.21$ 度（13.36879 爲月亮每日

平均行度）。這就是説，當月亮距黄白交點小於 0.21 度時，必定要
發生月全食現象。若令 $G_1 = 15$，$K_1 = 12$，$K_2 = 6$，$S = 14$，代入上式
可得：$P = 96$ 分 $= 1.03$ 度，這是可能發生月全食的最大限度。在
《皇極曆》之前各曆法，均以爲祇有當 $P = 0$ 度時，纔發生月全食現
象，因此這些多出的改正項具有重要的意義，包含有劉焯對交食現
象認識的諸多創新。

　　此外，上式還包含了前人已經發明的可能發生月偏食和必定發
生月偏食的食限概念和數值：令 $G_1 = 0$，$K_1 = 12$，$K_2 = 6$，$S = 14$，
代入上式得：$P = 1536$ 分 $= 16.54$ 度；令 G_1、K_1、K_2、S 均等於 0，
代入上式得：$P = 1460$ 分 $= 15.72$ 度。但這後兩種食限的精度較差，
甚至不如前代曆法準確，這或許是因爲劉焯追求用統一的算式表達
四種食限的負作用。

　　推日食多少術：[1]

　　月在内者，朔在夏至前後二氣，加南二辰，增去交
餘一辰太；加三辰，增一辰少；加四辰，增太。三氣
内，加二辰，增一辰少；[2] 加三辰，增太；加四辰，增
少。四氣内，加二辰，增太；加三辰及五氣内，加二
辰，增少。自外所加辰，立夏後、立秋前，依本其氣内
加四辰，五氣内加三辰，六氣内加二辰者，[3] 亦依平。
自外所加之北諸辰，各依其去立夏、立秋日數，[4] 隨其
依平辰，辰北每辰以其數三分減去交餘。雨水後、霜降
前，又半其去分日數，以加二分去二立之日，乃減去交
餘。其在冬至前後，更以去霜降、雨水日數三除之，以

加霜降雨水當氣所得之數，而減去交餘。皆爲定不食餘。以減望差，乃如月食法。月在外者，其去交辰數，若日氣所繫之限，止一而無等次者，加所去辰一，即爲食數。若限有等次，加別繫同者，隨所去交辰數而返其衰，以少爲多，以多爲少，亦加其一，以爲食數。皆以十五爲限，乃以命之，即各日之所食多少。

凡日食，月行黃道，體所映蔽，大較正交如累璧，漸減則有差，在内食分多，在外無損。雖外全而月下，内損而更高，交淺則閑遥，交深則相搏而不淹。因遥而蔽多，所觀之地又偏，所食之時亦別。月居外道，此不見虧，月外之人反以爲食。交分正等，同在南方，冬損則多，夏虧乃少。假均冬夏，早晚又殊。處南辰體則高，居東西傍而下視有邪正。理不可一，由準率若實而違。古史所詳，事有紛互，今故推其梗概，求者知其指歸。苟地非於陽城，皆隨所而漸異。[5]然月食以月行虛道，暗氣所衝，日有暗氣，天有虛道，正黃道常與日對，如鏡居下，魄耀見陰，名曰暗虛，奄月則食，故稱"當月月食，當星星亡"。[6]雖夜半之辰，子午相對，正隔於地，虛道即虧。既月兆日光，當午更耀，時亦隔地，無廢禀明。諒以天光神妙，應感玄通，正當夜半，何害虧禀。月由虛道，表裏俱食。日之與月，體同勢等，校其食分，月盡爲多，容或形差，微增虧數，疏而不漏，綱要克舉。

[1]推日食多少術：此術乃計算日食的食分。記日食食分爲

G_2，劉焯也給出了類似的算式：

$$G_2 = \frac{望差 - 去交日分}{望差} \times 15 \pm \frac{M}{96}$$

式中的 M 是與日食發生時所在的節氣以及距午正辰刻有關的數值。月亮視差的大小是與月亮天頂距的大小成正比的，而月亮天頂距的大小則與所在節氣及距午正辰刻的多少相關。所以，該式第二項就是考慮月亮視差對日食食分的影響。其第一項的含義則與前術注相同。同理，該式亦包含了與上注類似的關於日食的四種食限，也是劉焯的重要發現。

[2]增一辰少：各本脫漏"少"字，今依陳美東校算補（見陳美東《古曆新探》，第376頁）。

[3]六氣內加二辰：此處這六個字重複出現兩遍，依算理校算當爲衍文，今删其復出衍文。

[4]各依其去立夏、立秋日數：各本誤作"各依其去立夏、立秋、白露數"，今依陳美東校算改正（見陳美東《古曆新探》，第376頁）。中華本改爲"各依其去立夏、立秋、清明、白露數"，不妥。

[5]"凡日食"至"皆隨所而漸異"：這段論述可以看作劉焯對日食有見食帶的初步認識。

[6]"然月食以月行虛道"至"當星星亡"：此段術文關於所謂日體暗虛之說，乃由蕭梁時的蕭子顯最先提出。古人認爲暗氣是因爲陽光照射在一面帶有微斑（魄）的鏡子上，則鏡面反射陽光時即會產生相應的影像，也就是說暗氣即微斑的陰影。於是，因從太陽上照射出來的光中包含有暗氣（暗虛），當月運行到與日對衝的位置時，便會在通過暗虛之時而虧蝕。這種關於月食成因的錯誤見解，主要還是與中國古代渾天說模型的固有缺陷有關。

推日食所在辰術：[1]

置定餘，倍日限，克減之，月在裏，三乘朔辰爲法，除之，所得以艮巽坤乾爲次。[2]命艮算外。[3]不滿法者半法減之，無可減者爲前，所減之殘爲後，前則因餘，後者減法，各爲其率。乃以十加去交辰，三除之，以乘率，十四而一，爲差。其朔所在氣，二分前後一氣內，即爲定差。近冬至，以去寒露、驚蟄，近夏至，以去清明、白露氣數，倍而三除去交辰，增之。近冬至，艮巽以加，坤乾以減；[4]近夏至，艮巽以減，坤乾以加其差爲定差。乃艮以坤加，巽以乾減定餘。月在外，直三除去交辰，以乘率，十四而一，亦爲定差。艮坤以減，巽乾以加定餘，皆爲食餘。如氣求入辰法，即日食所在辰及大小。其求辰刻，以辰克乘辰餘，朔辰而一，得刻及分。若食近朝夕者，以朔所入氣日之出入刻，校食所在，知食見否之少多所在辰，爲正見。

[1]推日食所在辰術：在《皇極曆》以前的曆法中，已經包含有月行不均勻的改正演算法，用於計算交食的食甚時刻。《皇極曆》此"推日食所在辰術"則給出了由定朔時刻求食甚時刻的新方法：日食食甚時刻＝定朔時刻＋H。首先，這裏的"定朔時刻"是同時進行了日、月改正的真合朔時刻（日月同度）。其次，式中H是與日食發生時所在的節氣以及距午正辰刻相關的改正算子，說明劉焯把定朔時刻與食甚時刻區別對待了。這裏改正算子H，正是考慮月亮視差影響所導致的改正值。按中國古代曆法的算法特點來看，導致定朔時刻與日食食甚時刻不同的原因主要有二種。其一，日月黃經相同時爲定朔時刻，由於中國古代的所謂黃經圈是從赤極作的大圈（可稱爲極黃經圈），它與赤道垂直而與黃道及白道均斜交。如圖10所示，MS弧垂直於赤道，而不與黃道、白道垂直。所以，定

朔時並不是太陽和月亮最接近的時刻，要等月亮運行到 M_1 時日月
纏是食甚時刻，故必須考慮月亮從 M 到 M_1 的時間。其二，由於月
亮視差的影響，定朔時，我們看到的月亮在 M_2，MM_2 是從天頂畫
的大弧，它垂直於地平綫，同白道及視白道斜交，當月亮從 M 運行
到 M_1 時，視月亮則從 M_2 運行到 M_3，這還不是距太陽最近的時候，
M_4 纏是食甚時刻，故還須考慮月亮從 M_3 到 M_4 的時間。因爲黃白
交角不大，所以，第一種影響沒有第二種影響大。造成日食食甚時
刻與定朔時刻差異的主要原因就是月亮視差，所以，劉焯此食甚時
刻算法的天文含義是正確的。

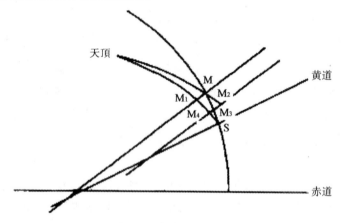

圖 10　定朔至食甚時刻改正示意

　　[2]以艮巽坤乾爲次：這是把日食食甚時刻分成艮、巽、坤、
乾四象限。

　　[3]命艮算外：艮、乾屬夜刻，交食不可見。

　　[4]艮巽以加，坤乾以減：乃言相關改正值在不同節氣、不同
象限取不同的正負號。

　　推月食所在辰術：[1]

置望之所入氣日不見刻，[2]朔日法乘之，百而一，所得若食餘與之等、以下，又以此所得減朔日法，其殘食餘與之等、以上，爲食正見數。其食餘亦朔辰而一，如求加辰所在。又如前求刻校之，月在衝辰食。日月食既有起訖晚早，亦或變常進退，皆於正見前後十二刻半候之。

[1]推月食所在辰術：由此術可見，劉焯認爲對於月食，定望時刻即可作爲月食的食甚時刻。這與前術日食的情況是不同的，也是劉焯通過對大量觀測資料的分析研究獲得的正確結論。

[2]置："置"字前各本衍"三日阻減望定餘半"八個字，這八字文意晦澀，且下文算法的算理也不需要它們，當刪。中華本指出此八字當爲衍文，但未刪。

推日月食起訖辰術：[1]

準其食分，十五分爲率，全以下各爲衰。十四分以上，以一爲衰，以盡於五分。每因前衰，每降一分，積衰增二，以加於前，以至三分。每積增四，二分增六，[2]一分增十九，皆累算爲各衰。三百爲率，各衰減之，各以其殘乘朔日法，皆率而一，所得爲食衰數。其率全，即以朔日法爲衰數，以衰數加減食餘，其減者爲起，加者爲訖，數亦如氣。

求入辰法及求刻：

以加減食所刻等，得起訖晚早之辰，與校正見多少之數。史書虧復起訖不同，今以其全一辰爲率。

[1]推日月食起訖辰術：此術即計算日月食初虧和復圓時刻的方法。本術文所給的算式爲：初虧時刻＝食甚時刻－h，復圓時刻＝食甚時刻＋h。其中，$h = \dfrac{(300-d) \times 1242}{300 \times 103.5} = \left(12 - \dfrac{d}{25}\right)$刻，d 爲與食分大小有關的數值。從"十四分以上"到"皆累算爲各衰"又是用等差數列的方法構造 d 的取值（見表4）。求出復圓和初虧時刻，日月食的全部見食時刻則爲兩者之差，亦即 2h。設食分爲15，則 d＝0，由上式可得全部見食時刻爲 24 刻，其數值顯然偏大了，其他各見食時刻也同樣偏大。

表4　《皇極曆》日月食食分和見食時間表

食分	積衰增值	衰	累衰 l	全部見食刻數	食分	積衰增值	衰	累衰 l	全部見食刻數
1	19	54	283	1.4	9	2	15	60	19.2
2	6	35	229	5.7	10	2	13	45	20.4
3	4	29	194	8.5	11	2	11	32	21.4
4	2	25	165	10.8	12	2	9	21	22.3
5	2	23	140	12.8	13	2	7	12	23.0
6	2	21	117	14.6	14	2	5	5	23.6
7	2	19	96	16.3	15	0	0	0	24
8	2	17	77	17.8					

[2]二分增六：其前衍"二分每增四"五字，依校算當删。中華本指出此五字應爲衍文，但未删。

推日月食所起術：[1]

月在內者，其正南，則起右上，虧左上。若正東，月自日上邪北而下。其在東南維前，東向望之，初不正，橫月高日下。乃月稍西北，日漸東南，過於維後，南向望之，月更北，日差西南。以至於午之後，亦南望之，月欹西北，日復東南。西南維後，西向而望，月爲東北，日則西南。正西，自日北下邪虧，而亦後不正，橫月高日下。若食十二分以上，起右虧左。其正東，起上近虧下而北，午前則漸自上邪下。維西，起西北，虧東南。維北，起西南，虧東北，午後則稍從下傍下。維東，起西南，虧東北。維南，起西北，虧東南。在東則以上爲東，在西則以下爲西。

月在外者，其正南，起右下，虧左上。在正東，月自日南邪下而映。維北，則月微東南，日返西。維西南，日稍移東北，以至於午，月南日北，過午之後，月稍東南，日更西北。維北，月有西南，日復東北。正西，月自日下邪南而上。皆準此體以定起虧，隨其所處，每用不同。其月之所食，皆依日虧起，每隨類反之，皆與日食限同表裏，而與日返其逆順，上下過其分。

　　[1]推日月食所起術：本術論述交食的虧起方位，考慮了發生交食時月亮在黃道南或北，交食發生的方位，以及食分的大小等三方面因素對交食虧起方位的影響。分月在黃道南或在黃道北，食分小於 12 分或大於 12 分，交食發生的方位在正東、正東至東南、東南至正南、正南、正南至西南、西南至正西、正西等，計 21 種不同情況下的交食虧起方位。如當交食發生的方位在正南方、食分大於 12 分、月在黃道北時，日食"起右上，虧左上"；若月在黃道南，日食"起右下，虧左下"。又如當交食發生的方位在正東、月在黃道北、食分小於 12 分時，日食"月自日上邪北而下"；若食分大於 12 分時，日食"起上虧下而近北"；若月在黃道南時，日食"月自日南邪下而映"。

五星：[1]

歲爲木

熒惑爲火

鎮爲土

太白爲金

辰爲水

木數，[2]千八百六十萬五千四百六十八。

伏半平，八十三萬六千八百四十八。

復日，三百九十八；餘，四萬一千一百五十六。

歲一，殘日，三十三；餘，二萬九千七百四十九半。[3]

見去日，十四度。[4]

平見，[5]在春分前，以四乘去立春日；小滿前，又三乘去春分日，增春分所乘者；白露前，以四乘去小暑日；[6]白露後，亦四乘去寒露日；小暑，加七日；小雪前，以八乘去寒露日；冬至後，以八乘去立春日，爲減，小雪至冬至減七日。

見，[7]初日行萬一千八百一十八分，日益遲七十分，百一十日行十八度、分四萬七百三十八而留。二十八日乃逆，日退六千四百三十六分，八十七日退十二度、分二百四。又留二十八日。初日行四千一百八十八分，日益疾七十分，百一十日亦行十八度、分四萬七百三十八而伏。

火數，[8]三千六百三十七萬七千五百九十五。

伏半平，三百三十七萬九千三百二十七半。

復日，七百七十九；餘，四萬一千九百一十九。

歲再，殘日，四十九；餘，萬九千一百六。

見去日，十六度。

平見，[9]在雨水前，以十九乘去大寒日，清明前，又十八乘去雨水日，增雨水所乘者；清明至夏至，加二十七日；[10]夏至後，以十六乘去處暑日；處暑後，二十八乘去白露日，減處暑所乘者；[11]寒露前，以十八乘去白露；小雪前，又十七乘去寒露日，增寒露所乘者；大雪後，二十九乘去大寒日，爲減，小雪至大雪減二十五日。

見，[12]初在冬至，則二百三十六日行百五十八度，以後日度隨其日數增損各一；盡三十日，一日半損一；又八十六日，二日損一；復三十八日，同；又十五日，三日損一；復十二日，同；又三十九日，三日增一；又二十四日，二日增一；又五十八日，一日增一；復三十三日，同；又三十日，二日損一，還終至冬至，二百三十六日行百五十八度。其立春盡春分，夏至盡立夏，八日減一日；春分至立夏，減六日；立秋至秋分，減五度，各其初行日及度數。白露至寒露，初日行半度，四十日行二十度。以其殘日及度，計充前數，皆差行，日益遲二十分，各盡其日度乃遲，初日行分二萬二千六百六十九，日益遲一百一十分，六十一日行二十五度、分萬五千四百九。初減度五者，於此初日加分三千八百二十三、篦十七；以遲日爲母，盡其遲日行三十度，分同，而留十三日。

前減日分於二留，乃逆，日退分萬二千五百二十六，六十三日退十六度、分四萬二千八百三十四。又留十三日而行，初日萬六千六十九，日益疾百一十分，六十一日行二十五度、分萬五千四百九。立秋盡秋分，增行度五，加初日分同前，更疾。在冬至則二百一十三日行百三十五度；盡三十六日，一日損一；又二十日，二日損一；復二十四日，同；又五十四日，三日日增一；又十二日，二日增一；又四十二日，一日增一；又十四日，一日增一半；又十二日，增一；復四十五日，同；又一百六日，二日損一，亦終冬至二百一十三日，行百三十五度。

前增行度五者，於此亦減五度，爲疾日及數。其立夏盡夏至初，日行半度，六十日行三十度。夏至盡立秋，亦初日行半度，四十日行二十度。其殘亦計充如前，皆差行，日益疾二十分，各盡其日度而伏。

土數，[13]千七百六十三萬五千五百九十四。

伏半平，八十六萬四千九百九十五。

復日，三百七十八；餘，四千一百六十二。

歲一，殘日，十二；餘，三萬九千三百九十九半。

見去日，十六度半。

平見，在大暑前，以七乘去小滿日；寒露後，九乘去小雪日，爲加。大暑至寒露加八日。小寒前，以九乘去小雪日；雨水後，以四乘去小滿日；立春後，又三乘去雨水日，增雨水所乘者，爲減。小寒至立春減八日。[14]

見，日行分四千三百六十四，八十日行七度、分二萬二千六百一十二而留，三十九日乃逆，日退分二千八百二十，百三日退六度、分萬五百九十六。又留三十九日，亦行分日四千三百六十四，八十日行七度、分二萬二千六百一十二而伏。

金數，[15]二千七百二十三萬六千二百八。

晨伏半平，百九十五萬七千一百四。

復日，五百八十三；餘，四萬二千七百五十六。

歲一，殘日，二百一十八；餘，三萬一千三百四十九半。

夕見伏，二百五十六日。

晨見伏，三百二十七日；餘與復同。[16]

見去日，十一度。

夕平見，在立秋前，以六乘去芒種日；秋分後，以五乘去小雪日；小雪後，又四乘去大雪日，增小雪所乘者，爲加。立秋至秋分加七日。立春前，以五乘去大雪日；雨水前，又四乘去立春日，增立春所乘者；清明後，以六乘去芒種日，爲減。雨水至清明減七日。

晨平見，[17]在小寒前，以〔五〕乘去冬至日；立春前，又〔六〕乘去小寒日，增小寒所乘者；芒種〔後〕，以〔五〕乘去夏至日；立夏〔後〕，又〔六〕乘去芒種日，增芒種所乘者，爲加。立春至立夏加五日。小暑前，以〔五〕乘去夏至日；立秋前，又〔六〕乘去小暑日，增小暑所乘者；大雪後，以〔五〕乘去冬至日；立冬後，又〔六〕乘去大雪日，增大雪所乘者，爲減。立秋至立冬減五日。

夕見，[18]百七十一日行二百六度。其穀雨至小滿、白露至寒露，皆十日加一度；小滿至白露，加三度。乃十二日行十二度。冬至後，十二日減日度各一，雨水盡夏至，日度七；夏至後六日增一。大暑至立秋，還日度十二；至寒露，日度二十二，後六日減一。自大雪盡冬至，又日度十二而遲。日益疾五百二十分，初日行分二萬三千七百九十一、籤三十五，行日爲母，四十三日行三十二度。

前加度者，此依減之。留九日乃逆，日退太半度，九日退六度，而夕伏晨見。日退太半度，九日退六度。復留，九日而行，日益遲五百二十分，初日行分四萬五千六百三十一、籤三十五，四十三日行三十二度。芒種至小暑，大雪至立冬，十五日減一度；小暑至立冬，減二度。又十二日行十二度。冬至後，十五日增日度各一。驚蟄至春分，日度十七，後十五日減一，盡夏至，還日度十二。後六日減一，至白露，日度皆盡。霜降後，五日增一，盡冬至，又日度十二。乃疾，百七十一日行二百六度。前減者，此亦加之，而晨伏。

水數，[19]五百四十萬五千六。

晨伏半平，七十九萬九十九。

復日，百一十五；餘，四萬九百四十六。

夕見伏，五十一日。

晨見伏，六十四日；餘與復同。

見去日，十七度。

夕應見，在立秋後小雪前者不見；其白露前立夏後，時有見者。

晨應見，在立春後小滿前者不見；其驚蟄前立冬後，時有見者。[20]

夕見，[21]日行一度太，十二日行二十度。小暑至白露，行度半，十二日行十八度，乃八日行八度。大暑後，二日去度一，訖十六日，而日度俱盡。而遲，日行半度，四日行二度。益遲，日行少半度，三日行一度。前行度半者，去此益遲。乃留四日而夕伏晨見，留四日，爲日行少半度，三日行一度。大寒至驚蟄，無此行，更疾，日行半度；四日行二度；又八日行八度。亦大寒後，二日去度一；訖十六日，亦日度俱盡。益疾，日行一度太，十二日行二十度。初無遲者，此行度半，十二日行十八度而晨伏。

[1]五星：關於五星算法，在隋代之前，行星運動的計算以平均速度步算，即將行星的一個會合周期分成若干段，各段採用各自的平均速度，一個會合周期以後再循環。若求某時刻的行星位置，祇要知道該時刻在一會合周期裏的時間點即可。古曆一般以所求日距五星晨見（或合）的日數爲引數，利用測定的五星動態表，即可求得五星與太陽的度距，從而可根據太陽所在的宿度推知五星所在宿度。張子信發現行星視運動不均勻以後，這種平均狀態的描述方法，不足以準確地表達五星運行的實際狀況，劉焯《皇極曆》首創五星不均勻運動的改正算法，提出了諸多新方法，較其之前的古曆，《皇極曆》在五星算法方面做出了很多重要的創新，爲後代曆法所繼承並發揚光大。劉焯的五星改正算法既考慮了行星運動不均勻，也考慮了太陽視運動不均勻的改正。

古曆的五星章節一般是比較難讀的部分，《皇極曆》尤爲甚者。爲了後面解讀方便，這裏先做一點鋪墊。由於地球和行星都在繞日的橢圓軌道上運動，速率各不相同且不均匀，所引起的地球、行星、太陽三者之間的位置關係和行星、太陽在恒星背景上的位置變化十分複雜。對於地球上的觀測者來説，引起行星視運動變化的要素可大致分解成三類：位相因素、地球改正和行星改正。

所謂的位相因素（見圖11），設地球 E 和行星 V 以速度 e 和 v 繞日運行，單位時間内走過相同的角度，當行星到達 1、2、3、4……時，則地球到達 a、b、c、d……諸點，但從地球上看去，行星在恒星背景上的視運動不僅速度是不均匀的，還有順行、逆行和留等現象，内、外行星都有這種情況。稱這種現象引起的行星位置變化量爲位相改正，古曆一般在行星動態表中給出。

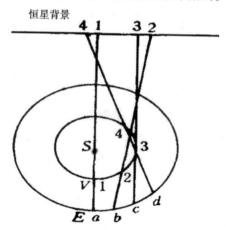

圖11　位相改正示意圖

太陽視運動是地球繞日公轉的反映，本來不會引起行星視運動的變化。但古曆中計算行星的視位置是以它們同太陽的角距來表示，因而太陽視位置的不均匀變化也得考慮，稱爲“地球改正”。設地球繞日運動的速度爲 e，行星運動的速度爲 v。當地球運動加快，則内行星視運動減慢（速度爲 $v-e$），外行星視運動加快（速度爲 $e-v$）。地球速率的變化跟它所在軌道上的位置（即節氣）有關，於是，地球改正即爲與節氣有關的數值，古曆一般也放在行星動態表裏。

至於行星改正，則因爲行星自身的運動軌道是橢圓，今天我們知道有開普勒三定律，因而也應有相當於中心差的改正，《皇極曆》的行星改正由其首創的五星"入氣加減差"給出。

［2］木數，千八百六十萬五千四百六十八：是木星會合周期的分子，分母是日法。所以《皇極曆》的木星會合周期值爲398.8823 日，誤差僅 2.5 分鐘，精度比其前代各曆都有明顯提高。

［3］殘日 = 復日 – 歲一 × 歲實 = （木數 – 歲數）/氣日法 = $33\frac{29749.5}{46644}$ 日。

［4］見去日，十四度：當指木星定見日與太陽的距離爲 14 度。

［5］"平見"至"小雪至冬至減七日"：《皇極曆》五星之下皆有一段以"平見"開頭的術文，此段術文給出曆法史家稱之爲"入氣加減差"的算法，一般認爲是張子信發明的。本術給出的算法是爲了校正木星實際晨見東方時間比推算的平見時間或提前或滯後的時差。這種改正與節氣相關，用分段擬合的方法，雖然是經驗性的演算法，但擬合效果還是不錯的，見圖 12。又，《皇極曆》開創的此入氣加減差演算法，其天文意義應該就是前注所説的"行星改正"，日本學者藪内清對此有精到的研究，參見藪内清《中國曆法における五星運動論》，《東方學報（京都）》1956 年第 26 册。

［6］白露前，以四乘去小暑日：此十字各本脱誤，今依陳美東校算補正（見陳美東《古曆新探》，第 434 頁）。

［7］"木數"至"分四萬七百三十八而伏"：此以"見"開頭一段的術文，即所謂的"五星動態"。《皇極曆》的此木星動態，仍取《三統曆》以來傳統的六段分法，但在"晨始見"和"又留"之後有兩段順行，劉焯視爲勻加速運動並用等差數列求和算法進行

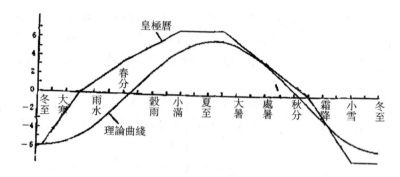

圖 12　《皇極曆》木星入氣加減差曲綫

擬合，這是《皇極曆》的又一項重大創新。

〔8〕"火數"至"十六度"：此段是火星的會合周期值。《皇極曆》火星會合周期是 779.8987 日，誤差 53.8 分鐘。火星殘日 = 復日 – "歲再（二）" × 歲實 = （火數 – 2 × 歲數）/氣日法 = 49 $\frac{19106}{46644}$ 日。火星初見時與太陽角距離爲 16 度。

〔9〕"平見"至"大雪減二十五日"：平見：此以"平見"開頭的這段術文，是《皇極曆》的火星"入氣加減差算法"，依術文逐氣計算可得出如圖 13 的擬合效果圖，其精度還是不錯的。

〔10〕清明至夏至，加二十七日：此十字各本脱漏，今依陳美東校算補正（見陳美東《古曆新探》，第 435 頁）。

〔11〕處暑後，二十八乘去白露日，減處暑所乘者：各本誤作"小滿後，又十五日"，今依陳美東校算改正（見陳美東《古曆新探》，第 435—436 頁）。

〔12〕"火數"至"各盡其日度而伏"："見"以下三段術文皆爲《皇極曆》的火星動態較前代曆法内容多出很多（之後的金星和水星也同樣）。它們給出了隨火星晨見東方的時日不同以及隨火星順行段速度由慢變快的時日不同而變化的動態，由於考慮的變化情況多，所以相應地動態表就複雜得多。比如在此術文中，《皇極

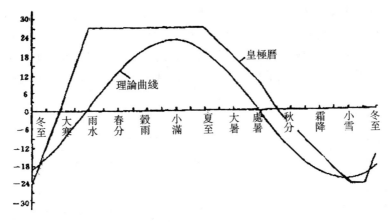

圖 13　《皇極曆》火星入氣加減差曲綫

曆》給出了火星晨見所在不同位置（以距離冬至的日數爲引數）的不同初速度表。如晨見在冬至初日，初速度爲 158/236、在冬至後 1 日，速度爲 157/235、在冬至後 2 日爲 156/234，等等。求得火星晨見初速度之後，火星的動態先是每日運動速度遞減 20 分（1 度爲 46644 分），直至其運動速度爲 260 分爲止，因其初速度各異，火星的這一運動狀態所經歷的時間自然也各不相同。此後，火星每日運行速度遞減 110 分，這種狀況共持續 61 日，計運行 $25\frac{5409}{46644}$ 度。計算火星行度的算法再次運用了等差級數求和算法。它還認爲火星後留到伏期間的動態也並非是恒定不變的。後留之後，火星行速先每日遞增 110 分，在行速增至某特定值時，火星運行的加速度變爲每日遞增 20 分，直至伏而不見。《皇極曆》指出這特定值的多少也是與後留所在的時日有關的，並具體列表給出了兩者之間的對應關係。如後留在冬至初日，火星行速先每日遞增 10 分，當其行速達 135/213 度後，變爲每日遞增 20 分，在冬至後 1 日達 134/212 度、在冬至後 2 日達 133/211 度，等等。這種與節氣相關的改正，被認爲或許與地球改正有關。

　　〔13〕土數："土數"以下給出了《皇極曆》的土星會合周期值是 378.0892 日，誤差 3.9 分鐘，精度水準上乘。

　　〔14〕"平見，在大暑前"至"立春減八日"：依土星的此段入氣加減差術文逐氣推算，可得《皇極曆》土星入氣加減差曲綫如圖 14。

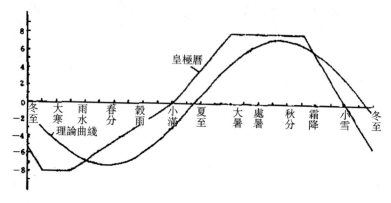

圖 14　《皇極曆》土星入氣加減差曲綫

　　〔15〕金數：金星的一個會合周期包括兩次與日合，《皇極曆》的金星會合周期值是 583.9166 日，誤差 6.9 分鐘，其精度也很好。

　　〔16〕餘與復同：即"晨見伏"段有餘分，其餘分值同復日的餘分。

　　〔17〕晨平見：此段術文傳本舛誤很多，凡〔〕內的文字都是校正後的文字。兩處"後"字原文皆誤作"前"字，所有"五"和"六"皆互誤，今依陳美東校算改正，放在括弧裏是爲了一併出注方便（見陳美東《古曆新探》，第 438 頁）。

　　〔18〕夕見：因爲金星一個會合周期有兩次合，所以其入氣加減差算法也分爲"夕平見"和"晨平見"兩段。依這兩段術文，亦逐氣推算可得《皇極曆》金星入氣加減差曲綫，如圖 15。其精度相對較差。

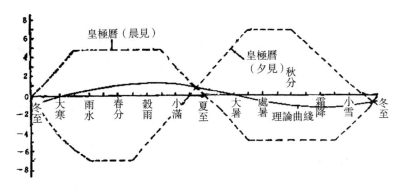

圖15　《皇極曆》金星入氣加減差曲綫

[19]水數：《皇極曆》水星會合周期爲水星115.878日，誤差0.5分鐘，其精度比前代各曆都高出很多。

[20]"夕應見"至"立冬後，時有見者"：《皇極曆》的水星入氣加減差算法没能給出像其他行星那樣的分段擬合算法，此處"夕應見"和"晨應見"術文僅是兩句定性的叙述，且僅言"時有見者"。《大業曆》僅小有進步，直到李淳風《麟德曆》仍没有多大提升。

[21]"水數"至"十二日行十八度而晨伏"：此"夕見"開頭這段術文是水星動態，雖然《皇極曆》水星入氣加減差改正相形見絀，但其動態計算與其他行星差距不大，其中也包含了與節氣相關的複雜的改正描述，同樣有等差數列插值算法。

推星平見術：[1]

各以伏半減積實，[2]乃以其數去之。殘返減數，滿氣日法爲日，不滿爲餘，即所求年天正冬至後平見日餘。金、水滿晨見伏日者，去之，晨平見。

求平見月日：

以冬至去定朔日、餘，加其後日及餘，滿復日又去，起天正月，依定大小朔除之，不盡算外日，即星見所在。

求後平見：

因前見去其歲一、再，皆以殘日加之，亦可。其復日，金水準以晨夕見伏日，加晨得夕，加夕得晨。

求常見日：[3]

以轉法除所得加減者，爲日。其不滿，以餘通乘之，爲餘。并日，皆加減平見日餘，即爲常見日及餘。

求定見日：[4]

以其先後已通者，先減後加常見日，即得定見日餘。

求星見所在度：[5]

置星定見其日夜半所在宿度及分，以其日先後餘，分前加、分後減氣日法，而乘定見餘，氣日法而一，所得加夜半度分，乃以星初見去日度數，晨減夕加之，即星初見所在宿度及分。

求次日：

各加一日所行度及分。[6]其有益疾、遲者副置一日行分，各以其分疾增、遲損，乃加之。有篾者，滿法從分，其母有不等，齊而進退之。留即因前，逆則依減入虛去分，逆出先加。皆以篾法除，爲轉分。其不盡者，仍謂之篾，各得每日所在去日度。[7]增以日所入先後分，定之諸行星度。求其外內，準月行增損黃道而步之。[8]不明者，依黃道而求所去日度。先後分亦分明前加後减。其金、火諸日度，計數增損定之者。其日少度多，以日減度之殘者，與日多度少之度，皆度法乘之，日數而一，所得爲分。不滿篊，以日數爲母。日少者，以分并減之一度，日多者，直爲度分，即皆一日平行分。其差行者，皆減所行日數一，乃半其益疾、益遲分而乘之，益疾以減、益遲以加一日平行分，皆初日所行分。有計日加減，而日數不滿未得成度者，以氣日法若度法乘，見已所行日即日數除之，所得以增損其氣日疾法，爲日及度。其不成者，亦即爲篊。其木、火、土，晨有見而夕有伏，金、水即夕見還夕伏，晨見即晨伏。然火之初行及後疾，距冬至日計日增損日度者，皆當先置從冬至日餘數，累加於位上，以知其去冬至遠近，乃以初見與後疾初日去冬至日數而增損定之，而後依其所直日度數行之也。

[1]推星平見術：依此術可知，《皇極曆》上元時刻應是五星晨始見。記所求日爲 A，其推五星平見的思路是：先求出自曆元到所求日的積日數，減去五星伏日數的一半，所得數以五星會合周期除之，其餘數（設爲 B）是 A 與最臨近的一次五星晨始見時刻（平見日）的時距，即平見日 $T_0 = A - B$。又以積日數除以回歸年長度，所得餘數（設爲 C）則爲所求年冬至夜半到所求日的時距，由此亦可知 A 所在節氣的入氣時距。

[2]減積實：各本誤作“減積半實”，“半”爲衍文，當刪。中華本指出此衍文，但未刪。

[3]求常見日：在上文求得某星平見入某節氣的大小餘 C（星見所在）後，即用 C 爲引數，代入其入氣加減算法，求得加減日及餘分（記爲行星改正 T_1），加減平見日即爲常見日：常見日＝平見

日 ± 行星改正 = $T_0 \pm T_1$。

[4]求定見日：因上術所説的平見日 T_0 是相對於太陽所在位置而言的，所以，必須考慮太陽運動不均勻的影響，即應加上另一改正值 T_2。該值可用 $C \pm T_1$ 爲引數，由日躔表推算而得。《皇極曆》稱 $T_0 \pm T_1 \pm T_2$ 爲定見日，記爲 T。"先減後加"是一個簡約叙述，把推算太陽改正的過程一語帶過。所求得的太陽改正"或加或減"，這加或減也有豐富的天文意義：因爲行星晨始見時，它必在太陽之西一定的角距。若此時太陽改正爲"先"，即真太陽比平太陽運行得快，在平太陽之東，故在常見時刻之前同該行星的距離已達到可見角距，應減去這"先"數，從而得定見時刻。反之，若真太陽行得較慢，在平太陽之西，爲"後"，應在常見時刻上加上"後"數纔是定見時刻。求得了行星的定晨始見時刻，即可根據各行星的動態段推算其後相應各段內的位置。

[5]求星見所在度：此術目的是把行星定見的時間距離換算成黃道度值，記其值爲 R。《皇極曆》取曆元年冬至夜半時太陽位於虛宿一度，由此推算自曆元年到所求年的年距乘以黃道歲差之值，即可得所求年冬至夜半時太陽所在黃道宿度 R_0。又以 $C \pm T_1 \pm T_2$ 爲引數，由日躔表求得相應的改正值 T_3，則定見日太陽所在黃道度應等於 $R_0 + T \pm T_3$。又，已知五星定見時與太陽的距度（記爲 F）分別爲：木星 14 度，火星 16 度，土星 16.5 度，金星 11 度和水星 17 度。於是，R = $R_0 + T \pm T_3 + F$。

[6]各加一日所行度及分：是説有了星定見所在度，加上各行星的每日平行度（記爲 V），再對 V 進行遲疾改正得 ΔV，從而可推算出行星的每日所在度。平行度 V = 周天/行星會合周期，遲疾改正的術文叙述也很簡約："其有益疾、遲者副置一日行分。"其總的思路是套用交食章節裏的"月與日會"的計算法，來推算"星與日合"，用交點月算法中求月亮改正的二次等間距內插法算法，推求 ΔV。

[7]各得每日所在去日度：各本在"去日度"前有一"知"

字，當刪。中華本指出"知"疑爲衍文，但未刪。

[8]定之諸行星度。求其外内，準月行增損黄道而步之：此句
術文又是非常簡約的叙述。當是説由於行星軌道與日道皆有夾角，
有"外"與"内"之别，可按月亮入交點月的改正算法，"增損黄
道"而步算。又，"諸行星度求其外内"各本皆作"諸行星度求水
其外内"，文意不通，中華本認爲"水"字當爲衍文，今刪。

隋書　卷一九

志第十四

天文上^[1]

[1]天文上：《隋書·天文志》，唐人李淳風撰。李淳風，岐州雍（今陝西鳳翔縣）人，精天文與曆算。主要的天文著作有《乙巳占》《晋書·天文志》《隋書·天文志》等。傳見《舊唐書》卷七九、《新唐書》卷二〇四。《晋書·天文志》今注對其生平已作詳細介紹，可以參閱。《明史·天文志》開卷説“論者謂《天文志》首推晋、隋”，可見《隋書·天文志》是歷代《天文志》中的範本。由於《隋書·天文志》原本是爲五代史寫的，它所涉及的範圍，不僅起自梁朝和北魏，在很多地方還從魏晋説起，甚至與漢代連在一起介紹。故《隋書·天文志》與《晋書·天文志》有許多重複的文字。往往整段整段一字不差，故《隋書·天文志》祇是在《晋書·天文志》的基礎上做出增損而已。當然，也補充了晋以後五個朝代的許多資料。因此，爲了顯示出《隋書·天文志》的成就，我們用對比的形式予以介紹。二書《天文志》上卷，均介紹了“天體”，即所謂漢朝論天三家和六朝論天三家。内容基本一致，有大段文字重複，祇做了個別文字的增删。明顯的不同之處是在《隋書·天文志》中補充了劉宋何承天論渾天象體和梁朝祖暅論渾天的

内容。在儀象部分，由於魏晉僅王蕃陸續造有渾象，故除追述歷史以外，可寫的内容不多。《隋書・天文志》則將渾天儀和渾天象分列介紹。由於南北朝時不僅有劉曜光初年間孔挺造的渾儀，和對後世很有影響的北魏鐵儀，劉宋錢樂之又造有渾象，故與《晉書・天文志》天體部分比，内容就要豐富得多。在《隋書・天文志》上卷中，還新增加了論蓋圖、論地中、論晷影、論漏刻内容，記載得較爲新鮮而且精彩，這是對撰寫正史《天文志》做出的創新，爲歷代寫志者所遵循。《隋書・天文志》所載蓋圖，實際是討論渾天和蓋天學説的延伸，具體涉及到蓋天基礎上建立起來的日影千里差一寸觀念真僞問題的討論。《隋書・天文志》所載地中，介紹了古人關於地中的觀念，並且記載了祖暅推求地中的一種錯誤。晷影則記載了南北朝時天文學家關於圭表的製造和議論，並且摘録了一批上古以來測影方面的有價值的資料。漏刻記載了自創漏刻記時以來，歷史上記時制度的改革，並記載了劉宋何承天對漏刻的改革和梁祖暅撰寫的《漏刻經》，並留下了一批不同節氣太陽出入時刻的資料。《晉書・天文志》和《隋書・天文志》均載有經陳卓整理過的星官和星數，此二志均將它們分爲中官、二十八舍、二十八宿外星官三部分予以介紹。其内容和文字幾乎完全一致。不同之處在於，大約顧慮到《隋書・天文志》上卷篇幅太大，《隋志》將《晉志》分在上卷的二十八宿和宿外星官，均移置於中卷。並且删去了《晉志》中有關分野州郡躔次的内容。記載了以上内容之後，晉隋書二《天文志》還各記載了天文星占的占文，和天變與人間災變的情況，二《天文志》所載星占占文的内容幾乎完全一致，祇是表述的文字略有差異。按照《晉書・天文志》的分類，中國星占的内容可大致分爲三類：其一是包括日月五星在内的七曜占，包括七曜的盈縮失行、月和五星犯列宿、月犯五星、五星聚合、日食、月度等；其二是雜星占，包括瑞星、客星、流星等；第三星氣占，包括雲氣、十輝、雜氣等。關於這些内容，《隋書・天文志》均有與之對應的標題和文字，祇是具體用辭和分卷略有差異。通過對比，可以看出

《晋書·天文志》更嚴密，文字更簡煉。最後，二《天文志》也都載有相應時期的星占占事，即記載了某年某月某日出現了某異常天象，社會上便發生了合於星占占文的應驗。《隋志》稱爲"五代灾變應"，晋志稱爲"史傳事驗"。其含義相同，僅名稱不同而已。《隋書·天文志》與《晋書·天文志》所載占事的内容是一致的，但所包含的歷史年代不同。《晋志》包括兩晋，而《隋志》則涵蓋五代。更重要的是，此二《天文志》從體例説是不同的，《晋志》按天變、日食、月變、月掩、犯五緯、五星聚合、月五星犯列宿、妖星、流星、隕星、雲氣分類排列，《隋志》則按年代順序將各類天變混在一起排列。還有一個特點是，晋占事中，有中卷後半部和整個下卷，而《隋志》僅占下卷的後半部，顯然《晋志》占事的内容比隋志具體和豐富。

　　若夫法紫微以居中，擬明堂而布政，依分野而命國，體衆星而效官，動必順時，教不違物，故能成變化之道，合陰陽之妙。[1]爰在庖犧，仰觀俯察，謂以天之七曜、二十八星，周於穹圓之度，以麗十二位也。[2]在天成象，示見吉凶。五緯入房，啓姬王之肇迹，長星孛斗，鑒宋人之首亂，[3]天意人事，同乎影響。自夷王下堂而見諸侯，赧王登臺而避責，[4]《記》曰："天子微，諸侯僭。"於是師兵吞滅，僵仆原野。秦氏以戰國之餘，怙兹凶暴，小星交鬬，長彗横天。漢高祖驅駕英雄，墾除灾害，五精從歲，[5]七重暈畢，[6]含樞曾緬，道不虛行。自西京創制，多歷年載。世祖中興，當塗馭物，金行水德，祇奉靈命，玄兆著明，天人不遠。昔者滎河獻籙，温洛呈圖，[7]六爻摘範，三光宛備，[8]則星官之書，自黄帝始。高陽氏使南正重司天，北正黎司地，帝堯乃命羲、和，欽若昊天。[9]夏有昆吾，殷有巫咸，周之史佚，宋之子韋，魯之梓慎，鄭之裨竈，魏有石氏，齊有甘公，皆能言天文、察微變者也。[10]漢之傳天數者，則有唐都、李尋之倫。[11]光武時，則有蘇伯況、郎雅光，[12]並能參伍天文，發揚善道，補益當時，監垂來世。而河、洛圖緯，雖有星占星官之名，未能盡列。

圖1　明代人想像中的
玉皇大帝神像

　　[1]"若夫法紫微以居中"至"合陰陽之妙"：開頭這句話便點明了帝王重視天文的宗旨。其含義是説：帝王當效法紫微垣居住於國都的中心地帶；在明堂的地方頒布政令；依據分野的對應關係而命令國君；體察衆多天體而效法官員；帝王的行動必須應循時節；教導百姓不違反事物的規律；由此能形成變化的道理，符合陰陽對應的關係。
　　[2]"以天之七曜"至"以麗十二位也"：是説庖犧氏就觀察

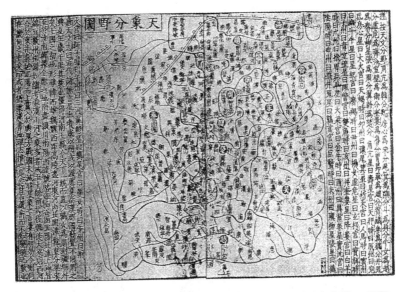

圖2　天象分野圖（引自《三才圖會》）。分野説是中國星占術的一種觀念，它認爲地上有各州、郡，天上有其相對應的星座。異常天象在星空出現，將在對應的州域顯現灾異。

七曜在十二星次中的運行來判斷吉凶。

[3]"五緯入房"至"鑒宋人之首亂"：言五星聚於房的天象，開啓了姬姓稱王八百年的天下；彗星出現在北斗星天空，顯示出宋君横霸中原的首亂。

[4]夷王下堂而見諸侯，赧王登臺而避責：夷王、赧王分别爲西周、東周的天子。下堂見諸侯、登臺避責，均爲天子失去威嚴、失德的一種行爲。故下文曰"天子微，諸侯僭"。

[5]五精從歲：指漢高祖元年（前206），五星聚於東井的天象。故占文曰高祖以義致天下。

[6]七重暈畢：指《漢書·天文志》載漢高祖"七年月暈圍參畢七重"，應指高祖於七年擊匈奴，被圍平城七日之難。

[7]榮河獻籙，温洛呈圖：即《易·繫辭上》說："河出圖，洛

出書，聖人則之。"傳説伏羲時有龍馬從黃河出現，背負河圖；有神龜從洛水出現，背負洛書。聖人根據圖書，畫成八卦，這便是《周易》的來源。籙指符籙，圖指河圖。即爲河獻圖、洛出書的説法。

[8]六爻擒範，三光宛備：爻是構成易卦的基本符號。"━"是陽爻，"━━"是陰爻。每三爻合成一卦，可得八卦。兩卦（六爻）相重，可得六十四卦。卦的變化，取決於爻的變化，故爻表示交錯和變動的意義。日月星稱爲三光。六爻的循環變化和三光的運行顯映，這就構成了星官之書。"爻"字底本作"文"，今據文意改。

[9]南正重司天，北正黎司地：南正，觀測昂星以定春夏的曆官。火正，觀測大火星以定秋冬的曆官。民族史家何光岳在《南蠻源流史》和《楚源流史》、王大有在《三皇五帝時代》中均指出，重爲東夷族的天文官，黎爲少昊與南蠻、九黎結合體的天文官。

義、和：義、和之官可推至黃帝時代。《史記·曆書》《索隱》引《系本》説："黃帝使羲和占日，常儀占月。"《尚書·堯典》説："乃命羲和，欽若昊天。曆象日月星辰，敬授人時。"後禹和夏代均有羲和之官。

[10]昆吾：《史記·天官書》《正義》引虞翻云"昆吾名樊，爲己姓，封昆吾"。　巫咸：《史記·天官書》《正義》曰："巫咸，殷賢臣也，本吳人，冢在蘇州常熟海隅山上。子賢，亦在此也。"《史記志疑》疑爲"巫覡"之誤。　史佚：《史記·天官書》《正義》曰："史佚，周武王時太史尹佚也。"　子韋：春秋時宋國司星，事見《史記》卷三八《宋微子世家》。　梓慎：春秋時魯國人，事見《左傳》昭公七年至昭公二十四年。　裨竈：《史記·天官書》《正義》曰："裨竈，鄭大夫也。"事見《左傳》襄公二十八年至昭公十八年。　石氏：即石申夫。《史記·天官書》《正義》引《七録》云："石申，魏人，戰國時作《天文》八卷也。"石氏姓名，《漢書·藝文志》《續漢書·天文志》都寫作"石申夫"。

甘公：《史記·天官書》《集解》引徐廣曰："或曰甘公名德也，本

是魯人。"《正義》引《七録》云：楚人，戰國時作《天文星占》
八卷。

　　[11]唐都：人名。在西漢太初年間參加曆法改革，他提出了分
天部的標準，詳見《史記·曆書》和《漢書·律曆志》。　李尋：
人名。西漢哀平時人，好洪範灾民之術。傳見《漢書》卷七五。

　　[12]蘇伯況、郎雅光：東漢光武帝時人，好天文星占之學。

　　後漢張衡爲太史令，[1]鑄渾天儀，總序經星，謂之
《靈憲》。其大略曰："星也者，體生於地，精發於天。
紫宮爲帝皇之居，太微爲五帝之坐，在野象物，在朝象
官。居其中央，謂之北斗，動係於占，實司王命。四布
於方，爲二十八星，日月運行，歷示休咎。五緯經次，
用彰禍福，則上天之心，於是見矣。中外之官，常明者
百有二十，可名者三百二十，爲星二千五百；微星之數
萬一千五百二十，庶物蠢動，咸得繫命。"而衡所鑄之
圖，遇亂堙滅，星官名數，今亦不存。三國時，吳太史
令陳卓，始列甘氏、石氏、巫咸三家星官，著於圖録。
并注占贊，總有二百五十四官，一千二百八十三星，并
二十八宿及輔官附坐一百八十二星，總二百八十三官，
一千五百六十五星。[2]宋元嘉中，太史令錢樂之所鑄渾
天銅儀，[3]以朱黑白三色，用殊三家，而合陳卓之數。

　　[1]張衡：人名。中國古代著名的天文學家、科學家和文學家。
曾兩度出任太史令，著《靈憲》、制渾象、創渾天説。明人輯有
《張河間集》。傳見《後漢書》卷五九。

　　[2]"總有二百五十四官"至"一千五百六十五星"：《晋書·
天文志上》曰："太史令陳卓總甘、石、巫咸三家所著星圖，大凡

二百八十三官，一千四百六十四星，以爲定紀。"二志所述星數不同。經考證，《隋志》一千五百六十五星當爲一千四百六十五星之誤。至於二志一星之差，潘鼐《中國恒星觀測史》說："《隋志》天將軍既作 12 星，又在二十八宿尾宿內增添神空一星，故較《寫本》多出一星，爲 1465 星。"中國傳統星座的總星數，都按 1464 星爲標準，故本志多出一星，即增加神宮一星。

　　[3] 錢樂之：人名。劉宋元嘉時太史令，曾造銅渾象，其所用星數，與《晉志》所引星數一致。詳見《宋書·天文志》。

　　高祖平陳，得善天官者周墳，[1]并得宋氏渾儀之器。乃命庾季才等，[2]參校周、齊、梁、陳及祖暅、孫僧化官私舊圖，[3]刊其大小，正彼疏密，依準三家星位，以爲蓋圖。[4]旁摘始分，甄表常度，并具赤黃二道，內外兩規。懸象著明，纏離攸次，星之隱顯，天漢昭回，宛若穹蒼，將爲正範。以墳爲太史令。墳博考經書，勤於教習，自此太史觀生，始能識天官。[5]煬帝又遣宮人四十人，就太史局，別詔袁充，教以星氣，業成者進內，以參占驗云。[6]

　　[1] 周墳：人名。陳朝太史令，精通星座知識。

　　[2] 庾季才：人名。北周和隋時曾掌太史局，曾依據南北朝各家舊星圖，整理作蓋圖，載三家星位，具內外規，黃赤道。

　　[3] 祖暅：人名。又名祖暅之，祖沖之之子，梁朝天文學家。《南史》卷七二有附傳。　孫僧化：人名。北魏歷史學家。《魏書》卷九一有附傳。

　　[4] 以爲蓋圖：以北極爲中心的蓋天星圖。

　　[5] 自此太史觀生，始能識天官：從此太史觀的天文生，纔能

認識天上的星座。

[6]"煬帝又遣宮人四十人"至"以參占驗云":隋煬帝爲了
嚴密監視天象,以占人事,於宮廷内外各設觀象機構,禁其互通信
息,隨時向皇帝報告異常天象,以供占驗使用。袁充,人名。隋朝
天文學家。傳見本書卷六九、《北史》卷七四。

　　史臣於觀臺訪渾儀,見元魏太史令晁崇所造者,[1]
以鐵爲之,其規有六。其外四規常定,一象地形,二象
赤道,其餘象二極。其内二規,可以運轉,用合八尺之
管,以窺星度。周武帝平齊所得。隋開皇三年,新都初
成,以置諸觀臺之上。大唐因而用焉。[2]

　　馬遷《天官書》及班氏所載,[3]妖星暈珥,雲氣虹
霓,存其大綱,未能備舉。[4]自後史官,更無紀録。《春
秋傳》曰:"公既視朔,遂登觀臺,凡分至啓閉,必書
雲物。"神道司存,安可誣也!今略舉其形名占驗,次
之經星之末云。[5]

　　[1]史臣於觀臺訪渾儀,見元魏太史令晁崇所造者:元魏太史
令晁崇所造鐵渾儀,即後世文獻所載都匠斛蘭所造鐵儀。可聯繫下
文"渾天儀"有關注文閲讀。

　　[2]大唐因而用焉:這架鐵儀在觀臺上一直使用到唐朝初年。
其構造在下文注中一併陳述。

　　[3]馬遷《天官書》:即司馬遷《史記·天官書》。　班氏所
載:即《漢書·天文志》。

　　[4]未能備舉:即上書所述異常天象衹存大綱,不甚詳備。

　　[5]今略舉其形名占驗,次之經星之末云:下文有總序經星一
欄,言本文所述異星形名占驗,附於經星之後。

天體

古之言天者有三家，一曰蓋天，二曰宣夜，三曰渾天。[1]

蓋天之説，即《周髀》是也。[2]其本庖犧氏立周天曆度，其所傳則周公受於殷商，周人志之，故曰《周髀》。[3]髀，股也；股者，表也。其言天似蓋笠，地法覆槃，天地各中高外下。北極之下，爲天地之中，其地最高，而滂沲四隤，三光隱映，以爲晝夜。天中高於外衡冬至日之所在六萬里，北極下地高於外衡下地亦六萬里，外衡高於北極下地二萬里。天地隆高相從，日去地恒八萬里。[4]日麗天而平轉，分冬夏之間日所行道爲七衡六間。[5]每衡周徑里數，各依算術，用句股重差，推晷影極游，以爲遠近之數，皆得於表股也，[6]故曰《周髀》。

[1]一曰蓋天，二曰宣夜，三曰渾天：天體這部分，是記述古人對天體結構運動狀態的認識，相當於今天的宇宙觀。即大體可分爲蓋天、宣夜、渾天三種，以下是對三種學説的分別討論。

[2]蓋天之説，即《周髀》是也：言蓋天説有多種不同的觀念，據今人的分析，至少有《周髀》説、周髀家説和平天説三種，它還不包括先秦的天圓地方説和八柱撐天説。因此，《周髀》是蓋天説的代表，是《周髀算經》的簡稱。

[3]周人志之，故曰《周髀》：這是對《周髀算經》書名含義的一種解釋。認爲周代人寫下了這本書，故名《周髀》。但實際上，它是漢代以後的著作。周人志之，祇是托辭。

[4]"其言天似蓋笠"至"日去地恒八萬里"：《周髀算經》

曰："極下者，其地高人所居六萬里，滂沲四隤而下。天之中央，

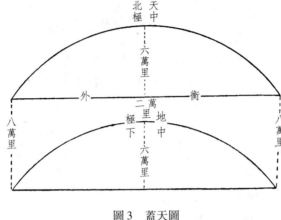

圖3　蓋天圖

亦高四旁六萬里。""天象蓋笠，地法覆槃。天離地八萬里。冬至之
日，雖在外衡，常出極下地上二萬里。"依據這一說法，可畫出蓋
天圖。如圖3。

[5]依據《周髀算經》所載七衡之間與二十四節氣的對應關係
如下表：

七衡六間與二十四氣的關係

七　衡　六　間	二　十　四　氣		
第　一　衡	⌐夏		至⌐
第　一　間	芒　種	小	暑
第　二　衡	小　滿	大	暑
第　二　間	立　夏	立	秋
第　三　衡	穀　雨	處	暑
第　三　間	清　明	白	露
第　四　衡	春　分	秋	分
第　四　間	驚　蟄	寒	露
第　五　衡	雨　水	霜	降
第　五　間	立　春	立	冬

七　衡　六　間	二　十　四　氣
第　　六　　衡	大　寒　小　雪
第　　六　　間	小　寒　大　雪
第　　七　　衡	冬　　至

[6]《周髀算經》所推每衡周徑里數如下表：

七衡徑周及各衡周一度的里數

七　　衡	徑　一　周　三		
	里	步	里
第　一　衡	238，000		714，000
第　二　衡	277，666	200	833，000
第　三　衡	317，333	100	952，000
第　四　衡	357，000		1，071，000
第　五　衡	396，666	200	1，190，000
第　六　衡	436，333	100	1，309，000
第　七　衡	476，000		1，428，000
四　　極	810，000		2，430，000

又《周髀》家云：[1]

"天圓如張蓋，地方如棋局。天旁轉如推磨而左行，日月右行，天左轉，故日月實東行，而天牽之以西没。譬之於蟻行磨石之上，磨左旋而蟻右去，磨疾而蟻遲，故不得不隨磨以左迴焉。[2]天形南高而北下，日出高故見，日入下故不見。天之居如倚蓋，故極在人北，是其證也。極在天之中，而今在人北，所以知天之形如倚蓋也。日朝出陰中，暮入陰中，陰氣暗冥，故從没不見也。夏時陽氣多，陰氣少，陽氣光明，與日同暉，故日出即見，無蔽之者，故夏日長也。冬時陰氣多，陽氣少，陰氣暗冥，掩日之光，雖出猶隱不見，故冬日

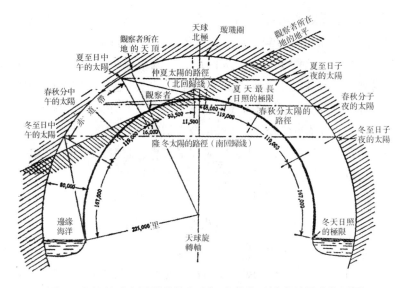

天球北極　璇璣圈

觀察者所在地的天頂　觀察者所在地的地平

夏至日中午的太陽

仲夏太陽的路徑（北回歸綫）

夏至子夜的太陽

春秋分中午的太陽

觀察者

夏 天 最 長日照的極限

春秋分子夜的太陽

冬至日中午的太陽

赤 道 帶

隆冬太陽的路徑（南回歸綫）

春秋分太陽的路徑

冬至日子夜的太陽

48,600

90,500　11,500　119,000

119,000　16,000

119,000

80,000

167,000

邊緣海洋

225,000里

天球旋轉軸

167,000

冬天日照的極限

圖 4　李約瑟《中國科學技術史》中的蓋天説世界圖式復原圖

（引自恰特萊的圖）

短也。"[3]

　　[1]《周髀》家云：是漢代另一種蓋天學説，它的觀點與《周髀算經》有很大的差異。不過，其流傳的記載僅見於此。揚雄《論衡·説日篇》記載了第三種蓋天學説，人們稱之爲平天説，此處並未介紹。關於平天説的評論，參見薄樹人主編《中國天文學史》（臺灣文津出版社 1996 年版）。

　　[2]"譬之於蟻行磨石之上"至"故不得不隨磨以左迴焉"：爲了解釋日月的東升西落及在恒星間的位置移動，《周髀》家説采納了蟻行磨石之上的模型。認爲天象磨石，每天從東到西轉動，同時，日月就象螞蟻一樣，在磨石上自西向東緩慢地爬行。由於天蓋轉動速度比日月東移快，儘管日月本身是向東運動的，但還是被天蓋帶着自東向西做周日運動，就像螞蟻不得不隨磨石轉動那樣。

[3]薄樹人《中國天文學史》指出："在三種蓋天説中，最缺乏説服力的可能要算周髀家説。因爲第一，它所堅持的'地方如棋局'的觀念，實際上是從'天圓地方'説中來的，這種觀念，早已受到曾參的批駁。從他開始，人們一般把'地方'理解成'地道曰方'，即認爲方指的僅僅是靜止的性質，而不是實際的形體。第二，它過分依重陰陽學説，難以令人信服，王充對它的批判就説明了此點。相比之下，《周髀》説和平天説對個別天象的解釋卻有一定的道理。"

漢末，揚子雲難蓋天八事，[1]以通渾天。其一云："日之東行，循黃道。晝〔夜〕中規，牽牛距北極（北）〔南〕百一十度，東井距北極南七十度，并百八十度。周三徑一，二十八宿周天當五百四十度，今三百六十度，[2]何也？"其二曰："春秋分之日正出在卯，入在酉，而晝漏五十刻。即天蓋轉，夜當倍晝。[3]今夜亦五十刻，何也？"其三曰："日入而星見，日出而不見，即斗下見日六月，不見日六月。北斗亦當見六月，不見六月。今夜常見，何也？"其四曰："以蓋圖視天河，起斗而東入狼弧間，曲如輪。今視天河直如繩，[4]何也？"其五曰："周天二十八宿，以蓋圖視天，星見者當少，不見者當多。今見與不見等，何出入無冬夏，而兩宿十四星當見，[5]不以日長短故見有多少，何也？"其六曰："天至高也，地至卑也。日託天而旋，可謂至高矣。縱人目可奪，水與影不可奪也。今從高山上，以水望日，日出水下，影上行，何也？"其七曰："視物，近則大，遠則小。今日與北斗，近我而小，遠我而大，何也？"

其八曰："視蓋橑與車輻間，近杠轂即密，益遠益疏。今北極爲天杠轂，二十八宿爲天橑輻。以星度度天，南方次地星間當數倍。今交密，[6]何也？"

其後桓譚、鄭玄、蔡邕、陸績，各陳《周髀》考驗天狀，多有所違。[7]逮梁武帝於長春殿講義，[8]別擬天體，全同《周髀》之文，蓋立新意，以排渾天之論而已。

[1]揚子雲：人名。即揚雄，字子雲。西漢文學家、哲學家。以文章名世。初信蓋天，在與桓譚的爭論中轉變觀念，撰難蓋天八事。揚雄的難蓋天八事，就他個人而言，是由蓋天說徹底轉向渾天說的一個標志。對當時的渾蓋之爭而言，是對蓋天說的一次沉重打擊，並爲渾天說的發展做了一次強有力的推動。難蓋天八事雖不盡善，但其功績與影響却著於春秋。

[2]"晝夜中規"至"今三百六十度"：牽牛與東井相對，將牽牛和東井的去極度相加，當小於周天半徑，今相加得180度，據周三徑一，可求得二十八宿周天爲540度。與二十八宿一周爲360度不合。

[3]夜當倍晝：據《周髀》人在極南，春秋分人見日出正東、日入正西，自然不及天蓋之半，故曰夜當倍晝。

[4]"蓋圖視天河"至"今視天河直如繩"：天河自斗宿至狼星、弧星之間，依蓋天圖，天河應當彎曲如車輪，但實際看到的都如一條拉直的繩。

[5]何出入無冬夏，而兩宿十四星當見：爲什麼無論冬夏，晚上所見均爲十四宿呢？此處的兩宿實即兩夜，而十四星即爲二十八宿之半爲十四宿。

[6]"其八曰"至"今交密"：按蓋天說，天體如車輪，當近軸處星密，遠軸疏，今南方處星反密，可見蓋天不合實情。

[7]"其後桓譚、鄭玄、蔡邕、陸績"至"多有所違":桓譚、鄭玄、蔡邕、陸績等的論述,詳見《晉書·天文志》和本志。

[8]梁武帝於長春殿講義:記載請見《開元占經》卷一和本志。

宣夜之書,絕無師法。唯漢秘書郎郗萌記先師相傳云:[1]

"天了無質,仰而瞻之,高遠無極,眼眚精絕,故蒼蒼然也。譬之旁望遠道之黃山而皆青,俯察千仞之深谷而窈黑,夫青非真色,而黑非有體也。[2]日月眾星,自然浮生虛空之中,其行其止,皆須氣焉。[3]是以七曜或逝或住,或順或逆,伏見無常,進退不同,由乎無所根繫,故各異也。[4]故辰極常居其所,而北斗不與眾星西没也。"[5]

[1]自英國科學史家李約瑟在其《中國科學技術史·天文卷》中盛贊以來,很多天文史家都特別推崇宣夜説。陳美東在其《中國科學技術史·天文學卷》中説:宣夜説的這些觀念,既打破了蓋天説形如車蓋或蓋笠的天殼,也打破了渾天説球形的天殼,描繪了一幅日月星辰在充滿氣的無限空間、按各自的規律運動的壯麗圖景,與蓋天説和渾天説相比,更接近我們今天對天的總體認識,以及對日月星辰總體分布的認識,具有十分重大的理論意義。可是,郗萌所提及的宣夜説,對於地、對於地與天的關係却未置一詞,這不能不説是一個大疏漏。此外,宣夜説對於日月星辰運動具體狀况的描述,祇是泛泛而談,對其具體機制與規律的討論,也僅有"皆須氣焉"和"遲疾任情"這八個字,自然帶有極大的思辨色彩。在解釋天文現象方面,它也没有提供必要的説明。這些缺點,大大局限

了宣夜説的天文學意義和社會影響。

[2]"天了無質"至"而黑非有體也"：説明天是無形、無體、無質的，其高遠無極。

[3]"日月衆星"至"皆須氣焉"：是説天上的日月星辰懸浮在無邊無際的虛空之中，這虛空中充滿了氣，日月星辰或者運動、或者停止不動，都是氣推動或者維持它們的行止。

[4]"是以七曜"至"故各異也"：宣夜説認爲，不能用日月五星附着於同一個天球來解釋它們的各種運動，却是無所根系、不綴附於天體的很好證明。

[5]而北斗不與衆星西没也：與《晋書·天文志》相比，《隋書·天文志》删除了以下文字："攝提、填星皆東行。日行一度，月行十三度，遲疾任情，其無所繫著可知矣。若綴附天體，不得爾也。"與渾天説、蓋天説相比宣夜説畢竟内容太簡略，現引《列子·天瑞》中的宣夜説作爲補充：杞國有人憂天地崩墜，身亡所寄，廢寢食者。又有憂彼之所憂者，因往曉之，曰："天積氣耳，亡處亡氣，若屈伸呼吸，終日在天中行止，奈何憂崩墜乎？"其人曰："天果積氣，日月星宿不當墜邪？"曉之者曰："日月星宿，亦積氣中之有光耀者，祇使墜，亦不能有所中傷。"其人曰："奈地壞何？"曉之者曰："地積塊耳，充塞四虛，亡處亡塊。若躇步跐蹈，終日在地上行止，奈何憂其壞？"其人舍然大喜，曉之者亦舍然大喜。

晋成帝咸康中，會稽虞喜因宣夜之説，作《安天論》，[1]以爲："天高窮於無窮，地深測於不測。天確乎在上，有常安之形，地魄焉在下，有居静之體，當相覆冒，方則俱方，圓則俱圓，無方圓不同之義也。其光曜布列，各自運行，猶江海之有潮汐，萬品之有行藏也。"[2]葛洪聞而譏之曰："苟辰宿不麗於天，天爲無用，便可言無。何必復云有之而不動乎?"[3] 由此而談，葛洪可謂知言之選也。

[1]《安天論》：陳美東《中國科學技術史·天文學卷》對安天論評價説：質言之，虞喜確實是看到了當時的渾天説和蓋天説存在的理論缺欠，而轉向宣夜説的，但他的安天説也沒有提出什麼令人信服的論據，對諸多天文現象也未做出任何具體的、必要的論述，對渾天説和蓋天説的批評又多軟弱無力，其安天説對於宣夜説僅有小補而已。

[2]“天高窮於無窮”至“萬品之有行藏也”：安天論的内容太簡略，《太平御覽》卷二還輯有虞喜對蓋天説和渾天説的責難，可以看作對安天論的補充：渾蓋之家，依《易》立説。云天運無窮，或謂渾然包地，或謂渾然而蓋。愚謂若必天裏地，似卵中黄，則地是天中一物，聖人何別爲名而配天乎? 或難曰：《周禮》有方圓之丘祭天地，則知乾坤有方圓體也。答曰：郊祭大報天而主日配，日月形圓，圓丘似之，非天體也。祭方者別之於天，尊卑異位，何足怪哉! 古之遺語，日月行於飛谷，謂在地中也。不聞列星復流於地，又飛谷一道，何以容此。且谷有水體，日爲火精，冰炭不共器，得無傷日之明乎?

[3]“葛洪聞而譏之曰”至“何必復云有之而不動乎”：葛洪對安天論持反對態度，批評説：如果星辰不附於天，天是無用之物，還説天不動，那麼，還要這個天層做什麼呢?

喜族祖河間相聳，又立《穹天論》云:[1] “天形穹隆如鷄子，幕其際，周接四海之表，浮乎元氣之上。[2] 譬如覆盆以抑水而不没者，氣充其中故也。日繞辰極，没西還東，而不出入地中。天之有極，猶蓋之有斗也。[3]天北下於地三十度，極之傾在地卯酉之北亦三十度。人在卯酉之南十餘萬里，故斗極之下，不爲地中，當對天地卯酉之位耳。日行黃道繞極。極北去黃道百一十五度，南去黃道六十七度，二至之所舍，以爲長短也。"[4]

[1]《穹天論》：虞翻在東吳作官，學問廣博，是著名經學家。有子八人，皆好鑽研學問。其第八子虞昺（一說第四子虞氾）作《穹天論》曰："天形穹隆如笠，而冒地之表，浮元氣之上。譬覆奩以抑水而不没者，氣充其中也。日繞辰極，没西而還東，不入地中也。"由於其與第六子虞聳的穹天說有別，我們稱之爲第一穹天說。虞聳是爲了修正第一穹天說的，故稱第二穹天說。

[2]"天形穹隆如鷄子"至"浮乎元氣之上"：此處借用渾天說的天形如鷄子和天地浮於水、氣之上，用於改正第一穹天說的天形如蓋笠和天蓋於地之上的觀念。

[3]"譬如覆奩"至"猶蓋之有斗也"：天如覆奩、日西没不入地中、蓋之有斗這些觀念，都是典型的蓋天說。

[4]"天北下於地三十度"至"以爲長短也"：這兩種穹天說的共同之處有：天在上，地在下，天並不繞到地下去，這是蓋天說的基本特徵。兩者都試圖給蓋天說的"天之所以不墜"一個物理解釋，在天之內充滿了元氣、天又有水和地承托，所以是穩定的。

吳太常姚信，造《昕天論》云：[1] "人爲靈蟲，形最似天。今人頤前侈臨胸，而項不能覆背。[2]近取諸身，故知天之體，南低入地，北則偏高也。又冬至極低，而天運近南，故日去人遠，而斗去人近，北天氣至，故水寒也。夏至極起，而天運近北，而斗去人遠，日去人近，南天氣至，故蒸熱也。極之高時，日行地中淺，故夜短；天去地高，故畫長也。極之低時，日行地中深，故夜長；天去地下，故畫短也。”[3]

　　自虞喜、虞聳、姚信，皆好奇徇異之説，非極數談天者也。[4]

[1]姚信：人名。在吴國任太常。他創立的昕天説，除《隋志》這段記載外，還有《宋書·天文志》：“嘗覽《漢書》云：冬至日在牽牛，去極遠；夏至日在東井，去極近。欲以推日之長短，信以太極處二十八宿之中央，雖有遠近，不能相倍。”又《太平御覽》卷二説：“若使天裹地如卵含雞，地何所倚立而自安固？若有四維柱石，則天之運轉將以相害；使無四維因水勢以浮，則非立性也。若天經地行於水中，則日月星辰之行將不得其性。是以兩地之説，下地則上地之根也，天行乎兩地之間矣。”

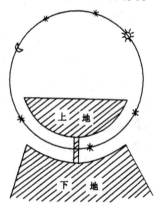

圖5　陳美東《中國科學技術史·天文學卷》中昕天説示意圖

[2]“人爲靈蟲”至“而項不能覆背”：陳美東《中國科學技術史·天文學卷》説：“他認爲人乃是天之驕子，所以，人的形態應與天最爲相似。這一觀念自漢代以來相當流行。姚信正以此立

说。由此出發，他以爲人的頭是圓的，天也是圓的；人頭與身子通過頸項相聯繫，可以作向前俯到胸、而不可以作向後仰到背的運動。於是他認爲天亦在做類似的活動，可以‘南低入地，北則偏高’，即以爲天以一年爲周期，沿子午圈作有限度的仰俯運動。"胸，底本作"匈"，今據中華本改。

[3]"冬至極低"至"故晝短也"：《疇人傳》卷五《姚信》評論曰："昕天之説，以北極去人有遠近，冬至時極去人較二分爲近，故冬至之日道在二分之日道南；夏至時極去人較二分爲遠，故夏至之日道在二分之日道北。在北則行地中淺，斗與日俱在人之北，有如蓋之覆於上，故曰夏依於蓋；在南則行地中深，斗在人之北，而日在人之南，有如渾之包乎外，故曰冬依於渾。日之南北，因乎極之遠近，然則昕天之説止有赤道，而無黃道矣。"極之高時，"高"字諸本作"立"，據《太平御覽》卷二引文改正。

[4]非極數談天者也：這是李淳風對魏晉三家談天家的總的評論。説虞喜、虞聳、姚信這些人衹是喜好奇異之説，並不是嚴格依據數學知識的推導來談天。

前儒舊説，天地之體，狀如鳥卵，天包地外，猶殼之裹黃，周旋無端，其形渾渾然，故曰渾天。[1]又曰："天表裏有水，兩儀轉運，各乘氣而浮，載水而行。"[2]漢王仲任，[3]據蓋天之説以駁渾儀云："舊説，天轉從地下過。今掘地一丈輒有水，天何得從水中行乎？[4]甚不然也。日隨天而轉，非入地。夫人目所望，不過十里，天地合矣。實非合也，遠使然耳。今視日入，非入也，亦遠耳。[5]當日入西方之時，其下之人亦將謂之爲中也。四方之人，各以其近者爲出，遠者爲入矣。何以明之？今試使一人把大炬火，夜行於平地，去人十里，火光滅

矣。非火滅也，遠使然耳。今日西轉不復見，是火滅之
類也。日月不圓也，望視之所以圓者，去人遠也。夫
日，火之精也；月，水之精也。水火在地不圓，在天何
故圓?"

圖6　鄭文光、席澤宗《中國古代的宇宙理論》中的渾天説示意圖

〔1〕"前儒舊説"至"故曰渾天"：見王蕃《渾天象説》。
〔2〕"又曰"至"載水而行"：見《渾天儀圖注》。
〔3〕王仲任：人名。東漢王充字仲任，唯物主義哲學家，主蓋
天説。傳見《後漢書》卷四九。
〔4〕"舊説"至"天何得從水中行乎"：天不能從水中通過，
當然更不能從地中通過。
〔5〕今視日入，非入也，亦遠耳：太陽由於距人遠，視之似入，
是由於遠的原因。這是典型的蓋天説。

丹陽葛洪釋之曰：[1]
《渾天儀注》云：[2]"天如鷄子，地如中黃，孤居

於天內，天大而地小。天表裏有水，天地各乘氣而立，載水而行。周天三百六十五度四分度之一，又中分之，則半覆地上，半繞地下，故二十八宿半見半隱。天轉如車轂之運也。”諸論天者雖多，然精於陰陽者少。張平子、陸公紀之徒，咸以爲推步七曜之道，以度曆象昏明之證候，校以四八之氣，[3]考以漏刻之分，占晷影之往來，求形驗於事情，莫密於渾象也。張平子既作銅渾天儀，於密室中，以漏水轉之，與天皆合如符契也。崔子玉爲其《碑銘》曰：“數術窮天地，制作侔造化。高才偉藝，與神合契。”蓋由於平子渾儀及地動儀之有驗故也。若天果如渾者，則天之出入，行於水中，爲必然矣。故《黃帝書》曰：“天在地外，水在天外。水浮天而載地者也。”又《易》曰：“時乘六龍。”[4]夫陽爻稱龍，龍者居水之物，以喻天。天陽物也，又出入水中，與龍相似，故比以龍也。聖人仰觀俯察，審其如此。故《晉》卦坤上離下，以證日出於地也。又《明夷》之卦離下坤上，以證日入於地也。又《需》卦乾下坎上，此亦天入水中之象也。天爲金，金水相生之物也。天出入水中，當有何損，而謂爲不可乎？然則天之出入水中，無復疑矣。

又今視諸星出於東者，初但去地小許耳。漸而西行，先經人上，後遂轉西而下焉，不旁旋也。其先在西之星，亦稍下而沒，無北轉者。日之出入亦然。若謂天磨石轉者，衆星日月，宜隨天而迴，初在於東，次經於南，次到於西，次及於北，而復還於東，不應橫過去也。今日出於東，冉冉轉上，及其入西，亦復漸漸稍下，都不繞邊北去。了了如此，王生必固謂爲不然者，疏矣。

今日徑千里，其中足以當小星之數十也。若日以轉遠之故，但當光曜不能復來照及人耳，宜猶望見其體，不應都失其所在也。日光既盛，其體又大於星。今見極北之小星，而不見日之在北者，明其不北行也。若日以轉遠之故，不復可見，其比入之間，應當稍小。而日方入之時，反乃更大，此非轉遠之徵也。王生以火炬喻日，吾亦將借子之矛，以刺子之盾焉。把火之人，去人轉遠，其光轉微，而日月自出至入，不漸小也。王生以火喻之，謬矣。

又日之入西方，視之稍稍去，初尚有半，如橫破鏡之狀，須臾淪没矣。若如王生之言，日轉北去者，其北都没之頃，宜先如豎破鏡之狀，不應如橫破鏡也。[5] 如此言之，日入北方，不亦孤子乎？又月之光微，不及日遠矣。月盛之時，雖有重雲蔽之，不見月體，而夕猶朗然，是月光猶從雲中而照外也。日若繞西及北者，其光故應如月在雲中之狀，不得夜便大暗也。又日入則星月出焉。明知天以日月分主晝夜，相代而照也。若日常出者，不應日亦入而星月出也。

又案河、洛之文，皆云水火者，陰陽之餘氣也。夫言餘氣，則不能生日月可知也，顧當言日精生火者可耳。若水火是日月所生，則亦何得盡如日月之圓乎？今火出於陽燧，[6] 陽燧圓而火不圓也。水出於方諸，[7] 方諸

今注本二十四史　隋書

1118

方而水不方也。又陽燧可以取火於日，而無取日於火之理，此則日精之生火明矣。方諸可以取水於月，無取月於水之道，此則月精之生水了矣。王生又云："遠故視之圓。"若審然者，月初生之時及既虧之後，何以視之不圓乎？而日食，或上或下，從側而起，或如鈎至盡。若遠視見圓，不宜見其殘缺左右所起也。此則渾天之體，信而有徵矣。

[1]葛洪：人名。東晋人，號抱樸子，在煉丹、道教理論、中醫藥等方面有重大貢獻。傳見《晋書》卷七二。

[2]《渾天儀注》：請注意此處未説明作者是誰。注者曾作文論述《渾天儀注》非張衡所作，主要觀點爲：《後漢書》卷五九《張衡傳》説"作渾天儀，著《靈憲》《算罔論》……所著《詩》《賦》《銘》《七言》《靈憲》《應閒》《七辯》《巡誥》《懸圖》凡三十二篇"。祇説張衡著《靈憲》，作渾天儀，未説張衡著《渾天儀注》；《渾天儀注》首見於東晋葛洪的引文，未説作者；《隋書·經籍志》首載張衡《靈憲》，後載王蕃《渾天象説》，繼載《渾天儀》二卷，同樣不注作者姓名，這種排列方式説明，它絕對不是簡單失載作者姓名，而是認爲《渾天儀注》並非張衡所作；蔡邕欲寢伏儀下尋求研究舊文而不得，著《月令章句》，也合於顔延之"張衡創物，蔡邕造論的説法"；《渾天儀注》的天體模型與《靈憲》有很大出入，不是一個人的觀點，故《渾天儀注》實即有人研究張衡製造的渾儀做出的注文。陳美東先生堅決反對《渾天儀注》非張衡所作的意見，祇好留待後人評説。

[3]四八之氣：即四時八節之氣。

[4]時乘六龍：六個爻位之龍象。

[5]宜先如豎破鏡之狀，不應如橫破鏡也：太陽入山時圓面陽光被遮擋比喻，下面被擋則如橫破鏡，北面被擋則如豎破鏡。

　　[6]陽燧：古人日下取火的一種用具。金屬製成的尖底杯，放在日光下，使光綫聚在杯底尖處，杯底置艾絨之類，遇光即能燃火。一説用銅製的凹鏡向日取火。

　　[7]方諸：古代月下承露取水的器具。《周禮·司烜氏》曰："以鑒取明水於月。"鄭玄注："鑒，鏡屬，取水者，世謂之方諸。"

　　宋何承天論渾天象體曰：[1]"詳尋前説，因觀渾儀，研求其意，有悟天形正圓，而水居其半，地中高外卑，水周其下。言四方者，東曰暘谷，日之所出，西曰蒙汜，日之所入。《莊子》又云：'北溟有魚，化而爲鳥，將徙於南溟。'斯亦古之遺記，四方皆水證也。四方皆水，謂之四海。凡五行相生，水生於金。是故百川發源，皆自山出，由高趣下，歸注於海。日爲陽精，光曜炎燧，一夜入水，所經焦竭。百川歸注，足以相補，故旱不爲减，浸不爲益。"[2]

　　又云："周天三百六十五度、三百四分之七十五。天常西轉，一日一夜，過周一度。南北二極，相去一百一十六度、三百四分度之六十五强，即天經也。黃道裹帶赤道，[3]春分交於奎七度，秋分交於軫十五度，冬至斗十四度半强，夏至井十六度半。從北極扶天而南五十五度强，則居天四維之中，最高處也，即天頂也。其下則地中也。"自外與王蕃大同。王蕃《渾天説》，具於《晋史》。[4]

　　舊説渾天者，以日月星辰，不問春秋冬夏，晝夜晨昏，上下去地中皆同，無遠近。[5]

　　[1]何承天：人名。劉宋天文學家，造《元嘉曆》。傳見《宋書》卷六四。

　　[2]"詳尋前説"至"浸不爲益"：又見《宋書・天文志》，但删去"天徑之數，蕃説近之"八字。

　　[3]衺：通"斜"。

　　[4]《晋史》：即《晋書・天文志》。實際上，《晋志》未涉及王蕃《渾天説》具體内容，當見《宋書・天文志》。

　　[5]"舊説渾天者"至"無遠近"：以下列子、桓譚、張衡、束晳、姜岌、祖暅言，均爲議論"日月星辰，不問春秋冬夏，晝夜晨昏，上下去地中皆同，無遠近"的。

　　《列子》曰："孔子東游，見兩小兒鬭。問其故，一小兒曰：'我以日始出去人近，而日中時遠也。'一小兒曰：'我以爲日初出遠，而日中時近也。'言初出近者曰：'日初出，大如車蓋，及其日中，裁如盤蓋。此不爲遠者小，近者大乎？'[1]言日初出遠者曰：'日初出時，滄滄涼涼，及其中時，熱如探湯。此不爲近者熱，遠者涼乎？'"[2]

　　[1]"日初出"至"近者大乎"：一小兒以日出時大如車輪、日中時小如菜盤爲理由，遠則視物小、近則視物大，故曰日出時距日近，日中時距日遠。

　　[2]"日初出時"至"遠者涼乎"：另一小兒以日出時日光涼爽、日中時就如燒開的水那樣熱，近火者熱、遠火者涼，故曰日出時距日遠，日中時距日近。

　　桓譚《新論》云："漢長水校尉平陵關子陽，[1]以爲日之去人，上方遠而四傍近。[2]何以知之？星宿昏時出東方，其間甚疏，相離丈餘。及夜半在上方，視之甚數，相離一二尺。以準度望之，逾益明白，故知天上之遠於傍也。[3]日爲天陽，火爲地陽。地陽上升，天陽下降。今置火於地，從傍與上，診其熱，遠近殊不同焉。日中正在上，覆蓋人，人當天陽之衝，故熱於始出時。[4]又新從太陰中來，故復凉於其西在桑榆間也。[5]桓君山曰：子陽之言，豈其然乎？"[6]

[1]關子陽：人名。西漢平陵（今陝西咸陽市西北）人。曾任長水校尉。桓譚在《新論》中記述了關子陽關於太陽距人遠近的觀點。

[2]上方遠而四傍近：關子陽以學者的觀點支持第一個小兒的觀點。

[3]"何以知之"至"故知天上之遠於傍也"：關子陽舉出以星宿爲例，看上去近地平時星宿寬大，在天頂時相距較近。甚數，較狹小。準度望之，逾益明白，如果加以度量，便更加明白。實際上，這是説者猜度之辭。

[4]"日爲天陽"至"故熱於始出時"：説者自設天陽與地陽兩種不同熱源的輻射方向不同，來解釋爲什麼日始出時凉、中天時熱，從而否定了日出時凉、距人遠的觀點。

[5]又新從太陰中來，故復凉於其西在桑榆間也：説者又進一步以晨出太陽從太陰中來故凉的觀點，來解釋日落前比日出後更熱的道理。

[6]豈其然乎：桓譚祇記載了這種説法，最終以設問的方式問道，這種説法對嗎？

張衡《靈憲》曰：[1]"日之薄地，暗其明也。由暗視明，明無所屈，是以望之若大。方其中，天地同明，明還自奪，故望之若小。[2]火當夜而揚光，在晝則不明也。月之於夜，與日同而差微。"

[1]《靈憲》：此處所引，顯然不是《靈憲》的全文，而衹是引述其與日遠近有關的論述。《靈憲》全文，見《續漢書·天文志》注。

[2]"日之薄地"至"故望之若小"：作者引用《靈憲》的這段文字，目的衹是爲了説明張衡《靈憲》的觀點，早晨、中午太陽距人並無遠近的變化。

晋著作郎陽平束晳，[1]字廣微，以爲傍方與上方等。傍視則天體存於側，故日出時視日大也。日無小大，而所存者有伸厭。厭而形小，伸而體大，蓋其理也。[2]又日始出時色白者，雖大不甚，始出時色赤者，其大則甚，此終以人目之惑，無遠近也。[3]且夫置器廣庭，則函牛之鼎如釜，堂崇十仞，則八尺之人猶短，物有陵之，非形異也。夫物有惑心，形有亂目，誠非斷疑定理之主。[4]故仰游雲以觀月，月常動而雲不移；乘船以涉水，水去而船不徙矣。[5]

[1]束晳：人名。字廣微，陽平元城（今山東莘縣）人。曾任著作郎等，撰史書，教授門徒，是當時有名的學者。傳見《晋書》卷五一。

[2]"傍視則天體存於側"至"蓋其理也"：日出入時，人目傍視太陽，日中時，人目仰視太陽，人目平視物體則大，仰視則

小，這是人目的錯覺造成的。

[3]"又日始出時色白者"至"無遠近也"：日出時，有時太陽色白，有時色赤。色白時，人們看到的是不甚大的太陽圓面，而色赤時，人們看到的是比色白時更大的太陽圓面。同是日出之時，太陽的圓面應是一樣大的，亦無遠近的不同，但是，在不同的氣象條件下，人們看到的却是太陽大小不同的圓面。這是人們無法排除氣象條件干擾而產生的錯覺。所以，不能以錯覺作爲太陽有遠近的證據。

[4]"且夫置器廣庭"至"誠非斷疑定理之主"：在一個廣大的庭院中，一個可以裝得下牛的大鼎看上去祇是如釜那麼小；八尺高的男子，在十仞高的大堂中也顯得短小。周制仞高八尺，十仞爲八十尺。物有陵之，非形異也，感覺上物體大小的不同，並不是其形體有變化，而是感覺上產生的差異。

[5]"故仰游雲以觀月"至"船不徙矣"：月在雲中游，水流船不動，這更是人們普遍認知的視覺上的錯誤事例。

　　姜岌云：[1]"余以爲子陽言天陽下降，日下熱，束皙言天體存於目，則日大，頗近之矣。渾天之體，圓周之徑，詳之於天度，驗之於晷影，而紛然之説，由人目也。參伐初出，在旁則其間疏，在上則其間數。以渾檢之，度則均也。[2]旁之與上，理無有殊也。夫日者純陽之精也，光明外曜，以眩人目，故人視日如小。及其初出，地有游氣，以厭日光，不眩人目，即日赤而大也。無游氣則色白，大不甚矣。地氣不及天，故一日之中，晨夕日色赤，而中時日色白。地氣上升，蒙蒙四合，與天連者，雖中時亦赤矣。日與火相類，火則體赤而炎黄，日赤宜矣。然日色赤者，猶火無炎也。光衰失常，則爲異矣。"[3]

[1]姜岌：人名。主要活動於後秦姚興時，相當於東晋後期。當時北方的天文曆法家。諸本作"安岌"，《疇人傳》卷六《姜岌》引錢大昕曰："安岌當爲姜岌，字脱其半耳。"今據改。

[2]"余以爲子陽言天陽下降"至"度則均也"：關子陽説星宿近地則疏、遠地則數，衹是視覺上的差誤，衹有姜岌，對參宿和伐星在日出和日中時做過實際觀測，並無度數上的差別。以渾檢之，"檢"字底本作"驗"，今據中華本改。

[3]"及其初出"至"則爲異矣"：姜岌在這裏提出了游氣對日面大小影響的問題，這是束晳未曾論及的。他指出，同是日初出時，有時日色赤，有時日色白，這與東方地平方向上地之游氣多少有關。游氣多，則日色赤，背景暗、視日面大；游氣亮，視日面不甚大。日中時，無游氣或游氣很少，故日色白。但若日中之時地氣上升蒙蔽天日，日色也將變赤，視面也將大些。姜岌從正反兩面論證了游氣多寡與日色赤白、視日面大小之間的關係，較前人的相關論述前進了一大步。天體輻射，受到地球大氣的吸收和散射，造成輻射强度减弱和顏色變化，這一現象叫作大氣消光。一般而言，天體愈近地面，入射方向愈傾斜，大氣消光愈嚴重。姜岌地有游氣的概念，與大氣消光作用頗有相通之處，與太陽顏色變化的解釋也相一致。

　　梁奉朝請祖暅曰：

自古論天者多矣，而群氏糾紛，至相非毁。竊覽同異，稽之典經，仰觀辰極，傍矚四維，睹日月之升降，察五星之見伏，校之以儀象，覆之以晷漏，則渾天之理，信而有徵。輒遺衆説，附渾儀云。《考靈曜》先儒求得天地相去十七萬八千五百里，以晷影驗之，失於過多。既不顯求之術，而虛設其數，蓋夸誕之辭，宜非聖人之旨也。學者多固其說而未之革，豈不知尋其理歟，抑未能求其數故也？[1]

王蕃所考，校之前說，不啻減半。雖非揆格所知，而求之以理，誠未能遙趣其實，蓋近密乎？輒因王蕃天高數，以求冬至、春分日高及南戴日下去地中數。法，令表高八尺與冬至影長一丈三尺，各自乘，并而開方除之爲法。天高乘表高爲實，實如法，得四萬二千六百五十八里有奇，即冬至日高也。以天高乘冬至影長爲實，實如法，得六萬九千三百二十里有奇，即冬至南戴日下去地中數也。求春秋分數法，令表高及春秋分影長五尺三寸九分，各自乘，并而開方除之爲法。因冬至日高實，而以法除之，得六萬七千五百二里有奇，即春秋分日高也。以天高乘春秋分影長實，實如法而一，得四萬五千四百七十九里有奇，即春秋分南戴日下去地中數也。南戴日下，所謂丹穴也。推北極里數法，夜於地中表南，傅地遙望北辰紐星之末，[2]令與表端參合。以人目去表數及表高各自乘，并而開方除之爲法。天高乘表高數爲實，實如法而一，即北辰紐星高地數也。天高乘人目去表爲實，實如法，即去北戴極下之數也。[3]北戴斗極爲空桐。

日去赤道表裏二十四度，遠寒近暑而中和。二分之日，去天頂三十六度。日去地中，四時同度，而有寒暑者，地氣上騰，天氣下降，故遠日下而寒，近日下而暑，非有遠近也。猶火居上，雖遠而炎，在傍，雖近而微。視日在傍而大，居上而小者，仰矚爲難，平觀爲易也。由視有夷險，非遠近之效也。今懸珠於百仞之上，或置之於百仞之前，從而觀之，則大小殊矣。先儒弗斯取驗，虛繁翰墨，夷途頓轡，雄辭析辯，不亦迂哉！今大寒在冬至後二氣者，寒積而未消也。大暑在夏至後二氣者，暑積而未歇也。寒暑均和，乃在春秋分後二氣者，寒暑積而未平也。譬之火始入室，而未甚溫，弗事加薪，久而逾熾。既已遷之，猶有餘熱也。[4]

[1]"學者多固其說而未之革"至"抑未能求其數故也"：祖暅對《考靈曜》所用天地相去之數持反對和批判態度。

[2]紐星之末："紐星"諸本作"細星"，今據《開元占經》改正。

[3]"以人目去表數及表高各自乘"至"即去北戴極下之數也"：在祖暅的《渾天論》中，他以王蕃渾天說的忠實追隨者的面目出現，沿着王蕃的思路，補充了王蕃尚未論及的冬至和春秋分時太陽的高度，以及觀測者同地上與太陽垂直的那一點之間距離的計算。與王蕃天徑大小的計算存在許多失誤一樣，祖暅所作的補充也漏洞百出，同樣沒有實際意義。

[4]"日去赤道表裏二十四度"至"猶有餘熱也"：祖暅對一年四季寒暑變化的原因做了頗有見地的論述。他指出寒暑的變化不是太陽遠近的結果，太陽一年之中與地的距離都是一樣的。他把關子陽對一日內溫涼變化的解說，應用於一年四季寒暑變化的說明。他指出，當在火焰上騰的部分，即便距火遠也熱，而在火焰側面，即使距火近也不覺得熱。故冬至遠日下而寒，夏天近日下而暑。這裏的遠日下和近日下，是指人與太陽相對位置而言。遠日下是太陽斜射，近日下是太陽直射。祖暅還指出一年之中大寒最冷、大暑最

熱、穀雨和霜降寒暑均和的原因。他認爲這是積寒而寒甚積熱而熱
極的結果，即提出了熱量逐漸積累或消減的機制，用以説明最冷最
熱或冷熱均和的時日不在二至和二分的滯後現象。並以室内剛生火
時不會立即暖和而撤火後不致馬上冷爲例加以説明。祖暅强調平視
與仰視的不同效果，造成日在傍視大、在上視小。並以球爲例，相
同距離的水平處大，高處小，由此證明太陽日出時較日中時大的道
理。不過，祖暅將太陽視大小的原因僅限於此，實際是否定了前人
多方面因素的探索，未免以偏概全。

渾天儀[1]

案《虞書》：“舜在琁璣玉衡，以齊七政。”則《考
靈曜》所謂觀玉儀之游，昏明主時，乃命中星者也。琁
璣中而星未中爲急，急則日過其度，月不及其宿。琁璣
未中而星中爲舒，舒則日不及其度，月過其宿。琁璣中
而星中爲調，調則風雨時，庶草蕃蕪，而五穀登，萬事
康也。所言琁璣者，謂渾天儀也。故《春秋文耀鈎》
云：“唐堯即位，羲、和立渾儀。”[2]而先儒或因星官書，
北斗第二星名琁，第三星名璣，第五星名玉衡，仍七政
之言，即以爲北斗七星。載筆之官，莫之或辨。史遷、
班固，猶且致疑。[3]馬季長創謂璣衡爲渾天儀。[4]鄭玄亦
云：“其轉運者爲璣，其持正者爲衡，皆以玉爲之。七
政者，日月五星也。以璣衡視其行度，以觀天意也。”
故王蕃云：“渾天儀者，羲、和之舊器，積代相傳，謂
之璣衡。其爲用也，以察三光，以分宿度者也。又有渾
天象者，以著天體，以布星辰。而渾象之法，地當在天
中，其勢不便，故反觀其形，地爲外匡，於已解者，無

異在内。詭狀殊體，而合於理，可謂奇巧。然斯二者，以考於天，蓋密矣。"又云："古舊渾象，以二分爲一度，周七尺三寸半〔分〕。而莫知何代所造。"今案虞喜云："落下閎爲漢孝武帝於地中轉渾天，定時節，作《泰初曆》。"或其所製也。[5]

[1]渾天儀：渾儀和渾象，在中國上古時曾混合使用，分辨不清。至《宋書·天文志》，二者纔有了明確的定義，測角用的稱爲渾儀或渾天儀，演示用的稱爲渾象或渾天象。但仍合在一起稱爲渾象，至《隋書·天文志》，纔將二者分開獨立介紹。渾天一名，源於渾天説。渾天儀者，其基本結構包含機、衡兩部分。渾天象者，是對渾天形象的顯示和表述，爲一個布滿全天星宿的可以繞極軸旋轉的天球，現代的名稱爲天球儀。

[2]"案《虞書》"至"羲、和立渾儀"：渾儀的歷史，可以追溯到《尚書·舜典》："舜在琁璣玉衡，以齊七政。"李淳風贊成《考靈曜》的説法，這個琁璣玉衡就是玉儀，從而將渾儀的創造追溯到唐堯時代。

[3]"而先儒或因星官書"至"猶且致疑"：李淳風對先儒將琁璣玉衡解釋爲北斗七星，從而將七政定名爲北斗七星持批評態度，也不滿意於《史記·天官書》和《漢書·天文志》模棱兩可的説法。

[4]馬季長：人名。即馬融，字季長，右扶風茂陵（今陝西興平市）人，經學家。首先提出璣衡爲渾天儀，鄭玄跟隨其説。

[5]"今案虞喜云"至"或其所製也"：渾儀起源於何時，没有可靠的文獻記載。大致有了渾天觀念纔有渾天儀。徐振韜曾探討過先秦渾儀，其主要理由是石申夫二十八宿星表有入宿度和去極度。有了度數纔會有記録。但石申夫的二十八宿度數記録，很可能是石申夫學派繼承人所補測。故以此作爲先秦即有渾儀證據不足。

同理，陳美東以西漢鮮于妄人可能是石氏星表主要觀測者，而石氏星表除赤道度以外還有黄道度，從而推論出渾儀的黄道環爲鮮于妄人所加亦不可靠。此處虞喜説落下閎爲漢武帝於地中轉渾天，與《漢書·律曆志》説唐都分天部相應證，將渾儀的製作和使用上推到西漢太初年間還是可信的。

漢孝和帝時，太史揆候，皆以赤道儀，與天度頗有進退。以問典星待詔姚崇等，皆曰《星圖》有規法，日月實從黄道。官無其器。[1]至永元十五年，詔左中郎將賈逵，[2]乃始造太史黄道銅儀。[3]至桓帝延熹七年，太史令張衡更以銅製，以四分爲一度，周天一丈四尺六寸一分。亦於密室中以漏水轉之，令司之者，閉户而唱之，以告靈臺之觀天者。璇璣所加，某星始見，某星已中，某星今没，皆如合符。[4]蕃以古製局小，以布星辰，相去稠概，不得了察。張衡所作，又復傷大，難可轉移。蕃今所作，以三分爲一度，周一丈九寸五分、四分〔分〕之三。張古法三尺六寸五分、四分分之一，減衡法亦三尺六寸五分、四分分之一。渾天儀法，黄赤道各廣一度有半。故今所作渾象，黄赤道各廣四分半，相去七寸二分。[5]又云："黄赤二道，相共交錯，其間相去二十四度。以兩儀準之，二道俱三百六十五度有奇。又赤道見者，常一百八十二度半强。又南北考之，天見者亦一百八十二度半强。[6]是以知天之體圓如彈丸，南北極相去一百八十二度半强也。而陸績所作渾象，形如鳥卵，以施二道，不得如法。若使二道同規，則其間相去不得滿二十四度。若令相去二十四度，則黄道當長於赤道。又兩極相去，不翅八十二度半强。[7]案績説云：‘天東西徑三十五萬七千里，直徑亦然。’則績意亦以天爲正圓也。器與言謬，頗爲乖僻。”[8]然則渾天儀者，其制有機有衡。既動静兼狀，以效二儀之情，又周旋衡管，用考三光之分。所以揆正宿度，準步盈虛，來古之遺法也。[9]則先儒所言圓規徑八尺，漢候臺銅儀，蔡邕所欲寢伏其下者是也。

[1]“漢孝和帝時”至“官無其器”：是説太史測候的數據，與天象的實際行度有出入。這是太史測候時，均以赤道儀所致。官府責問爲什麼測候有出入，答曰日月的運行是沿着黄道的，靈臺没有沿黄道測量的器物。

[2]賈逵：人名。字景伯，扶風平陵（今陝西咸陽市）人，東漢經學家，在天文學上也頗多貢獻。傳見《後漢書》卷三六。

[3]乃始造太史黄道銅儀：根據以上的要求便開始建造太史臺黄道銅儀。根據這些理由，可知在此之前的渾儀是没有黄道圈的。

[4]“至桓帝延熹七年”至“皆如合符”：此處衹説張衡“更以銅製”，“亦於密室中以漏水轉之”，“璇璣所加”，“皆如合符”。並没有説張衡製造的是什麼，而據《後漢書》卷五九《張衡傳》則説“作渾天儀，著《靈憲》《算罔論》”。但據以上記載，便可推知張衡製造的是渾象，而不是渾儀，可見漢晋時人對渾儀和渾象之名是混用的。

[5]“故今所作渾象”至“相去七寸二分”：是説王蕃製作的渾象，由於以三分爲一度，比張衡的小一分，比古制又大一分，所以王蕃渾象的黄赤道寬度比張衡的也小，衹有四分半寬。黄赤道相距達七寸二分。故今，諸本作“汝今”，今據《開元占經》改正。

[6]“又云黄赤二道”至“天見者亦一百八十二度半强”：是説王蕃製的渾象，在天球的中腰有一塊隔板，此極在板上三十六

度，南極隱没在板下三十六度，黄赤二道相交，板上各見一百八十二度半强。

[7]"而陸績所作渾象"至"不翅八十二度半强"：是説陸績設計的渾象形如鳥卵，那麽二道相交，總有一道比另一道長。不翅一百八十二度半强，諸本在"八十"前缺"一百"二字，今補。其義爲極軸的兩翼不少於一百八十二度半强。

[8]"案績説云"至"頗爲乖僻"：言陸績既云天形如鳥卵，又云"天東西徑三十五萬七千里，直徑亦然"，那麽他也承認天爲正圓形的，故他的學説自相矛盾。

[9]"然則渾天儀者"至"來古之遺法也"：渾天儀是用旋轉游動環來對準天象，又旋轉衡管來對準日月星三光，測定它們的宿度的，這是自古以來的方法。

　　梁華林重雲殿前所置銅儀，其制則有雙環規相並，間相去三寸許，正竪當子午。其子午之間，應南北極之衡，各合而爲孔，以象南北樞。植楗於前後，以屬焉。[1]又有單横規，高下正當渾之半。皆周匝分爲度數；署以維辰之位，以象地。[2]又有單規，斜帶南北之中，與春秋二分之日道相應。亦周匝分爲度數，而署以維辰，並相連著。屬楗植而不動。[3]其裏又有雙規相並，如外雙規。內徑八尺，周二丈四尺，而屬雙軸。軸兩頭出規外各二寸許，合兩爲一。內有孔，圓徑二寸許，南頭入地下，注於外雙規南樞孔中，以象南極。北頭出地上，入於外雙規規北樞孔中，以象北極。其運動得東西轉，以象天行。[4]其雙軸之間，則置衡，長八尺，通中有孔，圓徑一寸。當衡之半，兩邊有關，各注著雙軸。衡即隨天象東西轉運，又自於雙軸間得南北低仰。所以準驗辰曆，分考次度，其於揆測，唯所欲爲之者也。[5]
檢其鑄題，是僞劉曜光初六年，史官丞南陽孔挺所造，
則古之渾儀之法者也。[6]而宋御史中丞何承天及太中大
夫徐爰，各著《宋史》，咸以爲即張衡所造。其儀略舉
天狀，而不綴經星七曜。魏、晉喪亂，沉没西戎。義熙
十四年，宋高祖定咸陽得之。梁尚書沈約著《宋史》，
亦云然，皆失之遠矣。[7]

　　[1]"其制則有雙環規相並"至"以屬焉"：其外子午雙環，
並於南北極結於一處。以下詳述梁華林重雲殿銅儀的各個部件性能
及功用，計有五項。

　　[2]"又有單橫規"至"以象地"：這是説地平環有刻度。其
與子午雙環相結。

　　[3]"又有單規"至"屬楗植而不動"：這是與外雙環相垂直
又於中腰相結的赤道環，有刻度。

　　[4]"其裏又有雙規相並"至"以象天行"：外雙環内的游動
雙環，俗稱四游儀。内徑八尺，周二丈四尺。内雙環於南北極處相
結，軸頭出規外二寸許，插入外雙規南北極孔中，可以沿東西方向
運轉，以象天球的周日運動。

　　[5]"其雙軸之間"至"唯所欲爲之者也"：這是游動雙環之
間夾着衡管，亦稱望筒。長八尺，中通有孔，圓徑一寸。衡管既可
隨游動雙環東西運轉，在游動雙環内又可南北移動，用於對準所測
天象。

　　[6]"檢其鑄題"至"則古之渾儀之法者也"：在這架渾儀上
刻有光初六年（323）史官丞南陽孔挺造字樣。故該銅儀的製造者
是明確的。由以上記載可知，孔挺渾儀由外重定環和内重動環和一
根窺管組成。這是中國古代關於渾儀具體形制最早的詳細記載。孔
挺，人名。曾任前趙史官丞。於劉曜光初六年造銅渾儀。

[7]"而宋御史中丞何承天"至"皆失之遠矣"：當年宋何承天、徐爰和梁沈約各寫《宋史》時，均以爲該銅儀爲張衡所造，還說它略舉天狀，不綴經星七曜，漢亡後流落於西戎，至宋高祖平定咸陽時纔得以回還。他們未能對該銅儀進行實際考察，僅憑推想著文，與實際相去甚遠。沈約，字休文，吳興武康（今浙江德清縣武康鎮）人，南朝文學家，歷士宋齊梁三代，官至尚書令，其所著《宋書》，至今流傳。傳見《梁書》卷一三〇。被李淳風批評的這段文字，見《宋書·天文志一》。由以上介紹可知，孔挺製造的渾儀，還祇是中國古代渾儀的最基本形式。由於它是當時北方十六國之一的前趙製成的，其尺寸不小，而且堅固實用，也應在中國渾儀史上占有重要的一頁。它於東晉安帝義熙十四年（418）平定後秦時在咸陽獲得，被運到建康，一直沿用到梁代，安置在華林重雲殿前。這時距它製造時已有二百餘年的歷史。

後魏道武天興初，命太史令晁崇修渾儀，以觀星象。十有餘載，至明元永興四年壬子，詔造太史候部鐵儀，以爲渾天法，[1]考琁璣之正。其銘曰："於皇大代，配天比祚。赫赫明明，聲烈遐布。爰造茲器，考正宿度。貽法後葉，永垂典故。"其製並以銅鐵，唯誌星度以銀錯之。[2]南北柱曲抱雙規，東西柱直立，下有十字水平，以植四柱。[3]十字之上，以龜負雙規。[4]其餘皆與劉曜儀大同。即今太史候臺所用也。

[1]"後魏道武天興初"至"以爲渾天法"：北魏道武天興初，命太史令晁崇修渾儀。其後沒有下文。十餘年之後，明元帝繼位，於永興四年（412）再次下詔造太史臺供測候用的鐵儀。後世稱都匠斛蘭鐵儀，都是指同一件儀器。大約由太史令籌劃設計，都匠斛

蘭製造。

[2]唯誌星度以銀錯之：儀器的主體以銅鐵製造，唯於刻度盤處鑲嵌銀，以示醒目。

[3]“南北柱曲抱雙規”至“以植四柱”：儀的定環由四個立柱托起，南北立柱托住子午雙環，東西立柱托住赤道環。四根立柱由十字水平架支撐。

[4]十字之上，以龜負雙規：托起定環的立柱，一般製成龍柱形，此以龜托柱較爲少見，大約北魏統治者自認爲是夏人後裔，取自龜蛇圖騰崇拜。

渾天象

渾天象者，其制有機而無衡，[1]梁末秘府有，以木爲之。其圓如丸，其大數圍。南北兩頭有軸。遍體布二十八宿、三家星、黃赤二道及天漢等。別爲橫規環，以匡其外。高下管之，以象地。[2]南軸頭入地，注於南植，以象南極。北軸頭出於地上，注於北植，以象北極。正東西運轉。昏明中星，既其應度，分至氣節，亦驗，在不差而已。[3]不如渾儀，別有衡管，測揆日月，分步星度者也。[4]吳太史令陳苗云：[5]“先賢制木爲儀，名曰渾天。”即此之謂耶？由斯而言，儀象二器，遠不相涉。則張衡所造，蓋亦止在渾象七曜，而何承天莫辨儀象之異，亦爲乖失。[6]

[1]有機而無衡：渾象能够運轉但無用於觀測的窺管，即不能用於觀測天體的位置。

[2]“以木爲之”至“以象地”：說渾象以木製作，爲正球形。南北兩頭有軸，可以繞軸旋轉。球上分布着三垣二十八宿和銀河

等。又另外置一橫環，環繞在球的周圍，水平放置於球的中腰，以象徵地平。其大數圍，雙臂合抱爲一圍。數圍，足有幾個合圍那麼大。

[3]"南軸頭入地"至"在不差而已"：南軸頭没在地平圈以下，北軸頭高在地平圈之上，以象南北極。南北軸頭，各插入固定的南北極點之中，使球體可以繞正東西方向運轉，於是，昏明中星、分至節氣也絲毫不差。

[4]"不如渾儀"至"分步星度者也"：它不像渾儀，有窺管，可以測度日月星辰的行度。

[5]陳苗：人名。曾任吳國太史令，身份不詳。

[6]"儀象二器"至"亦爲乖失"：可見渾儀和渾象，結構和性能各不相同。何承天著文儀象不分，差誤大了。

宋文帝以元嘉十三年詔太史更造渾儀。太史令錢樂之依案舊説，[1]采效儀象，鑄銅爲之。五分爲一度，徑六尺八分少，周一丈八尺二寸六分少。地在天内，不動。立黄赤二道之規，南北二極之規，布列二十八宿、北斗極星。置日月五星於黄道上。爲之杠軸，以象天運。昏明中星，與天相符。[2]梁末，置於文德殿前。至如斯制，以爲渾儀，儀則内闕衡管。以爲渾象，而地不在外。是參兩法，别爲一體。就器用而求，猶渾象之流，外内天地之狀，不失其位也。吳時又有葛衡，明達天官，能爲機巧。改作渾天，使地居于天中。以機動之，天動而地止，以上應晷度，則樂之之所放述也。[3]

到元嘉十七年，又作小渾天，二分爲一度，徑二尺二寸，周六尺六寸。安二十八宿中外官星備足。以白青黄等三色珠爲三家星。其日月五星，悉居黄道。亦象天運，而地在其中。

宋元嘉所造儀象器，開皇九年平陳後，並入長安。大業初，移於東都觀象殿。

[1]錢樂之：人名。劉宋太史令，宋文帝時在任，曾製大小兩個渾象。其事迹亦見《宋書·天文志》。

[2]“采效儀象”至“與天相符”：據此記載，此渾象以五分爲一度，是自此之前所見最大渾象，它以銅爲球，中空。地在球内，固定不動，銅球固定在杠軸之上，可以繞杠軸旋轉。二十八宿等分布於球上。立黄赤二道，置日月五星於黄道之上。

[3]“吴時又有葛衡”至“則樂之之所放述也”：言吴時葛衡能爲機巧，改作渾天象，地居天中，機動之天動而地止，故曰錢樂之倣此而造渾象。葛衡，字思真。放述，倣述。天動而地止，諸本“止”作“上”，據《太平御覽》引《晉陽秋》改正。

蓋圖

晋侍中劉智云：“顓頊造渾儀，黄帝爲蓋天。”然此二器，皆古之所制，但傳説義者，失其用耳。昔者聖王正曆明時，作圓蓋以圓列宿。極在其中，迴之以觀天象。分三百六十五度、四分度之一，以定日數。[1]日行於星紀，轉迴右行，故圓規之，以爲日行道。欲明其四時所在，故於春也，則以青爲道；於夏也，則以赤爲道；於秋也，則以白爲道；於冬也，則以黑爲道。四季之末，各十八日，則以黄爲道。蓋圖已定，仰觀雖明，而未可正昏明，分晝夜，故作渾儀，以象天體。[2]今案自開皇已後，天下一統，靈臺以後魏鐵渾天儀，測七曜盈縮，以蓋圖列星坐，分黄赤二道距二十八宿分度，而莫有更爲渾象者矣。

　　[1]"然此二器"至"以定日數"：錢寶琮《蓋天説源流考》指出，漢代有一種稱爲蓋圖的星圖，它原是配合蓋天説而出現的一種儀器，類似於現代所用的活動星圖。它用兩幅方繒重疊起來。下面一幅塗成黄色，以中心爲北天極，畫上周天二十八宿等星官。上面一幅也畫一個圓，代表人目所能見的天空範圍，圓内塗成青色。把黄圖畫中心和青圖畫中心按天北極和觀測的關係安排好。這樣，青圖畫透視下的黄圖畫部分就是在該地人目所見的星空。如果把黄方繒繞北天極順時針旋轉，在青圖畫内就可以演示該地人目所見星

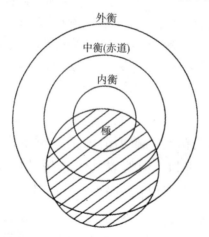

圖7　漢代蓋圖

空的變化。實際上，黄圖畫就是一幅以北天極爲中心的恒星圖，後來的星圖，大約便是在此基礎上發展起來的。

　　[2]"蓋圖已定"至"以象天體"：蓋天儀便於演示四季星空的變化，但難以表示昏明晝夜的變化，所以作渾天儀，以象晝夜的

運轉。

仁壽四年，河間劉焯造《皇極曆》，[1]上啓於東宮。
論渾天云：

璿璣玉衡，正天之器，帝王欽若，世傳其象。漢之
孝武，詳考律曆，糾落下閎、鮮于妄人等，共所營定。
逮于張衡，又尋述作，亦其體制，不異閎等。雖閎制莫
存，而衡造有器。至吳時，陸績、王蕃，並要修鑄。績
小有異，蕃乃事同。宋有錢樂之，魏初晁崇等，總用銅
鐵，小大有殊，規域經模，不異蕃造。觀蔡邕《月令章
句》，鄭玄注《考靈曜》，勢同衡法，迄今不改。[2]

焯以愚管，留情推測，見其數制，莫不違爽。失之
千里，差若毫釐，大象一乖，餘何可驗。況赤黃均度，
月無出入，至所恒定，氣不別衡。分刻本差，輪迴守
故。其爲疏謬，不可復言。亦既由理不明，致使異家間
出。蓋及宣夜，三說並驅，平、昕、安、穹，四天騰
沸。至當不二，理唯一揆，豈容天體，七種殊說？[3]又
影漏去極，就渾可推，百骸共體，本非異物。此真已
驗，彼僞自彰，豈朗日未暉，爝火不息，理有而闕，詎
不可悲者也？昔蔡邕自朔方上書曰：“以八尺之儀，度
知天地之象，古有其器，而無其書。常欲寢伏儀下，案
度成數，而爲立說。”邕以負罪朔裔，書奏不許。邕若
蒙許，亦必不能。邕才不逾張衡，衡本豈有遺思也？則
有器無書，觀不能悟。焯今立術，改正舊渾。又以二至
之影，定去極晷漏，并天地高遠，星辰運周，所宗有

本，皆有其率。袪今賢之巨惑，稽往哲之群疑，豁若雲披，朗如霧散。爲之錯綜，數卷已成，待得影差，謹更啓送。[4]

又云：《周官》夏至日影，尺有五寸。張衡、鄭玄、王番、陸績先儒等，皆以爲影千里差一寸。言南戴日下萬五千里，表影正同，天高乃異。考之算法，必爲不可。寸差千里，亦無典説，明爲意斷，事不可依。今交、愛之州，表北無影，計無萬里，南過戴日。是千里一寸，非其實差。[5]焯今説渾，以道爲率，道里不定，得差乃審。既大聖之年，升平之日，釐改群謬，斯正其時。請一水工并解算術士，取河南、北平地之所，可量數百里，南北使正。審時以漏，平地以繩，隨氣至分，同日度影。得其差率，里即可知。[6]則天地無所匿其形，辰象無所逃其數，超前顯聖，效象除疑。請勿以人廢言。不用。至大業三年，敕諸郡測影，而焯尋卒，事遂寢廢。

[1]劉焯：人名。字士元，信都昌亭（今河北冀州市）人。聰敏沈深，以儒學知名，爲州博士。傳見《北史》卷八二。　《皇極曆》：《隋書·律曆志》有記載。

[2]“璿璣玉衡”至“迄今不改”：自此以下爲劉焯上《皇極曆》表文中撰寫的渾天論。該段陳述渾天儀象的發展歷史。

[3]“焯以愚管”至“七種殊説”：劉焯這裏批評了以往七種殊説的乖謬。這七種殊説是：古渾天説、蓋天説、平天説、宣夜説、昕天説、安天説和穹天説。

[4]“又影漏去極”至“謹更啓送”：渾天是科學的觀念，但

世上有儀而無論，昔蔡邕要想立論而没有獲允，但蔡邕衹是一介儒
生，即使給他機會也不能成書。我今天立法，改正舊渾，推算天地
的高遠，星辰的運周，將會去除學術上的難解之惑，有如雲消
霧散。

[5]“《周官》夏至日影”至“非其實差”：舊渾天家皆用千里
差一寸之説，但考之算法，一定不符合事實。千里差一寸，也無經
典的記載。現今交、愛兩州之地，即是日中無影，但相距並無萬
里。交愛之州，指交州和愛州，地域歷代有變，大致在廣西和越南
北部。

[6]“焯今説渾”至“里即可知”：劉焯提出一個沿着正南北
方向，同日測影的方法，量其相距里數，即可得到實差之數。這個
建議實際就是相當於測量子午綫長度的方法，從而也可得到地球半
徑的長度。這個建議雖然未能實現，但爲唐人僧一行等的實測做了
建言。

地中[1]
《周禮·大司徒職》：“以土圭之法，測土深，正日
景，以求地中。”此則渾天之正説，立儀象之大本。[2]故
云：“日南則景短多暑，日北則景長多寒，日東則景夕
多風，日西則景朝多陰。日至之景，尺有五寸，謂之地
中。天地之所合也。四時之所交也，風雨之所會也，陰
陽之所和也。然則百物阜安，乃建王國焉。”[3]又《考工
記·匠人》：“建國，水地以縣。置槷以縣，眡以景。爲
規，識日出之景與日入之景。晝參諸日中之影，夜考之
極星，以正朝夕。”[4]案土圭正影，經文闕略，先儒解
説，又非明審。[5]

　　[1]地中：大致可以理解爲天地的中心。

　　[2]"《周禮·大司徒職》"至"立儀象之大本"：由《周禮·大司徒職》的記載可以看出，此處所載，即爲地中一名的經典出處。它爲渾天的正説，是設立儀象的根本。據此理解，這個地中之地，爲國都觀測者觀測宇宙的基地，是天地的中心，也是立渾儀的中心。

　　[3]"日南則景短多暑"至"乃建王國焉"：如果僅僅據夏至日中之影尺有五寸來尋找日中之地，那麽它祇給出了一條緯度帶，尚不能確定地中究竟在哪裏。但它還有"日東則景夕多風、日西則景朝多陰"等的説法，還有乃建王國焉等語，可見這個地中即是指當時的王都洛邑。它與後人附會的城也相去不遠，可以理解爲同一個地區。事實上，所謂"日東則景夕多風，日西則景朝多陰"祇是一種没有實際意義似是而非的説法，是理想中的風調雨順、百物阜安的建都之地。

　　[4]"又《考工記·匠人》"至"以正朝夕"：《考工記》記載選擇建國之地，也是用測景之法，用以定南北、正朝夕，也是似是而非的説法。

　　[5]"案土圭正影"至"又非明審"：是説如何以土圭來正日影，這地中，經文缺載，先儒的解説又不明確。

　　祖暅錯綜經注，以推地中。其法曰：[1]

　　先驗昏旦，定刻漏，分辰次。乃立儀表於準平之地，名曰南表。漏刻上水，居日之中，更立一表於南表影末，名曰中表。夜依中表，以望北極樞，而立北表，令參相直。三表皆以懸準定，乃觀。三表直者，其立表之地，即當子午之正。三表曲者，地偏僻。每觀中表，以知所偏。中表在西，則立表處在地中之西，當更向東求地中。若中表在東，則立表處在地中之東也，當更向西求地中。取三表直者，爲地中之正。[2] 又以春秋二分之日，旦始出東方半體，乃立表於中表之東，名曰東表。令東表與日及中表參相直。（是）〔視〕日之夕，日入西方半體，又立表於中表之西，名曰西表。亦從中表西望西表及日，參相直。乃觀三表直者，即地南北之中也。若中表差近南，則所測之地在卯酉之南。中表差在北，則所測之地在卯酉之北。進退南北，求三表直正東西者，則其地處中，居卯酉之正也。[3]

[1] 祖暅錯綜經注，以推地中。其法曰：祖暅詳考經傳，提出如下推地中的方法。

[2] “先驗昏旦”至“爲地中之正”：祖暅稱圭表爲南表，日中圭表影端立中表，中表與北極同一直綫上設此表，他認爲這三表若在同一直綫上，便爲地中之正。

[3] “又以春秋二分之日”至“居卯酉之正也”：祖暅又於春秋分之日，日出時於中表與日一直綫上立東表，於日落時於中表與日一直綫上立西表，三表在一直綫之上，此地即爲南北之中，若不相直，則進退東西或南北求地中。若以此法求地中，則處處爲地中。

晷影

昔者周公測晷影於陽城，以參考曆紀。其於《周禮》，在《大司徒之職》：“以土圭之法，測土深，正日景，以求地中。日至之景，尺有五寸，則天地之所合，四時之所交。百物阜安，乃建王國。”然則日爲陽精，

玄象之著然者也。生靈因之動息，寒暑由其遞代。觀陰
陽之升降，揆天地之高遠，正位辨方，定時考閏，莫近
於茲也。古法簡略，旨趣難究，術家考測，互有異同。
先儒皆云："夏至立八尺表於陽城，其影與土圭等。"案
《尚書考靈曜》稱："日永，景尺五寸；日短，丈三
尺。"[1]《易通卦驗》曰："冬至之日，樹八尺之表，日
中視其晷景長短，以占和否。夏至景一尺四寸八分，冬
至一丈三尺。"《周髀》云："成周土中，夏至景一尺六
寸，冬至景一丈三尺五寸。"劉向《鴻範傳》曰："夏至
景長一尺五寸八分，冬至一丈三尺一寸四分，春秋二
分，景七尺三寸六分。"後漢《四分曆》、魏《景初
曆》、宋《元嘉曆》、大明祖冲之曆，皆與《考靈曜》
同。漢、魏及宋，所都皆別，四家曆法，候影則齊。[2]
且緯候所陳，恐難依據。[3]劉向二分之影，直以率推，[4]
非因表候定其長短。然尋晷影尺丈，雖有大較，或地域
不改，而分寸參差，或南北殊方，而長短維一。蓋術士
未能精驗，馮古所以致乖。今删其繁雜，附於此云。

[1]日短，丈三尺：諸本均作"日短景尺三寸"，今據《周髀
算經》李淳風注引《考靈曜》作"日短一十三尺"改正。"一十三
尺"正合"丈三尺"之數。

[2]所都皆別，四家曆法，候影則齊：言兩漢、魏、宋四家都
城不同，但所用晷影則同，這些數據是成問題的。不過兩漢及魏都
城長安、洛陽的地理緯度大致相同，所測晷影數值相同不成問題，
僅劉宋都城遠在江南，當爲儒家借用，並非實測。

[3]緯候所陳，恐難依據：緯書所説晷影，難以作實測的依據。

因爲它不一定是實測。緯候，緯書的測候，緯指《尚書考靈曜》和《易通卦驗》）。

[4]劉向二分之影，直以率推：劉向《鴻範傳》春秋分晷影，可以算得它是依據算法推出來的。

梁天監中，祖暅造八尺銅表，其下與圭相連。圭上爲溝，置水，以取平正。揆測日晷，求其盈縮。至大同十年，太史令虞𩅦，[1]又用九尺表，格江左之影。[2]夏至一尺三寸二分，冬至一丈三尺七分，立夏、立秋二尺四寸五分，春分、秋分五尺三寸九分。陳氏一代，唯用梁法。齊神武以洛陽舊器，並徙鄴中，[3]以暨文宣受終，竟未考驗。至武平七年，訖干景禮始薦劉孝孫、張孟賓等於後主。劉、張建表測影，以考分至之氣。草創未就，仍遇朝亡。周自天和以來，言曆者紛紛復出。亦驗二至之影，以考曆之精粗。

[1]虞𩅦：人名。南朝梁太史令。本書《天文志》《律曆志》均載其事。

[2]用九尺表，格江左之影：虞𩅦造九尺長的圭表用以測量江南的季節日影之長。梁國首都建於江南，故曰格江左之影。格，測量。

[3]齊神武以洛陽舊器，並徙鄴中：公元550年，高歡子高洋代東魏稱帝，國號齊，建都鄴，史稱北齊。文宣是其帝號。

及高祖踐極之後，大議造曆。張胄玄兼明揆測，言日長之瑞。[1]有詔司存，而莫能考決。至開皇十九年，袁充爲太史令，[2]欲成胄玄舊事，復表曰：“隋興已後，日景漸長。開皇元年冬至之影，長一丈二尺七寸二分，自爾漸短。至十七年冬至影，一丈二尺六寸三分。四年冬至，在洛陽測影，長一丈二尺八寸八分。二年夏至影，一尺四寸八分，自爾漸短。至十六年夏至影，一尺四寸五分。其十八年冬至，陰雲不測。元年、十七年、十八年夏至，亦陰雲不測。《周官》以土圭之法正日影，日至之影，尺有五寸。鄭玄云：‘冬至之景，一丈三尺。’今十六年夏至之影，短於舊五分，十七年冬至之影，短於舊三寸七分。[3] 日去極近，則影短而日長；去極遠，則影長而日短。行內道則去極近，行外道則去極遠。《堯典》云：‘日短星昴，以正仲冬。’據昴星昏中，則知堯時仲冬，日在須女十度。以曆數推之，開皇以來冬至，日在斗十一度，與唐堯之代，去極俱近。謹案《元命包》云：‘日月出內道，琁璣得其常，天帝崇靈，聖王初功。’京房《別對》曰：‘太平日行上道，升平日行次道，霸代日行下道。’伏惟大隋啓運，上感乾元，影短日長，振古希有。”是時廢庶人勇，晋王廣初爲太子，充奏此事，深合時宜。上臨朝謂百官曰：“景長之慶，天之祐也。今太子新立，當須改元，宜取日長之意，以爲年號。”由是改開皇二十一年爲仁壽元年。此後百工作役，並加程課，以日長故也。[4] 皇太子率百官詣闕陳賀。案日徐疾盈縮無常，充等以爲祥瑞，大爲議者所貶。[5]

[1]張胄玄：人名。渤海蓨（今河北景縣）人，因懂天文曆法進太史局任職。　言日長之瑞：張胄玄和袁充據京房《別對》和

《元命包》有日行上道、次首、下道之説，引伸出冬夏至日影有長短之别，日行上道則日影短，日影短則日長，按以上占語，日長爲瑞象，應在"大隋啓運，上感乾元，影短日長，振古希有"。楊廣初爲太子，惑其説，予以慶祝，上書更改年號。冬夏至日中影長，確有周期性的變化，大約四年變化一周，但影長變化量很小，八尺之表幾乎測不出來。張胄玄所説的日長之瑞，可能是一場騙局，陳美東《中國科學技術史·天文學卷》稱其爲"兩人主演了一出接一出天文鬧劇"。

[2]袁充：人名。字德符，陳郡陽夏（今河南淮陽縣）人，懂天文曆法，任職太史局。

[3]十七年冬至之影，短於舊三寸七分：如果説，冬夏至日，因不同時刻交氣而會導致冬夏至日中影長發生變化，那麼這種變化是微小的，按袁充的奏表，開皇十七年（597）冬至影長比舊測竟然短了三寸七分，從科學上説，這是不可能的，由此可見，這不是實測，而是造假，所報其他冬至日短之影也不是實測。

[4]此後百工作役，並加程課，以日長故也：以後各種工匠做工，都要從工資中加收税，這是因爲慶祝日長的原因。可見這場日長鬧劇甚至殃及百工。

[5]充等以爲祥瑞，大爲議者所貶：袁充等以爲日長事是祥瑞，但被議論批評貶斥之辭不斷。

又《考靈曜》、《周髀》、張衡《靈憲》及鄭玄注《周官》，並云："日影於地，千里而差一寸。"案宋元嘉十九年壬午，使使往交州測影。夏至之日，影出表南三寸二分。何承天遥取陽城，云夏至一尺五寸。計陽城去交州，路當萬里，而影實差一尺八寸二分。是六百里而差一寸也。[1]又梁大同中，二至所測，以八尺表率取之，夏至當一尺一寸七分强。[2]後魏信都芳注《周髀四術》，稱永平元年戊子，當梁天監之七年，見洛陽測影，又見公孫崇集諸朝士，共觀秘書影。同是夏至日，其中影皆長一尺五寸八分。[3]以此推之，金陵去洛，南北略當千里，而影差四寸。則二百五十里而影差一寸也。[4]況人路迂迴，山川登降，方於鳥道，所校彌多，則千里之言，未足依也。其揆測參差如此，故備論之。

[1]"案宋元嘉十九年壬午"至"是六百里而差一寸也"：爲了檢驗古代日影千里差一寸之説的正誤，李淳風在這裏整理了幾個有關數據。宋元嘉十九年（442），派使者到交州測影，得夏至中午日影出表南三寸二分，以陽城一尺五寸計，去交州以萬里計，則影差一尺八寸二分，爲六百里差一寸。

[2]"又梁大同中"至"夏至當一尺一寸七分强"：梁大同中所測夏至中午日影一尺一寸七分强，爲於金陵所測，故影長與古代傳統一尺五寸不同。

[3]"後魏信都芳注《周髀四術》"至"其中影皆長一尺五寸八分"：北魏信都芳於永平元年（508）在洛陽測夏至影長一尺五寸八分。並有公孫崇等朝士共見。信都芳，字玉琳，河間人。明天文算術，兼有巧思。北齊時人。公孫崇，魏高祖時太樂令，事見《魏書·律曆志》。

[4]"以此推之"至"則二百五十里而影差一寸也"：根據金陵和洛陽所測兩地夏至影長，南北相去約千里，影差四寸，當爲二百五十里差一寸。故結論是，千里之言，未足依也。

漏刻

昔黄帝創觀漏水，制器取則，以分晝夜。其後因以命官，《周禮》挈壺氏則其職也。其法，總以百刻，分于晝夜。冬至晝漏四十刻，夜漏六十刻。夏至晝漏六十刻，夜漏四十刻。春秋二分，晝夜各五十刻。日未出前二刻半而明，既没後二刻半乃昏。減夜五刻，以益晝漏，謂之昏旦。漏刻皆隨氣增損。冬夏二至之間，晝夜長短，凡差二十刻。每差一刻爲一箭。冬至互起其首，凡有四十一箭。[1]晝有朝，有禺，有中，有晡，有夕。夜有甲、乙、丙、丁、戊。昏旦有星中。每箭各有其數，皆所以分時代守，更其作役。

漢興，張蒼因循古制，猶多疏闊。及孝武考定星曆，下漏以追天度，亦未能盡其理。劉向《鴻範傳》記武帝時所用法云：“冬夏二至之間，一百八十餘日，晝夜差二十刻。”大率二至之後，九日而增損一刻焉。[2]至哀帝時，又改用晝夜一百二十刻，尋亦寢廢。至王莽竊位，又遵行之。[3]光武之初，亦以百刻九日加減法，編於《甲令》，爲《常符漏品》。至和帝永元十四年，霍融上言：“官曆率九日增減一刻，不與天相應。或時差至二刻半，不如夏曆漏刻，隨日南北爲長短。”乃詔用夏曆漏刻。依日行黃道去極，每差二度四分，爲增減一刻。凡用四十八箭，終於魏、晉，相傳不改。[4]

[1]“昔黃帝創觀漏水”至“凡有四十一箭”：所謂黃帝創漏刻，祇是後人的傳說和想象，没有文獻依據。漏壺最早的文獻記載爲《周禮·挈壺氏》，知周代不但有漏壺，官府還設有挈壺氏以管理漏壺。其使用方法是設一晝夜爲一百刻，以晝夜分開計算，冬至晝漏四十刻，夜漏六十刻。夏至相反。春秋分晝夜各五十刻。以日出前二刻半爲明，日入後二刻半爲昏。故每天晝漏比夜漏各加五

刻。這樣，冬夏至之間晝夜長短各差二十刻。晝夜長短每差一刻換一支箭，全年共有四十一支箭。

［2］"漢興"至"九日而增損一刻焉"：西漢早期的漏壺如何使用，未見文獻記載。劉向《鴻範傳》記武帝漏刻的用法，大致是二至後九日增損一刻，也即以九日換一箭，一百八十日換二十支箭，冬夏至各一箭，合爲四十一箭。

［3］"至哀帝時"至"又遵行之"：哀帝時將漏刻制由每天一百刻改爲一百二十刻，這樣使用起來自有它的方便之處，故當其恢復古制以後，王莽時又恢復一百二十刻制。

［4］"至和帝永元十四年"至"相傳不改"：霍融所説的夏曆漏刻法，是主張"漏刻以日長短爲數，率日南北二度四分而增減一刻"。即以爲一年中漏刻長度的變化，理當與午正時黃道去極度的變化相對應。從冬至到夏至太陽去極度相差48度，但冬至到夏至晝漏或夜漏的長度增減了二十刻，所以，需令太陽去極南北每隔2.4度，使漏刻增減一刻。夏曆漏刻法正確地把漏刻長度的變化同太陽去極度的變化有機地聯繫起來，雖然兩者之間並非簡單的綫性關係，但用綫性關係加以表達，已相當接近於實際情況，這在古代已相當可貴了。

宋何承天，以月蝕所在，當日之衝，考驗日宿，知移舊六度。[1]冬至之日，其影極長，測量晷度，知冬至移舊四日。[2]前代諸漏，春分晝長，秋分晝短，差過半刻。皆由氣日不正，所以而然。遂議造漏法。春秋二分，昏旦晝夜漏各五十五刻。齊及梁初，因循不改。[3]至天監六年，武帝以晝夜百刻，分配十二辰，辰得八刻，仍有餘分。乃以晝夜爲九十六刻，一辰有全刻八焉。至大同十年，又改用一百八刻。依《尚書考靈曜》

畫夜三十六頃之數，因而三之。冬至畫漏四十八刻，夜漏六十刻。夏至畫漏七十刻，夜漏三十八刻。春秋二分，畫漏六十刻，夜漏四十八刻。昏旦之數各三刻。先令祖暅爲《漏經》，皆依渾天黃道日行去極遠近，爲用箭日率。陳文帝天嘉中，亦命舍人朱史造漏，依古百刻爲法。周、齊因循魏漏。晋、宋、梁大同，並以百刻分于畫夜。[4]

[1] "以月蝕所在"至"知移舊六度"：日光强烈，日星不能同時並見，故古人難以測知冬至等日所在位置。何承天據姜岌衝日法栓日宿度，得知冬至日度，已移故所六度。知爲歲差所致。當日之衝，"衝"字諸本誤作"衡"。"當日之衡"，語義不通。《宋書·律曆志中》載何承天上曆表文曰："月盈則蝕，必當其衝，以月推日，則躔次可知焉。"又引太史令錢樂之奏文曰："以月蝕所衝考之"，"以月衝一百八十二度半考之"等，均作以月衝日，無有以月衡日之理，今據以改正。

[2] "冬至之日"至"知冬至移舊四日"：利用冬至日中圭影最長的道理，測得冬至日誤差已達四日。

[3] "前代諸漏"至"因循不改"：何承天知舊曆春分畫長，秋分畫短，甚不合理，春秋二分，昏旦畫漏刻各爲五十五刻。於是做了改正，至齊梁沿用不改。

[4] "至天監六年"至"並以百刻分于畫夜"：按通常將百刻分配於十二辰的辦法，每辰得八刻有餘。爲了方便，梁武帝天監六年（507）改用九十六刻制，則一辰正好爲八刻。至大同十年（544）又改用一百零八刻制，每辰爲九刻。以後陳朝和北魏、北齊、北周均用百刻制。

　　隋初，用周朝尹公正、馬顯所造《漏經》。[1]至開皇十四年，鄌州司馬袁充上晷影漏刻。充以短影平儀，均布十二辰，立表，隨日影所指辰刻，以驗漏水之節。十二辰刻，互有多少，時正前後，刻亦不同。[2]其二至二分用箭辰刻之法，今列之云。

　　冬至：日出辰正，入申正，晝四十刻，夜六十刻。

　　子、丑、亥各二刻，寅、戌各六刻，卯、酉各十三刻，辰、申各十四刻，巳、未各十刻，午八刻。[3]

　　　　右十四日改箭。

　　春秋二分：日出卯正，入酉正，晝五十刻，夜五十刻。

　　子四刻，丑、亥七刻，寅、戌九刻，卯、酉十四刻，辰、申九刻，巳、未七刻，午四刻。

　　　　右五日改箭。

　　夏至：日出寅正，入戌正，晝六十刻，夜四十刻。

　　子八刻，丑、亥十刻，寅、戌十四刻，卯、酉十三刻，辰、申六刻，巳、未二刻，午二刻。

　　　　右一十九日，加減一刻，改箭。

　　袁充素不曉渾天黃道去極之數，苟役私智，變改舊章，其於施用，未爲精密。[4]

　　[1]馬顯：人名。北周太史上士，《隋書·律曆志中》載其造曆法丙寅元術。

　　[2]“充以短影平儀”至“刻亦不同”：袁充設計出一套與眾不同的晷影漏刻制度，其百刻與十二辰相配，並不是均等的，而是十二辰中的刻數各不相等，互有多少。即使是時正前後，其刻數也

不相同。

　　[3]"冬至"至"午八刻"：冬至前後的辰刻分配，全天相加衹有九十八刻，與春秋分、夏至全天一百刻不相對應，甚不合理，必有一處錯誤。

　　[4]"袁充素不曉渾天黃道去極之數"至"未爲精密"：李淳風説"袁充素不曉渾天黃道去極之數"，"其於施用，未爲精密"，對他這種改革，不合科學原理，持否定意見是明確的。

　　開皇十七年，張胄玄用後魏渾天鐵儀，測知春秋二分，日出卯酉之北，不正當中。與何承天所測頗同，皆日出卯三刻五十五分，入酉四刻二十五分。晝漏五十刻一十分，夜漏四十九刻四十分，晝夜差六十分刻之四十。[1]仁壽四年，劉焯上《皇極曆》，有日行遲疾，推二十四氣，皆有盈縮定日。春秋分定日，去冬至各八十八日有奇，去夏至各九十三日有奇。二分定日，晝夜各五十刻。又依渾天黃道，驗知冬至夜漏五十九刻、一百分刻之八十六，晝漏四十刻一十四分，夏至晝漏五十九刻八十六分，夜漏四十刻一十四分。冬夏二至之間，晝夜差一十九刻、一百分刻之七十二。[2]胄玄及焯漏刻，並不施用。然其法制，皆著在曆術，推驗加時，最爲詳審。[3]

　　[1]"開皇十七年"至"晝夜差六十分刻之四十"：張胄玄用後魏鐵儀測得春秋二分日出入卯酉不正當中，而都要偏北一些，日出也較卯正早些，日入晚些。證實何承天所言不差。

　　[2]"仁壽四年"至"一百分刻之七十二"：劉焯未能使用觀臺儀器，衹能使用算法和曆理推演，指出日行有遲疾，二十四節氣

皆有盈縮定日。

[3]"冑玄及焯漏刻"至"最爲詳審"：張冑玄和劉焯定漏刻，都是經過實測的，雖未得到行用，但很具體，故曰推驗加時，最爲詳審。

大業初，耿詢作古欹器，[1]以漏水注之，獻于煬帝。帝善之，因令與宇文愷，依後魏道士李蘭所修道家上法稱漏制，[2]造稱水漏器，以充行從。又作候影分箭上水方器，置於東都乾陽殿前鼓下司辰。又作馬上漏刻，以從行辨時刻。[3]揆日晷，下漏刻，此二者，測天地正儀象之本也。晷漏沿革，今古大殊，故列其差，以補前闕。

[1]耿詢：人名。字敦信，丹陽（今江蘇南京市）人。伎巧絕人。是隋計時器製造家。傳見本書卷七八、《北史》卷八九。

[2]李蘭：人名。北魏道士，唐人徐堅等編《初學記》卷二五載其漏刻法曰："以銅爲渴烏，狀如鈎曲，以引器中水，於銀龍口中吐入權器。漏水一升，秤重一斤，時經一刻。"稱漏與漏刻計時原理的不同之處在於，前者以水重量計時，後者以水的體積計時。

[3]"大業初"至"以從行辨時刻"：在隋代時，耿詢曾製作與張衡所造類似的"以漏水轉渾天儀"的水運渾象，又據李蘭的發明制稱漏爲馬上漏刻，有利於部隊行軍打仗時使用。

經星[1]
中宮[2]
北極五星，鈎陳六星，皆在紫宮中。[3]北極，辰也。其紐星，天之樞也。天運無窮，三光迭耀，而極星不移。[4]故曰：“居其所而衆星共之。”賈逵、張衡、蔡邕、王蕃、陸績，皆以北極紐星爲樞，是不動處也。祖暅以儀準候不動處，在紐星之末，猶一度有餘。北極大星，太一之座也。[5]第一星主月，太子也。第二星主日，帝王也。第三星主五星，庶子也。所謂第二星者，最赤明者也。北極五星，最爲尊也。中星不明，主不用事。右星不明，太子憂。鈎陳，後宮也，太帝之正妃也，太帝之坐也。北四星曰女御宮，八十一御妻之象也。鈎陳口中一星，曰天皇太帝。其神曰耀魄寶，主御群靈，秉萬神圖。[6]抱極樞四星曰四輔，所以輔佐北極，而出度授政也。太帝上九星曰華蓋，蓋所以覆蔽太帝之坐也。又九星直曰杠。蓋下五星曰五帝内坐，設叙順，帝所居也。客犯紫宮中坐，大臣犯主。華蓋杠旁六星曰六甲，可以分陰陽而紀節候，故在帝旁，所以布政教而授人時也。極東一星曰柱下史，主記過。古者有左右史，此之象也。柱史北一星曰女史，婦人之微者，主傳漏。故漢有侍史。傳舍九星在華蓋上，近河，賓客之館，主胡人入中國。客星守之，備姦使，亦曰胡兵起。傳舍南河中五星曰造父，御官也，一曰司馬，或曰伯樂。星亡，馬大貴。西河中九星如鈎狀，曰鈎星，伸則地動。天一一星，在紫宮門右星南，天帝之神也，主戰鬭，知人吉凶者也。太一一星，在天一南，相近，亦天帝神也，主使十六神，知風雨水旱，兵革饑饉，疾疫灾害所生之國也。

紫宮垣十五星，[7]其西蕃七，東蕃八，在北斗北。

一曰紫微，太帝之坐也，天子之常居也，主命，主度也。一曰長垣，一曰天營，一曰旗星，爲蕃衛，備蕃臣也。宮闕兵起，旗星直，天子出，自將宮中兵。東垣下五星曰天柱，建政教，懸圖法之所也。[8] 常以朔望日懸禁令於天柱，以示百司。《周禮》以正歲之月，懸法象魏，此之類也。門內東南維五星曰尚書，主納言，夙夜諮謀，龍作納言，此之象也。尚書西二星曰陰德、陽德，[9] 主周急振無。宮門左星內二星曰大理，主平刑斷獄也。門外六星曰天床，主寢舍，解息燕休。西南角外二星曰內厨，主六宮之飲食，主后夫人與太子宴飲。東北維外六星曰天厨，主盛饌。

[1]《隋書·天文志》三卷，包括三大部分內容，第一部分爲天文學的基本觀念和儀象，其中包括天體、蓋圖、地中、晷影、渾天儀、渾天象、漏刻；第二部分是星占的基本理論和占辭，包括恒星占、七曜占、天占、變星占、雜氣占等。恒星占包括中宮、二十八舍、二十八宿之外者；七曜包括日月五星的特徵及其淩犯應驗；天占就是北極光和地震；變星占包括瑞星、妖星、雜星、客星、流星等；雜氣占即包括天空中出現的各類雲氣占。第三部分爲五代災變應，即星空出現的異常天象和地面上出現的對應災變關係。本志中大小目雖然區分得不十分明確，但就其內容的編撰上是十分明確的。故讀者在閱讀時心中應該有一個明確的分類。星占的理論和占辭，是占卜活動的基礎，是對具體占卜對象行占的依據。第三類是顯占象對異常天象出現後所做判辭和對災變的應驗狀況。經星與下文的中宮不是一個概念，不當連排連讀。就本志而言，經星是星空中的星座星名之義，其中包括中宮、二十八舍、星官在二十八宿之外者三部分。這部分內容，與《晉書·天文志》中的文字僅個別有

出入，内容幾無差別。爲了避免出現與《晉書・天文志》大量相同的重複注文，本注這部分注從簡，祇作必不可少的注，同時增補《晉書・天文志今注》中注得不充分的内容，以供讀者對比參閱。在《晉書・天文志》中，這部分内容的總目稱爲天文經星，下轄中宫、二十八舍、二十八宿以外者、天漢起没。在《隋書・天文志》中，因天漢起没内容不多，不再以子目出現。而《隋書・天文志》在天文經星與中宫之間，則省去了《晉書・天文志》做綜合説明的大段文字。

[2]中宫：就字面含義而言，中宫即中央宫殿，指紫微垣、太微垣、天市垣。但對《史記・天官書》而言，則將全天分爲中宫、東宫、南宫、西宫、北宫五宫。中宫即紫微垣，東南西北宫即是指黄道上的四象。

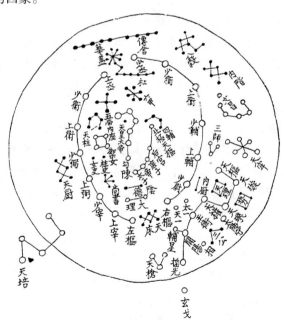

圖8　紫微垣星圖（引自明人顧錫疇《天文圖》。紫微垣爲天帝的居所，後宫中的人員配備、管理機構和生活用品一應俱全。）

　　[3]北極五星，鈎陳六星，皆在紫宮中：紫微垣墻内星官衆多，其中鈎陳六星和北極五星爲兩個主要星座。其中鈎陳一、二、三、四、增九外加北極五星中的帝星和太子星，構成希臘星座中小熊星座的七顆主星。鈎陳六星中的另外兩顆星落入仙王座内。其中帝星和鈎陳一爲紫微垣墻内兩顆最明亮的星，均爲二等星。其餘都在 3 等以下。北極五星除帝和太子外，還有庶子、後宮和天樞星。天樞星即紐星，是漢以後的北極星。近代的北極星爲鈎陳一，即小熊之星。

　　[4]而極星不移：極星不移，有兩種含義：一是天球做晝夜運轉，但極星不動。二是自虞喜、何承天、祖冲之以來，人們做了大量論證和觀測，證明冬至點也是緩慢動的，這便是歲差，事實上，由於歲差的原因，古今北極星也在變換。例如：最早時人們曾將北斗星看作極星，故稱北辰，以後人們又將帝星作爲北極星，以紐星作爲北極星，還祇是漢代以來的事。雖然祖暅用渾儀已觀測到紐星距北極不動處一度有餘，但由於習慣的原因，人們尚未意識到北極星也在移動。而李淳風又是著文反對有歲差的最後一位天文學家，那就更不會造成極星移動了。

　　[5]北極大星，太一之座也：這句話難以理解，它顯然不是指北極紐星，也不是指顧錫疇《天文圖》紫微垣星圖中的太一星。因爲顧錫疇星圖中的太一星，位於垣墻外少尉與北斗玉衡星的中間，已遠離了北極。《晉書・天文志》有如下説法："第一星主月，太子也。第二星主日，帝王也；亦太乙之坐，謂最赤明者也。第三星主五星，庶子也……北四星曰女御宮，八十一御妻之象也……抱北極四星曰四輔。"由此看來，此處所説的北極大星太一，就是指帝星。因此，所謂北極五星，即紫微垣星圖中的太子、帝星、庶子、後宮、天樞（即紐星）。天樞有四輔。

　　[6]"鈎陳後宮也"至"秉萬神圖"：鈎陳六星爲後宮，有正妃、次妃。北四星曰八十一御妻，所謂鈎陳之口也。鈎陳口中一星，名曰天皇大帝。

[7]紫宮垣十五星：即紫微垣的東西垣墻，西垣七星，東垣八星，均以文武大臣官員命名，取以守衛帝宮之義。十，底本作"下"，今據中華本及下文改。

[8]東垣下五星曰天柱，建政教，懸圖法之所也：言天柱星，象徵皇家於朔望之日頒布政令的地方。

[9]尚書西二星曰陰德、陽德：在一般的星表、星圖中，祇載陰德二星。陰德、陽德二星，是李淳風的發揮，後世也未尊用。

北斗七星，輔一星在太微北，七政之樞機，陰陽之元本也，故運乎天中，而臨制四方，以建四時而均五行也。魁四星爲琁璣，杓三星爲玉衡。[1]又象號令之主，又爲帝車，取乎運動之義也。又魁第一星曰天樞，二曰琁，三曰璣，四曰權，五曰玉衡，六曰開陽，七曰搖光。一至四爲魁，五至七爲杓。樞爲天，琁爲地，璣爲人，權爲時，玉衡爲音，開陽爲律，搖光爲星。石氏云："第一曰正星，主陽德，天子之象也。二曰法星，主陰刑，女主之位也。三曰令星，主禍害也。四曰伐星，主天理，伐無道。五曰殺星，主中央，助四旁，殺有罪。六曰危星，主天倉五穀。七曰部星，亦曰應星，主兵。"又云："一主天，二主地，三主火，四主水，五主土，六主木，七主金。"又曰："一主秦，二主楚，三主梁，四主吳，五主趙，六主燕，七主齊。"

魁中四星，爲貴人之牢，曰天理也。輔星傅乎開陽，所以佐斗成功也。又曰："主危正，矯不平。"又曰："丞相之象也。"[2]七政星明，其國昌。不明，國殃。斗旁欲多星則安，斗中少星則人恐上，天下多訟法者。

無星二十日有赦。[3]有輔星明而斗不明，臣強主弱。斗明輔不明，主強臣弱也。杓南三星及魁第一星，皆曰三公，宣德化，調七政，和陰陽之官也。

文昌六星，在北斗魁前，天之六府也，主集計天道。一曰上將，大將建威武。二曰次將，尚書正左右。三曰貴相，太常理文緒。四曰司禄、司中，司隸賞功進。五曰司命、司怪，太史主滅咎。六曰司寇，大理佐理寶。所謂一者，起北斗魁前，近內階者也。明潤，大小齊，天瑞臻。[4]

文昌北六星曰內階，天皇之陛也。相一星在北斗南。相者總領百司而掌邦教，以佐帝王，安邦國，集眾事也。其明吉。太陽守一星，在相西，大將大臣之象也，主戒不虞，設武備也。非其常，兵起。西北四星曰勢。勢，腐刑人也。天牢六星在北斗魁下，貴人之牢也，主愆過，禁暴淫。[5]

[1]魁四星爲琁璣，杓三星爲玉衡：北斗七星由於是北極附近特別顯著明亮的星座，古人賦予它建四時、均五行的特殊功能。《尚書·堯典》有琁璣玉衡以齊七政之説，李淳風用以解釋説，北斗星中的斗魁四星爲琁璣，即渾儀中的四游儀，杓三星則爲渾儀中的窺管，是用於觀測的。

[2]"輔星傅乎開陽"至"丞相之象也"：古人將開陽旁的一顆小星稱爲開陽的輔星。此星雖小，其含義却大，把它比附爲輔國的丞相。此處兩處引文"又曰"，觀上下文，似爲上引之"石氏云"，但查對《開元占經·石氏中官》北斗星占，則載有《援神契》曰："輔星正，矯不平。"《荆州占》曰："輔星，丞相之象也。"故李淳風撰寫的《隋書·天文志》引文，並不完全明確，尚需核對原文。

圖9　漢武梁祠畫象石斗爲帝車圖　天帝坐在北斗組成的帝車中，由祥
雲托着，正接受諸大臣的朝拜，周圍有四象圍繞，右面的馬車
爲“斗爲帝車”的象徵。

[3]“斗旁欲多星則安”至“無星二十日有赦”：此處斗旁星多則安，與郗萌曰“北斗旁多星則國家安”含義正好相同。又《荆州占》曰：“北斗中多小星者，民怨上，天下多訟法者。”此説與《隋書·天文志》相反。又下文本志諸本皆曰：“無星二十日。”與上下文不相涉，當有缺漏。上引《荆州占》接着説：“無星，二十日有赦。”故知此處當補“有赦”二字語義纔完整。

[4]“文昌六星”至“天瑞臻”：中國星占家認爲文昌星是主管文人功名的星，其六顆星分別對應六部衙門。

[5]“文昌北六星曰内階”至“禁暴淫”：以上諸星官，均屬紫微垣的範圍。按《史記·天官書》所述中宫，就是指紫微垣。因此，自此以下已不屬中宫。按本志的分類，經星當包括中宫、二十八宿以内星官、二十八舍、二十八宿以外星官、天漢起没五部分，故自太微至本卷末當缺少小標題“二十八宿以内星官”。這部分星官，雖然都在二十八宿以北，但有若干星官已在赤道以南，決不能歸入中宫範圍，也不僅僅屬於太微垣和天市垣範圍之内。

太微，天子庭也，五帝之坐也，亦十二諸侯府也。其外蕃，九卿也。一曰太微爲衡。衡，主平也。又爲天庭，理法平辭，監升授德，列宿受符，諸神考節，舒情稽疑也。南蕃中二星間曰端門。東曰左執法，廷尉之象也。西曰右執法，御史大夫之象也。執法，所以舉刺凶姦者也。左執法之東，左掖門也。右執法之西，右掖門也。東蕃四星，南第一曰上相，其北東太陽門也。第二星曰次相，其北中華東門也。第三星曰次將，其北東太陰門也。第四星曰上將。所謂四輔也。西蕃四星：南第一星曰上將，其北西太陽門也。第二星曰次將，其北中華西門也。第三曰次相，其北西太陰門也。第四星曰上相。亦四輔也。[1]東西蕃有芒及搖動者，諸侯謀天子也。執法移則刑罰尤急。月、五星所犯中坐，成刑。月、五星入太微軌道，吉。

西南角外三星曰明堂，天子布政之宮也。明堂西三星曰靈臺，觀臺也。主觀雲物，察符瑞，候灾變也。左執法東北一星曰謁者，主贊賓客也。謁者東北三星曰三公内坐，朝會之所居也。三公北三星曰九卿内坐，主治萬事。九卿西五星曰内五諸侯，内侍天子，不之國者也。辟雍之禮得，則太微諸侯明。[2]

黃帝坐一星，在太微中，含樞紐之神也。天子動得天度，止得地意，從容中道，則太微五帝坐明，坐以光。黃帝坐不明，人主求賢士以輔法，不然則奪勢。又曰太微五坐小弱青黑，天子國亡。四帝坐四星，四星俠黃帝坐。東方星，蒼帝靈威仰之神也。南方星，赤帝熛怒之神也。西方星，白帝招距之神也。北方星，黑帝叶光紀之神也。[3]

　　五帝坐北一星曰太子，帝儲也。太子北一星曰從官，侍臣也。帝坐東北一星曰幸臣。屏四星在端門之內，近右執法。屏，所以壅蔽帝庭也。執法主刺舉，臣尊敬君上，則星光明潤澤。郎位十五星，在帝坐東北，一曰依烏，郎位也。周官之元士，漢官之光禄、中散、諫議、議郎、三署郎中，是其職也。或曰今之尚書也。郎位主衛守也。其星明，大臣有劫主。又曰客犯上。其星不具，后死，幸臣誅。客星入之，大臣爲亂。郎將一星在郎位北，主閱具，所以爲武備也。武賁一星，在太微西蕃北，下台南，静室旄頭之騎官也。常陳七星，如畢狀，在帝坐北，[4]天子宿衛武賁之士，以設强毅也。星摇動，天子自出，明則武兵用，微則武兵弱。

　　三台六星，兩兩而居，起文昌，列招摇、太微。一曰天柱，三公之位也。在天曰三台，主開德宣符也。西近文昌二星曰上台，爲司命，主壽。次二星曰中台，爲司中，主宗。東二星曰下台，爲司禄，主兵，所以昭德塞違也。又曰三台爲天階，太一蹋以上下。一曰泰階，上星爲天子，下星爲女主；中階，上星爲諸侯三公，下星爲卿大夫；下階，上星爲士，下星爲庶人。所以和陰陽而理萬物也。其星有變，各以所主占人。君臣和集，如其常度。[5]

　　南四星曰内平，近職執法平罪之官也。中台之北一星曰大尊，貴戚也。下台南一星曰武賁，衛官也。[6]

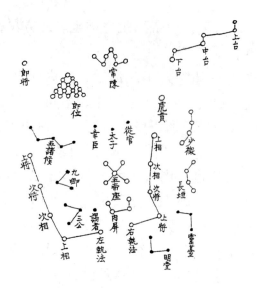

圖 10　太微垣星圖（引自顧錫疇《天文圖》。天帝辦公的地方稱爲太微垣，天帝坐於五帝的位置，由三公、九卿、五諸侯等伴隨。）

　　[1]“太微”至“亦四輔也”：二十八宿內官自太微垣介紹起。太微垣包括垣墻十星和內外諸星官。垣墻分東西二外，東垣墻自南到北順次爲左執法、左上相、左次相、左次將、左上將，西垣墻順次爲右執法、右上將、右次將、右次相、右上相。左右執法間爲端門，自南往北順次爲左右掖門、東西太陽門、東西中華門、東西太陰門。左右執法以外的四星，亦稱左右四輔。

　　[2]“西南角外三星曰明堂”至“則太微諸侯明”：在太微垣內，有兩個標志性的建築，一是天子布政之地明堂，二是用於觀測天象雲物的靈臺。辟雍是國家祭祀之所，但是中國的星官系統，並沒有設辟雍的星名。辟雍之禮得，則太微諸侯明，天子按祭祀之禮在辟雍祭祀，那麼，太微中的諸侯星就明。這是星占上的用語。反過來說，如果諸侯星不明，就表明天子祭祀之禮有欠缺。諸侯星，即內五諸侯，在太微垣內左上側。所謂內五諸侯，是指並不返回封

國而居住在京都、協助天子處理朝政者。

[3]"黄帝坐一星"至"黑帝叶光紀之神也":在南方朱雀七宿的北面有軒轅星座，軒轅是黄帝的號，所以有人也稱軒轅爲黄帝星。但此處的黄帝一星並非指軒轅星，而是太微垣中的唯一二等星。位於太微垣的中央。它的正式名字爲五帝一，即獅子座 β 星。五帝座其餘四星，分布在黄帝坐的四周，故曰四星俠黄帝坐。它象徵着對應於四季的蒼帝、赤帝、白帝、青帝。實際上，它象徵着《周禮》中規定的天帝於四季所坐的座位。

[4]如畢狀，在帝坐北:諸本在"坐北"前缺"在帝"二字，據《晉書·天文志》補。

[5]"三台六星"至"如其常度":三台六星，兩兩爲組，共分三組。其含義有不同的解釋:一爲三公之位，主司命、司中、司禄。又爲天階，爲天帝上下的臺階。又爲二個階層的人物，上階爲天子、女主，中爲諸侯、三公、卿大夫，下爲士和庶人。

[6]"太微，天子庭也"至"衛官也":均爲太微垣内星官，計二十座。太微垣諸星，在南方朱雀翼軫二宿的北面。

攝提六星，直斗杓之南，主建時節，[1]伺機祥。攝提爲楯，以夾擁帝席也，主九卿。明大，三公恣，客星入之，聖人受制。西三星曰周鼎，主流亡。大角一星，在攝提間。大角者，天王座也。又爲天棟，正經紀。北三星曰帝席，主宴獻酬酢。梗河三星，在大角北。梗河者，天矛也。一曰天鋒，主胡兵。又爲喪，故其變動應以兵喪也。星亡，其國有兵謀。招搖一星在其北，一曰矛楯，主胡兵。占與梗河略相類也。招搖與北斗杓間曰天庫。星去其所，則有庫開之祥也。招搖欲與棟星、梗河、北斗相應，則胡常來受命於中國。招搖明而不正，胡不受命。玄戈二星，在招搖北。玄戈所主，與招搖同。[2]或云主北夷。客星守之，胡大敗。天槍三星，在北斗杓東。一曰天鉞，天之武備也。故在紫宮之左，所以禦難也。女床三星，在其北，後宮御也，主女事。天棓五星，在女床北，天子先驅也，主忿爭與刑罰，藏兵，亦所以禦難也。槍棓皆以備非常也。一星不具，國兵起。

東七星曰扶筐，盛桑之器，主勸蠶也。七公七星，在招搖東，天之相也，三公之象，主七政。[3]貫索九星在其前，賤人之牢也。一曰連索，一曰連營，一曰天牢，主法律，禁暴強也。牢口一星爲門，欲其開也。九星皆明，天下獄煩。七星見，小赦；五星，大赦。動則斧鑕用，中空則更元。《漢志》云十五星。天紀九星，在貫索東，九卿也。九河主萬事之紀，理怨訟也。明則天下多辭訟，亡則政理壞，國紀亂，散絕則地震山崩。織女三星，在天紀東端，天女也，主果蓏絲帛珍寶也。王者至孝，神祇咸喜，則織女星俱明，天下和平。大星怒角，布帛貴。東足四星曰漸臺，臨水之臺也。主晷漏律呂之事。[4]西之五星曰輦道，王者嬉游之道也，漢輦道通南、北宮象也。[5]

左右角間二星曰平道之官。平道西一星曰進賢，主卿相舉逸才。角北二星曰天田。亢北六星曰亢池。亢，舟航也；池，水也。主送往迎來。氐北一星曰天乳，主甘露。房中道一星曰歲，守之，[6]陰陽平。房西二星南北列，曰天福，主乘輿之官，若《禮》巾車、公車之政。主祠事。東咸、西咸各四星，在房、心北，日月五星之道也。房之户，所以防淫佚也。星明則吉，暗則凶。月、五星犯守之，有陰謀。東咸西三星，南北列，曰罰星，主受金贖。鍵閉一星，在房東北，近鈎鈐，主關鑰。[7]

[1]攝提六星，直斗杓之南，主建時節：攝提六星，左右各三顆，中間夾着大角星，它正對着北斗星柄的南方。斗柄可以用來指示時節，故曰攝提主建時節。

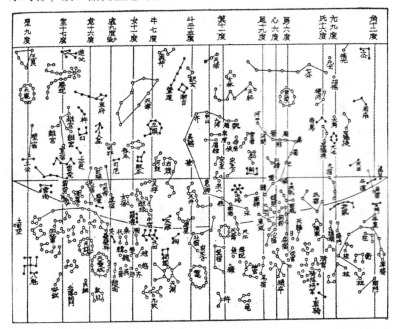

圖11　蘇頌渾象東北方中外官星圖（摹本）

[2]玄戈二星，在招搖北。玄戈所主，與招搖同：招搖、玄戈

與大角、攝提，同在北斗斗柄所指的延長綫上。除北斗七星以外，還有北斗九星之説。北斗九星，可能就是指第八招搖，第九玄戈。故此處曰"玄戈所主，與招搖同"。《淮南子·時則訓》載有每一個月的招搖指示時節的記載，便是北斗九星説的證明。

[3]"七公七星"至"主七政"：中國星名，既有三公，又有七公。三公與七公的含義有何異同？此處解釋説，七公七星，"三公之象，主七政"，便説明了二者之間的關係。故此處的七公星，就是三公的象徵。由於三公是主持七政的，故又對應於七公星。

[4]"織女三星"至"主瞀漏律吕之事"：織女計三顆星，其主星是赤道以北最亮的恒星。兩顆小星面向東方的天河，稱爲織女的足。足的東南方近銀河處的四顆星稱爲漸臺星，在星占上是主管瞀漏律吕之事的。

[5]"西之五星曰輦道"至"北宮象也"：天帝的紫宮曰北宮，營室曰離宮，也曰南宮。由輦道連通兩宮之間。甘氏贊曰："輦道逍遥，優游私行。"帝后來往南北宮之間屬私行，故又曰"王若嬉游之道"。民間流傳的織女下凡與牛郎相會的故事，其想象就是通過這條輦道進行的。

[6]房中道一星曰歲，守之：語義不詳，中華本校勘記曰"此段當有脱文"。

[7]"攝提六星"至"主關鑰"：以上諸座，爲東方蒼龍角元氏房宿以北諸星宮。

天市垣二十二星，在房心東北，主權衡，[1]主聚衆。一曰天旗庭，主斬戮之事也。市中星衆潤澤則歲實，星稀則歲虚。熒惑守之，戮不忠之臣。又曰，若怒角守之，戮者臣殺主。慧星除之，爲徙市易都。客星入之，兵大起，出之有貴喪。市中六星臨箕，曰市樓市府也，[2]主市價律度。其陽爲金錢，其陰爲珠玉。變見，各以所主占之。北四星曰天斛，主量者也。斛西北二星曰列肆，主寶玉之貨。市門左星内二星曰車肆，主衆賈之區。

帝坐一星，在天市中，候星西，天庭也。[3]光而潤則天子吉，威令行。微小凶，大人當之。候一星，在帝坐東北，主伺陰陽也。明大輔臣强，四夷開。候細微則國安，亡則主失位，移則主不安。宦者四星，在帝坐西南，侍主刑餘之人也。星微則吉，明則凶，非其常，宦者有憂。斗五星，在宦者南，主平量。仰則天下斗斛不平，覆則歲穰。宗正二星，在帝坐東南，宗大夫也。慧星守之，若失色，宗正有事。客星守動，則天子親屬有變。客星守之，貴人死。宗星二，在候星東，宗室之象，帝輔血脉之臣也。客星守之，宗人不和。[4]東北二星曰帛度，東北二星曰屠肆，各主其事。[5]

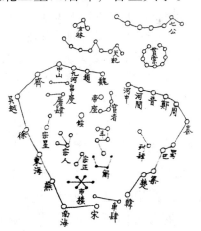

圖12　天市垣星圖（引自顧錫疇《天文圖》。天市垣爲在天帝統率下各地進行貿易的場所。天帝坐鎮帝座，由市樓進行市場具體管理。有斗、斛等度量工具，有屠肆、列肆等商店進行交易。）

[1]天市垣二十二星，在房心東北，主權衡：天市垣二十二星，是指組成天市垣墙的二十二顆星：自東北向西南再自西南向北排列爲：魏、趙、九河、中山、齊、吳越、徐、東海、燕、南海、宋、韓、楚、梁、巴、蜀、秦、周、鄭、晉、河間、河中。天市垣在房、心二宿的東北。主權與衡。權衡，即是指度量衡，引申爲負責貿易方面的事情。

[2]市中六星臨箕，曰市樓市府也：天市垣中在其下方面臨箕宿的地方，爲市樓六星，是市場政府之義。市府不是星名。

[3]帝坐一星，在天市中，候星西，天庭也：帝坐一星，在天市的中央偏北，在候星的西面，是天上朝廷之義。候是爲測候市場變化之義。天市垣中的星都不明亮，其中帝坐和魏星是兩顆主要亮星，爲3等星。帝坐，爲天帝管理市地的座位，是權力的象徵。

[4]“宗正二星”至“宗人不和”：這裏有宗正星、宗星、宗人三個星座。宗正爲宗大夫，是管理皇族事務的官員。宗星爲皇族的象徵，宗人就是皇族中的成員。爲什麽在天市垣中設立三個與皇族有關的星座？這是因爲上面述及的天市二十二星，象徵全國各個地區，而皇族中的大部分成員，都被封於各地爲王、爲侯，爲了使他們之間能做到公平貿易，所以要設宗正加以管理。

[5]“天市垣二十二星”至“各主其事”：其中各星，均爲天市垣的範圍，共十九個星座，在房、心、尾、箕以上。

天江四星在尾北，主太陰。江星不具，天下津河關道不通。明若動搖，大水出，大兵起。參差則馬貴。熒惑守之，有立王。客星入之。河津絶。

天籥八星，在南斗杓西，主關閉。建星六星，在南斗北，亦曰天旗，天之都關也。爲謀事，爲天鼓，爲天馬。南二星，天庫也。中央二星，市也，鈇鑕也。[1]上二星，旗跗也。斗建之間，三光道也。星動則人勞。月

暈之，蛟龍見，牛馬疫。月、五星犯之，大臣相譖，臣
謀主；亦爲關梁不通，有大水。東南四星曰狗國，主鮮
卑、烏丸、沃且。熒惑守之，外夷爲變。太白逆守之，
其國亂。客星犯守之，有大盜，其王且來。[2] 狗國北二
星曰天雞，主候時。天弁九星在建星北，市官之長也。
主列肆圜闤，若市籍之事，以知市珍也。星欲明，吉。
慧星犯守之，糴貴，囚徒起兵。[3]

　河鼓三星，旗九星，在牽牛北，天鼓也，主軍鼓，
主鈇鉞。一曰三武，主天子三將軍。中央大星爲大將
軍，左星爲左將軍，右星爲右將軍。左星，南星也，所
以備關梁而距難也，設守阻險，知謀徵也。旗即天鼓之
旗，所以爲旌表也。左旗九星，在鼓左旁。鼓欲正直而
明，色黃光澤，將吉；不正，爲兵憂也。星怒馬貴，動
則兵起，曲則將失計奪勢。旗星庣，亂相陵。旗端四星
南北列，曰天桴。桴，鼓桴也。星不明，漏刻失時。前
近河鼓，若桴鼓相直，皆爲桴鼓用。[4]

　離珠五星，在須女北，須女之藏府也，女子之星
也。星非故，後宮亂。客星犯之，後宮凶。虛北二星曰
司命，北二星曰司禄，又北二星曰司危，又北二星曰司
非。司命主舉過行罰，滅不祥。司禄增年延德，故在六
宗北。犯司危，主驕佚亡下。司非以法多就私。瓠瓜五
星，在離珠北，主陰謀，主後宮，主果食。明則歲熟，
微則歲惡，后失勢。非其故，則山搖，谷多水。旁五星
曰敗瓜，主種。天津九星，梁，所以度神通四方也。一
星不備，津關道不通。星明動則兵起如流沙，死人亂

麻。微而參差，則馬貴若死。星亡，若從河水爲害，或曰水賊稱王也。東近河邊七星曰車府，主車之官也。車府東南五星曰人星，主靜衆庶，柔遠能邇。一曰卧星，主防淫。其南三星内析，東南四星曰杵臼，主給軍糧。客星入之，兵起，天下聚米。[5]天津北四星如衡狀，曰奚仲，古車正也。

　　[1]中央二星，市也，鈇鑕也：諸本脱"鑕也"二字，據《晋書·天文志》補。

　　[2]"東南四星曰狗國"至"其王且來"：黄道帶這個天區爲北方玄武七宿，玄武爲北方民族的圖騰。此處有狗國四星，狗國星的西北，還有狗星兩顆。志文曰："狗星，主鮮卑、烏丸、沃且。"這三個國家均爲中國北方少數民族所建，以狗國或狗爲象徵，説明中國北方的少數民族以犬爲圖騰，故有這種比附。事實上，中國史書中不乏以犬爲圖騰的少數民族，如《山海經·海内北經》有"'犬'封國，曰犬戎國，狀如犬。"周、漢時有强盛的犬戎民族，曾長期成爲北方的外患。南方的苗瑶民族，至今還相傳狗王爲自己的族祖。

　　[3]"天弁九星在建星北"至"囚徒起兵"：天弁九星，在建星西北。事實上，它更靠近天市垣左垣墻的東海星。通常地説，屬天市垣範圍的大都在天市垣内，這個星座例外，它雖屬天市垣的重要星官，却分布在市外。據本志志文，它是市官之長，即管理市場的長官。

　　[4]"河鼓三星"至"皆爲桴鼓用"：河鼓的主星，是全天21顆1等大星之一。正因爲它很明亮，很受人們的關注，所以流傳在民間與之有關的故事也特别多。《爾雅》曰："河鼓謂之牽牛。"又《詩·大東》有"跂彼織女"，"睆彼牽牛"。《古詩十九首》有"迢迢牽牛星，皎皎河漢女"。人們將這兩個星座串連起來形成了牛

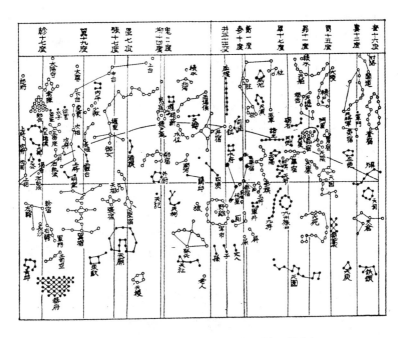

圖13　蘇頌渾象西南方中外官星圖（摹本）

郎織女的戀愛故事。這個故事可能産生得很早，一直在民間流傳，但中國封建社會形成之後，神人之間不同階層的男女自由變愛不合封建禮數。當中國星座系統形成之後更不合中國星官體系，故星占家將牽牛星更名叫河鼓星，讓織女星作爲天帝孫女獨立存在。據本志解釋，河鼓即爲銀河邊上的軍鼓。另一種説法河鼓三星爲天帝的三將軍。爲了與軍鼓相配，特將河鼓的東西設立了左旗九星和右旗九星。左右旗星，也是與軍鼓相配的指揮作戰的軍旗。

[5]"離珠五星"至"天下聚米"：在星圖上可以看出，北方玄武七宿的上下左右多是與水有關的星座。首先是銀河最明亮的部分，分布在箕斗之間，並向上流向東北方向，穿過了黃道帶北方星空的中部。在銀河北段河中橫跨着巨大的天津星座。天津一名，爲天上的河渠通道，津梁爲橋梁關卡。本志説："天津九星，梁，所

以度神通四方也。"《晋書·天文志》則説:"天津九星,横河中……主四瀆津梁,所以度神通四方也。"我們説不準是漏掉"主四瀆津"四字,還是有意省去,因爲本志的"天津九星,梁,所以度神通四方也",也是通的。在斗宿的西邊有天江星,天江中有魚星。在斗宿的東南有天淵星,都是大量水面積聚的地方。農業離不開水,正是在這種理想水鄉之地,中國星占家在星空中設計出一組完整的農業社會圖象:斗宿東北的牛宿和女宿,組成了男耕女織的農業社會的基本細胞農民家庭。牛宿是牛郎星,女即婺女,即以織布爲主的農婦。在斗宿南方有農丈人星,爲農民的代表星。女宿西北的離珠,即爲農婦生産出準備敬獻給帝后的衣服和珠寶飾物。離珠北面的敗瓜星和瓠瓜星,敗是農民生産出的蔬果準備上交給政府之用。瓠瓜星的東北面有人星、臼星和杵星,是農夫爲皇家舂碓軍糧的場面。

騰蛇二十二星,在營室北,天蛇星主水蟲。星明則不安,客星守之,水雨爲災,水物不收。王良五星,在奎北,居河中,天子奉車御官也。其四星曰天駟,旁一星曰王良,亦曰天馬。其星動,爲策馬,車騎滿野。亦曰王良梁,爲天橋,主御風雨水道,故或占津梁。其星移,有兵,亦曰馬病。客星守之,橋不通。前一星曰策,王良之御策也,主天子僕,在王良旁。若移在馬後,是謂策馬,則車騎滿野。閣道六星,在王良前,飛道也。從紫宮至河,神所乘也。一曰閣道,主道里,天子游別宮之道也。亦曰閣道,所以扞難滅咎也。一曰王良旗,一曰紫宮旗,亦所以爲旌表,而不欲其動搖。旗星者,兵所用也。傅路一星,在閣道南,旁別道也。備閣道之敗,復而乘之也。一曰太僕,主禦風雨,亦游從之義也。[1]東壁北十星曰天厩，主馬之官，若今驛亭也，主傳令置驛，逐漏馳騖，謂其行急疾，與晷漏競馳。[2]

[1]“王良五星”至“亦游從之義也”：這是一組與車、馬、道有關的星座。首先是王良五星，其中大星爲王良，爲天帝的御馬官。王良原本是晋趙襄子御手，因駕車立功而著名，成爲天上的星座，餘四星爲四匹千里馬。故有“王良策馬，車騎滿野”之説。在駟前一大星曰策星。何爲策馬？《開元占經》石氏中官引《黄帝》曰：“駟馬參差，不行列，天下安；若駟馬齊行，王良舉策，天子自臨兵，國不安。”可見策星就是馬鞭星。按古代星占家的想象，王良是軍車，它是國家是否安定、是否要行軍打仗的標志。在星占家看來，王良和策星是會移動的。宋均曰：“策馬在王良傍，若移在王良前，居馬後，是謂策馬。”《開元占經》注曰：“策馬謂有光芒也。”故衹要策星有光芒便叫策馬。閣道六星，在王良前，飛道也，閣道爲飛道，天子的御道。它從紫宫越過銀河，通向天大將軍等組成的西方戰場。閣道旁還有附路一星，爲閣道的備用車道。王良的馬車，正是通過閣道，駛向遠方的。王良一、四和策星，是這組星座中的二等大星，它與閣道中的二、三，組成了希臘星座中的仙后座。

[2]“河鼓三星”至“與晷漏競馳”：爲北方玄武七宿以北諸星官。與晷漏競馳，諸本“與”作“興”，據《晋書·天文志》改正。

天將軍十二星，在婁北，主武兵。中央大星，天之大將也。外小星，吏士也。大將星摇，兵起，大將出。小星不具，兵發。南一星曰軍南門，主誰何出入。[1]太陵八星，在胃北。陵者，墓也。太陵卷舌之口曰積京，主大喪也。積京中星絶，則諸侯有喪，民多疾，兵起，粟聚。少則粟散。星守之，有土功。太陵中一星曰積尸，明則死人如山。[2] 天船九星，在太陵北，居河中。一曰舟星，主度，所以濟不通也，亦主水旱。不在漢中，津河不通。中四星欲其均明，即天下大安。不則兵若喪。客彗星出入之，爲大水，有兵。中一星曰積水，候水災。昴西二星曰天街，[3] 三光之道，主伺候關梁中外之境。天街西一星曰月。[4] 卷舌六星在北，主口語，以知佞讒也。曲者吉，直而動，天下有口舌之害。中一星曰天讒，主巫醫。

五車五星，三柱九星，在畢北。五車者，五帝車舍也，五帝坐也，主天子五兵，一曰主五穀豐耗。西北大星曰天庫，主太白，主秦。次東北星曰獄，主辰星，主燕、趙。次東星曰天倉，主歲星，主魯、衛。次東南星曰司空，主填星，主楚。次西南星曰卿星，主熒惑，主魏。五星有變，皆以其所主而占之。三柱，一曰三泉，一曰休，一曰旗。五車星欲均明，闊狹有常也。天子得靈臺之禮，則五車、三柱均明。中有五星曰天潢。天潢南三星曰咸池，魚囿也。[5] 月、五星入天潢，兵起，道不通，天下亂，易政。咸池明，有龍墮死，猛獸及狼害人，若兵起。

五車南六星曰諸王，察諸侯存亡。西五星曰厲石，金若客星守之，兵動。北八星曰八穀，主候歲。八穀一星亡，一穀不登。天關一星，在五車南，亦曰天門，日月所行也，主邊事，主開閉。芒角，有兵。五星守之，貴人多死。[6]

東井鉞前四星曰司怪，主候天地日月星辰變異，及鳥獸草木之妖，明主聞灾，修德保福也。司怪西北九星曰坐旗，君臣設位之表也。坐旗西四星曰天高，臺榭之高，主遠望氣象。天高西一星曰天河，主察山林妖變。南河、北河各三星，夾東井。一曰天高天之闕門，主關梁。南河曰南戍，一曰南宮，一曰陽門，一曰越門，一曰權星，主火。北河一曰北戍，一曰北宮，一曰陰門，一曰胡門，一曰衡星，主水。兩河戍間，日月五星之常道也。河戍動搖，中國兵起。[7]南河三星曰闕丘，[8]主宮門外象魏也。五諸侯五星，在東井北，主刺舉，戒不虞。又曰理陰陽，察得失。亦曰主帝心。一曰帝師，二曰帝友，三曰三公，四曰博士，五曰太史。此五者常為帝定疑議。星明大潤澤，則天下大治，角則禍在中。五諸侯南三星曰天樽，主盛饘粥，以給酒食之正也。積薪一星，在積水東，供給庖厨之正也。水位四星，在東井東，主水衡。客星若水火守犯之，百川流溢。

軒轅十七星，在七星北。軒轅，黃帝之神，黃龍之體也。后妃之主，士職也。一曰東陵，一曰權星，主雷雨之神。南大星，女主也。次北一星，妃也。次，將軍也。其次諸星，皆次妃之屬也。女主南小星，女御也。左一星少民，少后宗也。右一星大民，太后宗也。欲其色黃小而明也。[9]軒轅右角南三星曰酒旗，酒官之旗也，主饗宴飲食。五星守酒旗，天下大酺，有酒肉財物，賜若爵宗室。酒旗南二星曰天相，丞相之象也。軒轅西四星曰燿，[10]燿者烽火之燿也，邊亭之警候。

燿北四星曰內平。少微四星，在太微西，士大夫之位也。一名處士，亦天子副主，或曰博士官。一曰主衛掖門。南第一星處士，第二星議士，第三星博士，第四星大夫。明大而黃，則賢士舉也。月、五星犯守之，處士、女主憂，宰相易。南四星曰長垣，主界域及胡夷。熒惑入之，胡入中國。太白入之，九卿謀。[11]

[1]"天將軍十二星"至"主誰何出入"：天將軍星簡稱天將星。天將中央大星即天將一，爲天將星中唯一大星（2等星）。軍南門星，又叫軍門星，位於奎宿和天將星之間。主誰何出入，即軍士出入。

[2]"太陵八星"至"明則死人如山"：《晉書·天文志上》曰："積京中星衆，則諸侯有喪，民多疾，兵起。太陵中一星曰積尸，明則死人如山。"本志曰積京中星絕諸侯有喪，星絕當爲無星之義，則二志説法不同。又下文均曰積尸明則死人如山，二志説法又相同。綜合看來，本志"星絕"，當爲"星衆"方纔一致。本志和《晉書·天文志》均星名太陵，但其餘各家星表均稱大陵。大、太雖無太大差別，但仍有微差。

[3]昴西二星曰天街：《晉書·天文志》相同。但核對諸家星表，天街二星均介於昴宿和畢宿之間。《宋史·天文志四》亦説："昴、畢間爲天街"。故此處"昴西"當爲"昴東"之誤。

[4]天街西一星曰月：中國古代有於春分祭日、秋分祭月的習俗，春分對應於東方七宿，秋分對應於西方七宿，故在中國的傳統星圖上，常將太陽畫在東方七宿，將月亮畫在西方七宿。與此相對應，又有日一星，月一星，日星在東方七宿的房宿附近，月星在昴宿附近。此處曰天街西一星曰月，月即月星。在傳統星圖上，確實天街二星之西爲月星，月星以西爲昴宿。由此再次證明"昴西二星

曰天街”的説法有誤。

[5]“五車五星”至“魚囿也”：五車五星，與三柱相配。五車五星，在畢宿的北面，五車五星均較明亮，尤以五車二爲全天第五大星，爲0等星，五車三、五爲2等星，一、四爲3等星。五車主天子五兵，即象徵天子的五種兵車。《周禮·車僕》將天子的五種兵車分爲戎車、廣車、闕車、苹車、輕車。各有各的分工。柱爲軍上軍族的族杆。天潢和咸池都是積水之處，故有魚囿之説。

[6]“天將軍十二星”至“貴人多死”：均屬西方白虎七宿以北星官。

[7]“南河北河各三星”至“中國兵起”：南河、北河星的正式稱呼爲南河戍、北河戍，各三星。戍爲駐守之義。南北河戍星也很明亮，南河三爲全天第八大星，爲0等。北河三也爲1等大星。

[8]南河三星曰闕丘：此句當有缺漏文字。《晋書·天文志上》爲：“南河南三星曰闕丘”。在中國傳統星圖上，南河星以南有闕丘星二顆。可見本志在“南河”二字後當缺“南”字，“三”字當爲“二”字之誤。

[9]“軒轅十七星”至“欲其色黄小而明也”：軒轅十七星是南北河戍之後又一重要星座。其中南大星即軒轅十四稱爲女主星，即正妃皇后。是該星座中最亮的星，爲1等大星。以上第二星即軒轅十二爲2等星。

[10]軒轅西四星曰爟：諸本“爟”作“權”，據《晋書·天文志》改正。

[11]“東井鉞前四星曰司怪”至“九卿謀”：以上諸座均屬西方玄武七宿以北星官。